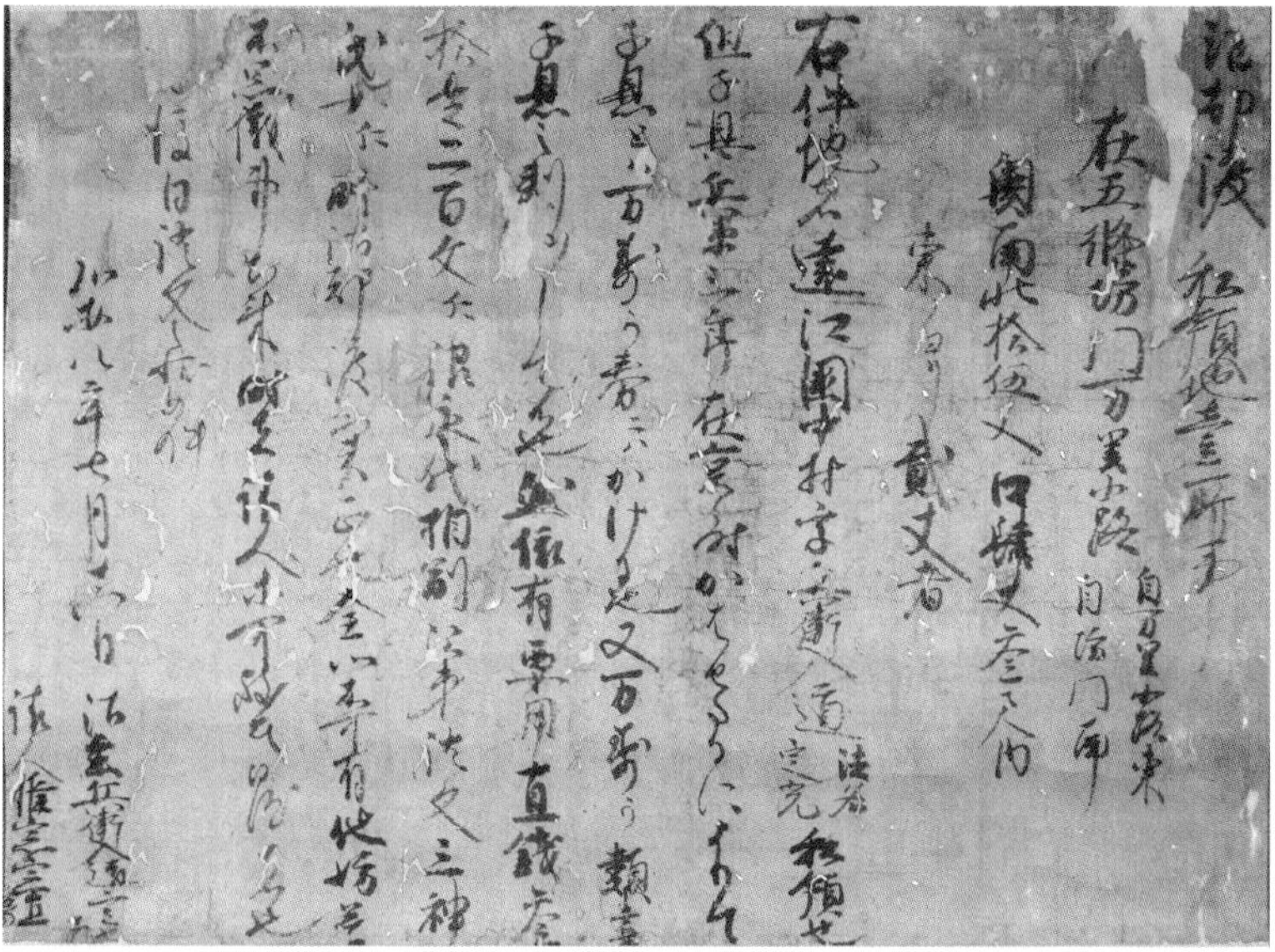

1　弘安８年７月18日付『中村字兵衛入道定光沽却状』　著者所蔵

弘安８年（1285）７月18日付の土地売券である．遠江国の住人の中村字兵衛入道定《じょう》光《こう》という人物が，左京五条四坊十一町の北部に所有していた土地の東半分を売却した証文である．中村定光入道はおそらく鎌倉幕府の御家人で，在京活動のために京都に不動産を必要としていたのであろう．本文107ページ参照．

2　平安京左京八条三坊十四町 SK183と出土漆器　京都市埋蔵文化財研究所提供

八条院町・七条町の周辺にあたる左京八条三坊十四町の東北部において検出された遺物埋納土坑のひとつである．室町時代初期の14世紀中葉の遺構で，112点もの漆器椀・漆器皿や大量の箸が出土した．八条院町・七条町とその周辺の繁栄が京・鎌倉時代から室町時代初期にまで及んでいたことを知る資料のひとつである．本文201ページ参照．

3　室町殿の庭園遺構　京都市埋蔵文化財研究所提供

足利家累代の主要な将軍御所であった室町殿は，第1次（3代義満），第2次（6代義教），第3次（7代義勝），第4次（8代義政），第5次（9代義尚），第6次（13代義晴）という変遷を経た．発掘調査によって，第4次室町殿の庭園遺構が検出されている．発掘区の北部（写真向かって右側）が池であり，それに接して巨大な景石を6個組み合わせた滝組が作られている．本文172ページ参照．

4　戦国時代の惣構（左京一条三坊二町）　京都府埋蔵文化財調査研究センター提供

戦国時代の京都は「惣構」と呼ばれる防御施設によって都市全体を囲んでいた．左京一条三坊二町の発掘調査では，鷹司小路（下長者町通）の南側に沿って，幅 4.4〜5.5 m，検出面からの深さ 2.6〜3.2 m の大規模な堀が，少なくとも長さ 68 m にわたって伸びている．明応 8 年（1499）に室町幕府管領細川政元の命によって築かれた惣構の一部なのであろう．本文 213 ページ参照．

京都の中世史 7

山田邦和

変貌する中世都市京都

吉川弘文館

刊行のことば

『京都の中世史』という新たな通史を刊行することとなった。

このタイトルには、二つの意味が込められている。一つは、いうまでもなく、中世において京都という都市がたどった歴史である。

対象とする時代は、摂関政治の全盛期から始まり、院政と荘園領主権門の勃興、公武政権の併存、南北朝動乱と室町幕府、そして天下人の時代に至る、およそ六百年間の歴史である。その間、京都は政治・経済・文化の中心として繁栄したが、一方で源平争乱、南北朝の動乱、そして応仁の乱と再三の戦乱を経験し、放火、略奪の惨禍を蒙ってきた。

為政者の変化と連動した都市構造の変容、文化の受容と発展、そして戦禍を乗り越え脱皮してゆく京都の姿を描いてゆく。また、中世考古学の成果を導入することが本シリーズの大きな特徴となる。これによって、斬新な中世都市京都の姿を明らかにするとともに、現代への影響にも言及することにしたい。

もう一つの意味は、中世日本の首都としての京都の歴史である。京都は中世を通して、つねに全国に対し政治・経済・文化の諸分野で大きな影響を与え、同時に地方の動きも京都に波及していた。京都と各地域の歴史とは、密接に連動するのである。

中世における京都の役割、地方との関係を検証することで、ややもすれば東国偏重、あるいは地域完結的な見方に陥りがちであった、従来の中世史研究を乗り越えたい。そして、日本全体を俯瞰する視点を確立することで、新たな日本中世史像の構築を目指している。

以上のように、このシリーズは、最新の成果に基づいて京都の歴史を描くとともに、京都を中心として、日本中世史を捉え直すことを企図するものである。

二〇二一年五月

元木泰雄

目次

首都「京都」の誕生——プロローグ

桓武天皇の登場

天応元年(七八一)四月三十日に皇位に即いた桓武《かんむ》天皇は、自らを事実上の新王朝の始祖とみなしていた。そもそも桓武天皇(山部《やまべ》親王)は奈良時代の皇統の主流であった天武《てんむ》天皇系ではなく、傍流の天智《てんじ》天皇系に生まれたため、皇位に即ける可能性は考えられなかった。後継者のなかった称徳《しょうとく》天皇の崩御《ほうぎょ》によって父の白壁王《しらかべおう》(光仁《こうにん》天皇)が即位したのは確かに僥倖ではあったが、それでも父の後継者は異母弟(皇后井上内親王《いのえないしんのう》の皇子)の他戸《おさべ》親王《しんのう》と定められていて、山部親王は皇位とは縁遠い立場に置かれていた。しかし、山部親王の資質に期待し、その擁立をはかる藤原良継《ふじわらのよしつぐ》・百川《ももかわ》兄弟の策謀によって皇后井上内親王と皇太子他戸親王は失脚と自死へと追い込まれ、これによってはじめて山部親王の皇位への道が開けたのである。

桓武天皇は、中国・唐《とう》の第二代皇帝であるとともに同王朝の確立者であった太宗《たいそう》(李世民《りせいみん》)の姿を自らの模範として思い描いていたのではなかろうか。太宗は父で初代皇帝の高祖《こうそ》(李淵《りえん》)を助けて建国に尽力したが、本来的には父の後継者は兄の李《り》建成《けんせい》(隠太子《いんたいし》)と定められており、帝位に即けるはずがない宿命に置かれていた。しかし李世民は実力によって兄建成を排除するとともに父から帝位を奪い取ったのである(玄武門《げんぶもん》の変)。そうした惨劇の中から生まれた皇帝であったものの、即位後の太宗は巧みな政権運営によって中国史上空前ともいえる唐王朝の繁栄を築き上げるにいたった。桓武天皇は太宗と自分とを重ね合わせ、太宗がやったような新しい王朝を日本にも創り上げることを、自らに与えられた天命とみなしていたのだと思う。

長岡京から平安京へ

桓武天皇の新王朝樹立への意欲は、遷都《せんと》という形で具現化した。天武系皇統の都であった平城京《へいじょうきょう》は、自分の創始する新王朝の首都としてはふさわしくない。このように考えた桓武天皇は、延暦三年（七八四）十一月十一日、山背国乙訓郡《やましろのくにおとくにぐん》の長岡京《ながおかきょう》への遷都を決行したのである。

ところが、延暦四年（七八五）九月二十三日、長岡京造営の最高指揮官であった中納言藤原種継《ふじわらのたねつぐ》が何者かに暗殺されるという変事が起きた。その余波は天皇の同母弟で皇太子であった早良《さわら》親王《しんのう》へとおよび、皇太子の座を奪われた親王は自ら飲食を絶って凄絶な最期を遂げてしまう。その後、桓武天皇の近親者に不幸が連続し、それが廃太子早良親王の祟りであると信じられるようになった、また、大雨や洪水により、桂川《かつらがわ》に近い長岡京は大きな被害に見舞われることになる。

桓武天皇はこのあたりから、再度の遷都を考えるようになった。延暦十一年（七九二）八月四日には京に近いという理由で山背国紀伊《きい》郡深草《ぐんふかくさ》山（現・京都市伏見区深草）の西面での死者の埋葬を禁じているが、これは長岡京に近いからというよりも、桓武天皇が遷都の候補地として山背国葛野《かどの》郡《ぐん》・愛宕《おたぎ》郡《ぐん》の地（後の平安京《へいあんきょう》の場所）を考え始めるとともに、それにともなって必要となる、自分とそれ以降の歴代天皇の陵《みささぎ》を営む場所として深草山を確保したのであろう。

ただし、早良親王の祟りや洪水の被害が、直截《ちょくせつ》に桓武天皇に長岡京の廃都と平安京への遷都を決意させたのではないであろう。そもそも引っ越しをしただけで怨霊から逃れられるわけはないし、長岡京は大河の側なのだからある程度の洪水の可能性は織り込み済みだったはずである。それよりも、桓武天皇はそうした不幸の連鎖、天変地異、そしてそれによる人心の沈滞を、自分から「天命」が離れていくきざしだと受け取り、それこそを最大の脅威と感じたのではないだろうか。桓武天皇の皇位の最大の裏付けはまさに「天命」にあったのであるから、天に見離されることは天皇にとっては自らの政権の正当性の根拠を失うものだったからである。そう考えると、桓武天皇にとって再度の遷都という大事業は、人心を一新し、天命を取り戻すための乾坤一擲《けんこんいってき》の大勝負にほかならなかったのだと思う。

延暦十三年（七九四）十月二十二日、桓武天皇は山背国葛野郡に建設中の新京に移り、さらに同月二十八日には「葛野《かどの》の大宮《おおみや》の地は、山川も麗しく、四方《よも》の国の百姓《おおみたから》の参《ま》い出《い》で来ん事も便《たより》にして、云々」（『日本紀略』同日条）という「遷都の詔」が発布され、遷都は正式に宣言されたのである。さらに十一月八日には新京には「平安京」の名が与えられたのであった。この都は本来的には地名に拠って「葛野京」と名付けられていてもおかしくない。それにもかかわらず、「平らけく安けき京（平和で安定した京）」というまったく新しい名を創造したことには、桓武天皇が抱いた理想が現れているのである。こうして誕生した平安京こそが、現在の京都の原型となっているのである。

本書の目的

この『京都の中世史』シリーズの中で本巻に与えられた課題は、主として考古学的な調査の成果に基づいて、中世京都の都市構造の変化を通観することである。時に誤解を招くことがあるが、歴史学と文献史学はイコールではないし、考古学と歴史学は別物ではない。考古学や文献史学は共に、歴史学の方法学（「史料学」）のひとつであり、いずれも歴史学を方法的に下支えする重要な役割を担っている（山田邦和 二〇一五b）。ただ、歴史学の中で文献史学が占める比重はきわめて大きいため、本シリーズのように文献史料が登場する以降の時代を対象とする場合、その叙述はどうしても文献史学の成果に偏ってしまうことになる。本来ならばそれぞれの巻で文献史学と考古学の成果を対等に扱うことが望ましいのであろうが、両者の方法論の違いを考えるならばそれも現実的ではない。本シリーズに考古学を主体とした巻が含められたのは、こうした欠を補うための措置なのである。

使用する用語

本書で使用した用語は、いくつかの点について通例とは異なった使い方をしているので、それについて説明しておきたい。

十二世紀末葉から十四世紀前葉にいたる時代は、通常「鎌倉時代」と呼ばれている。しかし本書ではこれを「京・鎌倉時代」と呼び替えた。理由は八二〜八四ページに記した通りである。織田信長《おだのぶなが》政権の時期については、これを「安土《あづち》時代」と呼ぶことを拒否するわけではないが、京都の都市構造の変化の画期を重視するための便宜上、これは「戦国時代」の末期に含めておいた。豊臣秀吉《とよとみひでよし》政権の時代は「桃山《ももやま》時代」と呼ぶことが通例とはなっているが、「桃山」という地名は秀吉の時代にはまだなかったため、これを「聚楽伏見《じゅらくふしみ》時代」と言い換えることは考えられてよい。ただし、秀吉政権から徳《とく》川《がわ》政権の初期の時代にかけての文化を呼ぶ場合に限るなら、「桃山文化」という通称を使うことはさしつかえないであろう。

　室町幕府の足利《あしかが》将軍は、初代の尊氏《たかうじ》から始まって最後の将軍義昭《よしあき》までを十五代として数えるのが通例である。しかし、第十代将軍とされている義稙《よしたね》は、まだ義材《よしき》と名乗っていた延徳二年（一四九〇）から明応二年（一四九三）まで将軍を務めた後、管領細川政元《ほそかわまさもと》が主導した「明応《めいおう》の政変」によって将軍職を剝奪された。しかし彼は義尹《よしただ》と名を改めながら将軍復辟《ふくへき》運動を繰り広げ、永正五年（一五〇八）にはついにその悲願をかなえて将軍に再任され、その後に義稙と改名している。天皇の場合、同一人物が重祚《ちょうそ》した場合には二代とすることが通例となっており、事実、現行の皇統譜《こうとうふ》では第三十五代の皇極《こうぎょく》天皇が重祚すると第三十七代斉明《さいめい》天皇、第四十六代孝謙《こうけん》天皇が重祚すると第四十八代称徳天皇というふうに数えているのである。これに倣うならば、足利将軍においても義材＝義尹＝義稙は二代に数えて第十代義材、第十二代義稙とするべきであろう。この場合、義稙以降の将軍代数は一代ずつ繰り下がるため、最後の将軍義昭は第十六代ということになる。

　日本の元号は、「大正」「昭和」は改元《かいげん》布告の当日の午前〇時に遡って新年号とする「即日改元」、「平成」「令和」は改元布告の翌日から新年号とする「翌日改元」が採られている。しかし、それ以前の元号は、改元が布告された年の元旦に遡って新年号を適用する「立年改元」を原則としていた。本書も元号表記にあたってはこうしたやりかたに従っておく。ただし、改元前に書かれた古文書では旧年号が使用されているから、その原文を引用する場合には原史料の表記に従うのが当然である。ただし、たとえば治承元年（一一七七）四月二十八日に起こった平安京左京の大火では、その勃発はまだ旧年号使用中の安元三年（「治承」改元は同年八月四日）であったため、これは「安元《あんげん》の大火」と呼ぶのが通例となっている。こうした場合には新元号との間に齟齬ができてしまうが、今はあえて異を唱えず、慣習に沿っておくことにした。

北朝と南朝の併立期の元号については、北朝の元号を基準としつつ、適宜括弧内に南朝の元号を併記した。京都の歴史を主題とする本書においては、京都で使われていた北朝元号を主とするのが便利だからである。ただ、光厳《こうごん》天皇と後醍醐《ごだいご》天皇の併立の時期や、「正平《しょうへい》の一統《いっとう》」による北朝の廃止といった複雑な事情をもつ時期については、上記の原則にとらわれず、適宜、わかりやすいと思われる表記を採用した。

本書では京都市域における考古学的な発掘調査の成果について触れるところが多いが、その発掘地点については平安京の条坊制の表示（たとえば「左京◎条◎坊◎町」）によって記している。実際には京・鎌倉時代後期以降にはこうした表記法は次第に廃れていくため、厳密にいうとこれは室町時代や戦国時代の遺跡の地点表示としてはふさわしくないのであるが、発掘調査の成果を統一的に整理するには便利であるため、これを「遺跡名」と考えて使用することにしたい。また、それを表示する図面には平安京の条坊制や道路を記入しているが、これは必ずしも平安時代の道路がそのところに実在したということを示していないのであるが、それぞれの発掘地点の位置を示すためにはこれ以上に統一的でわかりやすいやりかたは考えつかないため、あえてその方法を採ることにする。

一 「前期平安京」から「中期平安京」へ

1 平安京の都市計画とその実態

平安京の設計

平安京《へいあんきょう》の都市計画は、『延喜式《えんぎしき》』「左右京職《きょうしき》」に詳述されている。そこに記されたデータを解析すると、平安京は南北千七百五十一丈（約五二二六・二メートル）、東西千五百丈（約四四七七・一メートル）の縦長の長方形の都市として設計されており、その中央北端に南北四百六十丈（約一三七三・〇メートル）、東西三百八十四丈（約一一四六・一メートル）の大内裏《だいだいり》（平安宮《へいあんきゅう》）を置いていたことが知られる（図1）。平安京はわが国の古代都城の掉尾を飾った都市にふさわしく、それまでの都城で蓄積されてきた設計思想が総合され、かつ昇華されていた。たとえば前代の平城京《へいじょうきょう》には外京や北辺坊といった地区が付け加えられて全体の均衡が破られていたのであるが、平安京は完全な左右対称形として設計され、堀川《ほりかわ》や西堀川といった京内の河川も整然とした直線に作り替えられていた。京の構成単位となる「町《ちょう》」は、それまでの都では規模が一定しなかったのに対して、平安京では四十丈（約一一九・四メートル）四方の正方形に統一されていた。また、京内の寺院を東寺《とうじ》・西寺《さいじ》のふたつに限定するとともに、その両

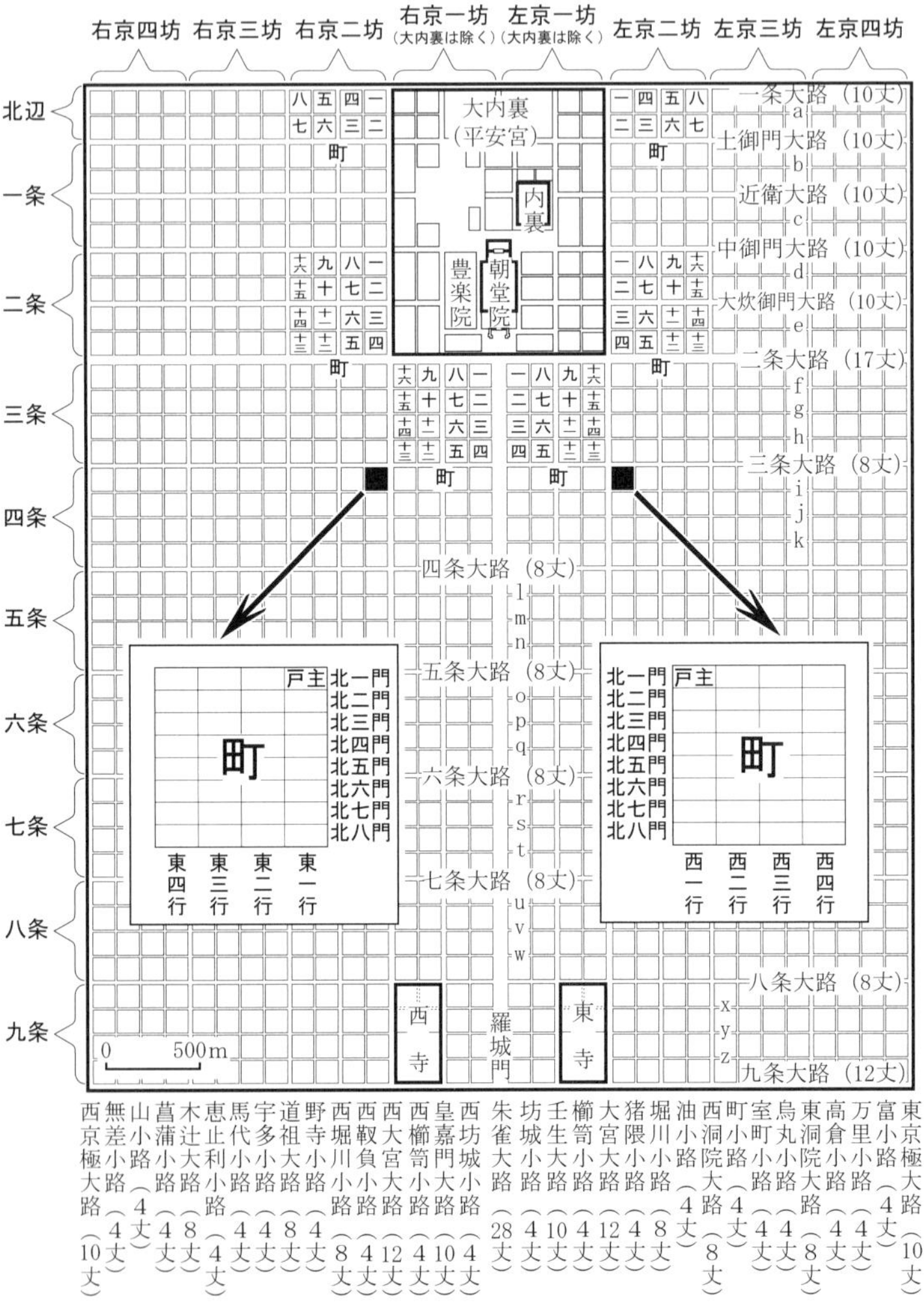

a：正親町小路（４丈）
b〜e：鷹司小路（４丈）、勘解由小路（４丈）、春日小路（４丈）、冷泉小路（４丈）
f〜h：押小路（４丈）、三条坊門小路（４丈）、姉小路（４丈）
i〜k：六角小路（４丈）、四条坊門小路（４丈）、錦小路（４丈）
l〜n：綾小路（４丈）、五条坊門小路（４丈）、高辻小路（４丈）
o〜q：樋口小路（４丈）、六条坊門小路（４丈）、揚梅小路（４丈）
r〜t：七条坊門小路（４丈）、北小路（４丈）
u〜w：塩小路（４丈）、八条坊門小路（４丈）、梅小路（４丈）
x〜z：針小路（４丈）、九条坊門小路（４丈）、信濃小路（４丈）

図１　平安京の条坊　著者作成

寺を京の南辺に左右対称に配置していた。すなわち、桓武《かんむ》天皇はこうした均整のとれた姿こそが都城の理想形だという結論に達し、それを地上に具現化したわけである。

平安京の考古学的研究の中でも特筆される成果のひとつは、きわめて精密な条坊《じょうぼう》復元が行われていることである。平安京跡のような巨大な都市遺跡では、遺跡の各所において発掘調査が行われることが多く、調査地同士の相互関係を精密に把握しておくことが必要となる。そこで、昭和五十三年（一九七八）、京都市は平安京跡の発掘調査のデータを総合することのできる統一的な基準として、「国土平面直角座標系（国土座標）」に準拠する測量基準点を設置した。国土座標とは、日本の領土を十九の地域に分け、そのそれぞれに基準点を設け、そこからの距離という形で任意の一地点を数値化した座標で表わすことができるシステムである。そして、京都市埋蔵文化財研究所は発掘によって検出された平安京の条坊遺構の国土座標データをコンピューターによって解析し、『延喜式』が記載する平安京の構造と、実際の発掘調査で検出される条坊遺構の位置が最もよく合致するような平安京復元案を作り上げた（辻純一 一九九四）。さらに平成十四年（二〇〇二）の測量法の改正によって国土座標の原則が日本独自の「日本測地系」から世界的に標準化された「世界測地系」に変更されたため、同モデルをそれに応じて改算・改測したものが現行案として使われている。それによると平安京の造営尺の一尺は二九・八四七〇八チセン、造営方位はマイナス〇度一四分〇三秒（国土座標の北に比べてこの数値の分だけ西に振る）とされている。さらに条坊遺構のデータを増やして再解析するとともに、条坊施工の際の誤差を考慮してそれを修正すると、造営尺は二九・八四四五一八チセン、造営方位はマイナス〇度一四分二三秒となり、これによると復元誤差をさらに縮めることができるという試案も公表されている。これは世界的にみても古代都市の復元としては他に類をみない精度を誇るものであり、平安京の復元研究はほぼ完成の域に達しているのである。

「前期・中期平安京」の実像

ただし、ここで復元された平安京の姿は、あくまで都市計画における理想形であったことを忘れてはならない。当然のことながら、都市の建設は一朝一夕でなしとげられるわけではなく、長い時間がかかる。また、都市は「生き物」であるから、その建設が長期間にわたればわたるほど、そこには当初の計画では想定されていなかったような変化が現れるのは当然であろう。桓武天皇は崩御の直前の延暦二十四年（八〇五）十二月にいたり、藤原緒嗣《ふじわらのおつぐ》と菅野真道《すがののまみち》（共に参議）に「徳政相論《とくせいそうろん》」を行わせ、その結果として軍事（対蝦夷《えみし》戦争）と造作《ぞうさ》（平安京の造都）の停止を決断した。この時すでに遷都《せんと》から十年の時を経ていたから、平安京の主要部分は完成しており、造作を停止しても大きな支障はなかった段階にきていたと解するべきであろう。ただその一方では、平安京に当初計画通りに完成されていない部分がまだまだ残っていたことは認めなくてはなるまい。

それでは、平安京は実際にはどのくらい完成していたのであろうか。これには平安時代の各時期の平安京を実証的に復元することが必要である。そこで、平安時代を前期（八世紀末葉～九世紀中葉または末葉）、中期（九世紀後葉または十世紀初頭～十一世紀後葉または末葉）、後期（十一世紀末葉または十二世紀初頭～十二世紀末葉または十三世紀初頭）の三時期に分け、それぞれの時期ごとに文献史学と考古学の情報を総合し、平安京の変遷の概略をたどることにした。ここでの時期区分の実年代にはかなり曖昧なところを残しているのであるが、それは、文献史学から知られる政治史、考古学からみた土器編年、さらに同じ考古学の瓦編年の画期の設定のしかたがそれぞれ異なっており、そうしたいくつもの時期区分を早急に統一することは不可能であるからである。ただ、今は細かな時期区分にこだわるよりも、小異は捨てて大同につくこととし、平安京の変遷の大局を把握することを優先したいと思う。こうして作成した各時期の平安京の想定復元図のうち、「前期平安京」と「中期平安京」が図2・3である（山田邦和 二〇〇九a・二〇一五）。これを見ると、平安時代前期・中期の平安京では、左京の東南端や右京の西半部にはまだまだ未開発の土地が多く残されていたことがわかる。この時期の平安京で市街地化された部分は、全体の三分の二程度であったと考えている。

平安時代中期の「右京衰退」の実像

平安時代中期の平安京を語る場合、よく「右京（西京《さいきょう》）の衰退」という事象が指摘される。それは、慶滋保胤《よししげのやすたね》が十世紀末葉に執筆した『池亭記《ちていき》』に「予、二十余年以来、東西二京を歴見するに、西京は人家漸《ようや》く稀《まば》ら、殆ど幽墟の幾《ごと》し。人は去る有りて来る無し。屋は壊《こぼ》つ有りて造る無し」と書かれているからである。

確かに、平安時代中期の右京は「衰退」のきざしを見せており、空閑地または耕作地がめだったり、都市機能が衰退するようになることは否定できない。たとえば平安京右京三条三坊五町においては、平安時代初期の八世紀初頭には大型の建物群を配置した大規模な邸宅が建設されたものの、それは九世紀前半に廃絶し、平安時代中期の十世紀には耕作地化したことが確認されている（京都市埋文研

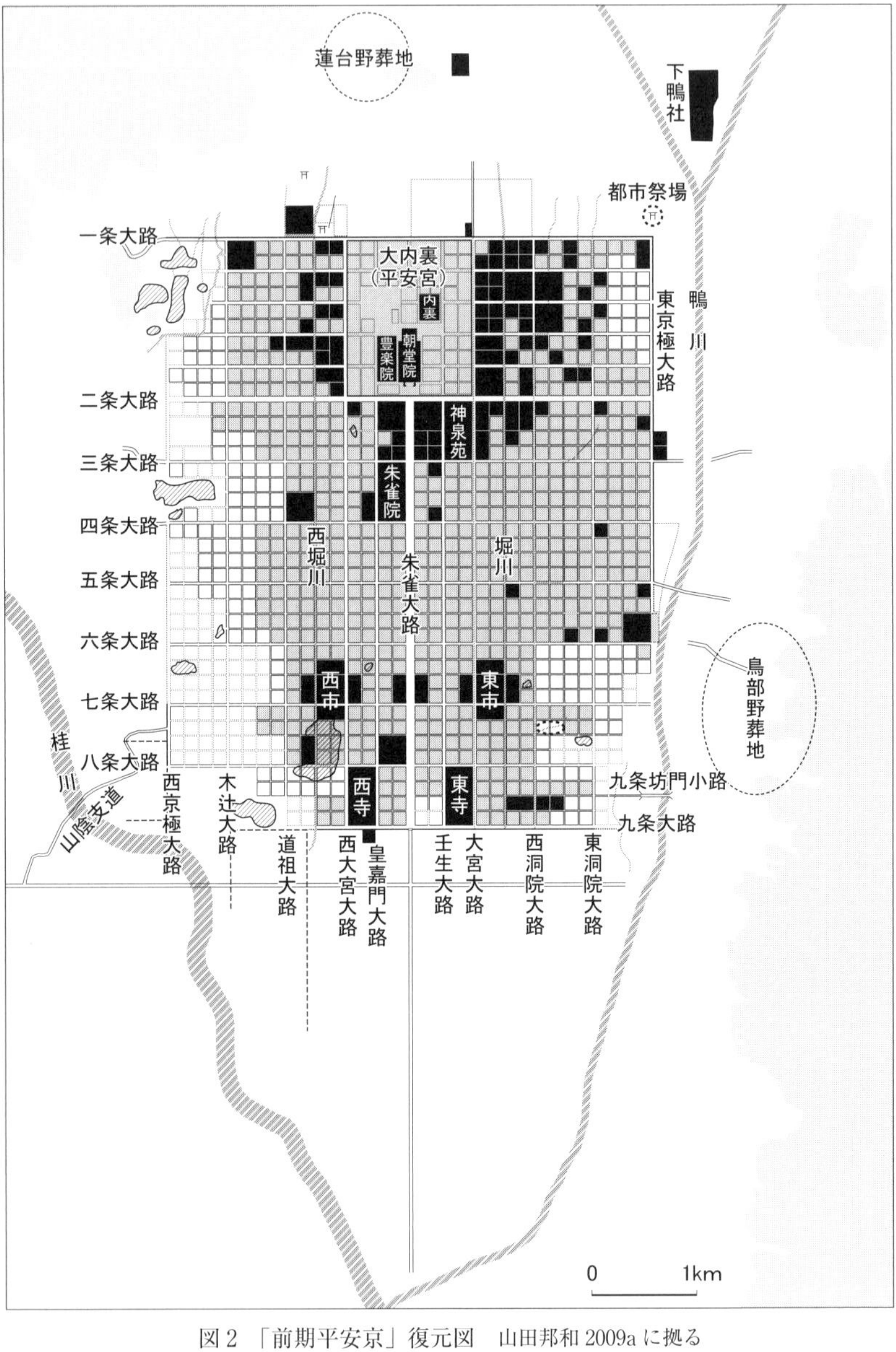

図 2 「前期平安京」復元図　山田邦和 2009a に拠る

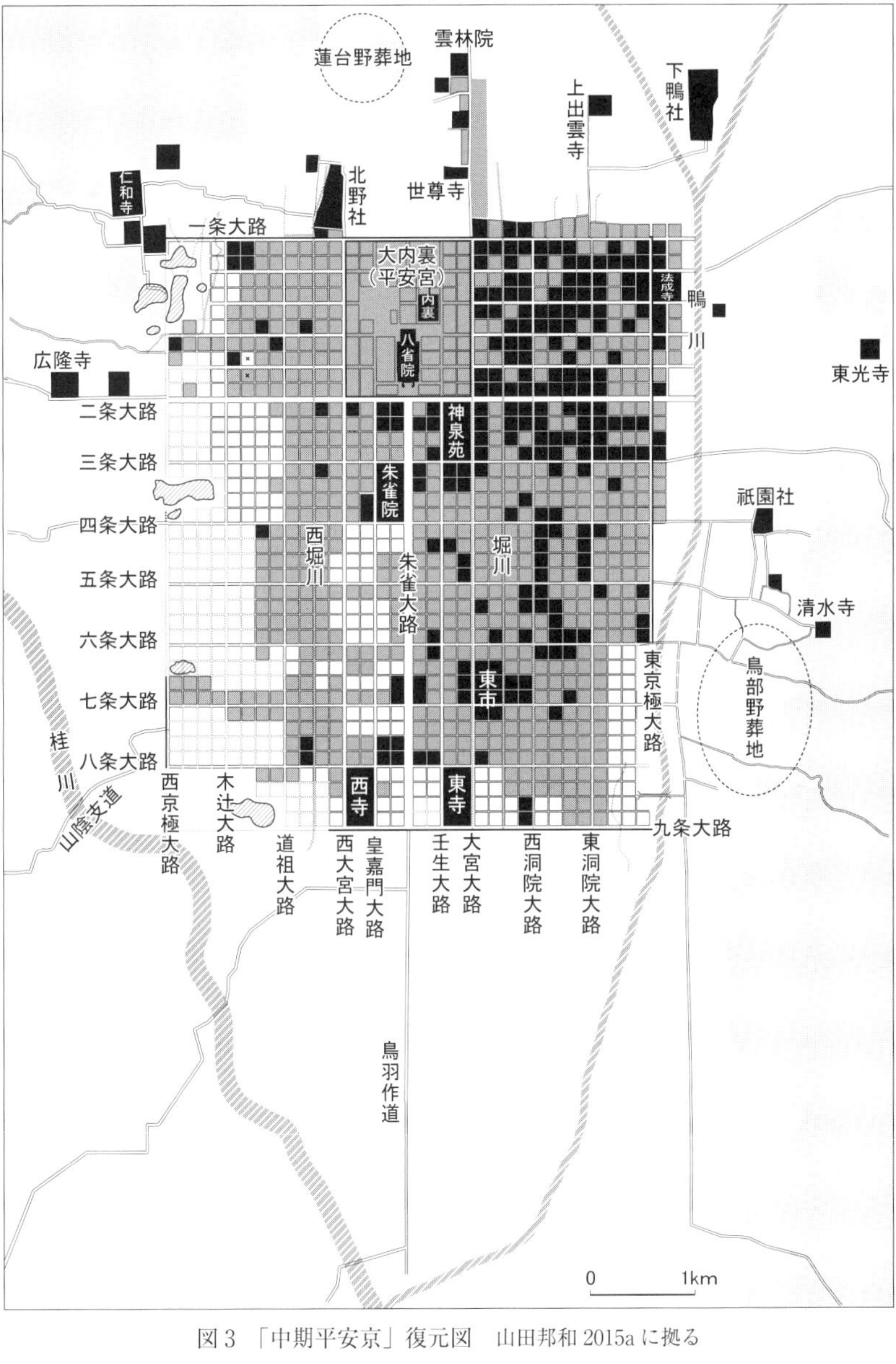

図３　「中期平安京」復元図　山田邦和 2015a に拠る

編 二〇一八b)。右京六条三坊四町では九世紀前半には二分の一町を占める大規模邸宅が造営され、それがまもなく一町規模に拡大し、同世紀後半まで多くの建物が立ち並ぶのであるが、平安時代中期にはいる十世紀前半にはその大規模邸宅は廃絶したらしい(古代文化調査会編 一九九八)。右京三条三坊十町跡では前期の宅地が廃絶して中期には墓が作られたし(京都市埋文研編 一九九〇)。この時期、右京から大規模な邸宅が激減したことは認めてよい。

ただ、平安時代中期の右京のすべてが「衰退」していたわけではない。十世紀初頭に伊勢斎宮《いせさいくう》の任を終えて京に帰還したひとりの皇女は、右京三条二坊十六町に見事な庭園を伴う大邸宅を造営してそこを御所としていた(四六ページ図17の薄い部分)(京都市埋文研編 二〇〇二c)。この皇女とは、『伊勢物語《いせものがたり》』に描かれた在原業平《ありわらのなりひら》との一夜の恋のエピソードによって知られる恬子《やすこ》内親王(文徳《もんとく》天皇皇女。九世紀中葉~延喜十三年〈九一三〉)であった可能性が高い。右京二条三坊十五町では、平安時代前期には比較的小規模な建物のみであったのが、中期には整然とした建物配置を持つ邸宅が完成する(京都市埋文研編 一九八七・一九八八)。右京四条二坊八町でも、平安時代中期に二分の一町を占める邸宅が存在していたらしい(両洋学園内平安京跡発掘調査会編 一九八七)。右京の南端にあたる九条二坊四町でさえ、前期から中期にかけて建物群が頻繁に建てかえられている(京都市埋文研編 一九八八)。

さらに、平安時代中期の右京にも、小規模宅地はまだまだ点在していた。右京二条三坊一町では、町の西半中央において、平安時代前期から中期にかけて二~四棟の建物群からなる宅地が継続的に営まれている(図4)(京都市埋文研編 一九八八)。石帯《せきたい》、粗製の瑪瑙《めのう》(玉髄)、越州窯系《えつしゆうよう》の青磁碗、長沙銅官《ちようさどうかん》

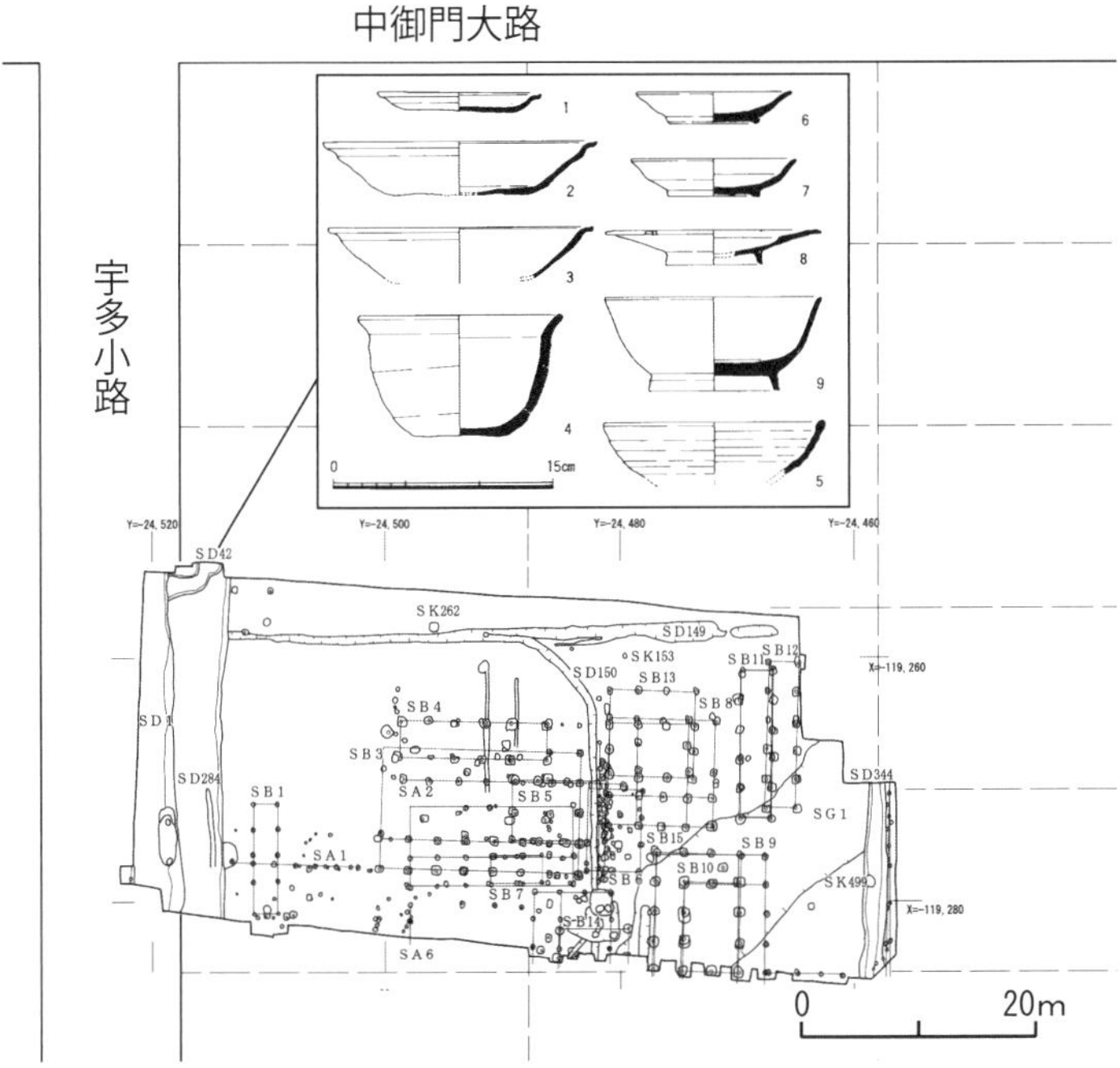

図4　右京二条三坊一町　京都市埋文研編 1988 に拠り作成

窯《よう》系の水注、白釉緑彩《はくゆうりょくさい》陶器といった遺物が出土していることから見て、居住者は官人だったのであろう。右京二条三坊八町では、十世紀前半から中頃にかけて、町の中央南北に二条の小径《しょうけい》を通し、その間に小規模宅地を営んでおり（古代文化調査会編 二〇一一b）、とりわけ平安時代中期には活発な土地利用がなされていたことが知られている（京都市埋文研編 一九八三）。右京三条二坊二町においても、周囲を溝で囲んだ十世紀の小規模宅地が存在した（京都市埋文研編 一九八三）。

したがって、平安時代中期における「右京の衰退」とは、単純な市街地範囲の縮小ではなく、上級貴族などの大規模邸宅の減少という意味だったと理解するべきであろう。そこではまだまだ小規模な家宅は存在していたし、貴族邸宅も皆無になったわけではないとみなされなければならないのである。そもそも「右京の衰退」の基本史料とされている『池亭記』にしても、前述の文に続けて「其の移徙《わたまし》するに処無く、賤貧を憚《はばか》ること無き者は是れ居る。或は幽隠亡命を楽しみ、当《まさ》に山に入り田に帰るべき者は去らず。自ら財貨を蓄え、奔営《ほんえい》に心有るが若《ごと》き者は一日と雖《いえど》も住むことを得ず」と述べており、右京にはまだ多くの庶民が住んでいたことを認めている。平安時代中期における「右京の衰退」を、右京の完全な荒廃や田園化としてとらえるのは誤りなのである（山田邦和 二〇一五a）。

「中期平安京」の拡大

「中期平安京」でもうひとつ注目されるのは、都市が平安京の枠組みを越えて、周囲に拡大していく傾向が見られ始めることである。左京の北郊においては、船《ふな》岡山《おかやま》周辺にいくつかの寺院やその関連施設が展開する。また、左京の東側で鴨川《かもがわ》との間の地区には、貴族邸宅や仏堂が林立して実質上は平安京左京の延長としての性格を帯びるようになる。左京北辺四坊十六町の東側の平安京外にあたる地点では、平安京造営からまもない平安時代前期の段階においてすでに、一条大路を東に延長した道路（一条大路末）が敷設されていた（図5）（古代文化調査会編 二〇一七）ことが確認されており、早い段階からこの地区の開発が進められていたことが知られる。

平安京の東側の地区で特に注目されるのは藤原道長《みちなが》による法成寺《ほうじょうじ》の創建である。そもそも平安京においては、東寺と西寺だけを例外として、堂塔伽藍《がらん》を備えるような本格的な寺院を京内に設置することはタヴーとされてきた。道長は法成寺を自らの邸宅である土御門第《つちみかどてい》の隣接地に設定するとともに、その場所を東京極大路の東側の平安京外に求めることによって巧みにこのタヴーを避けたわけである。法成寺南門から南方へは新しい直線道路が設定され、これは本来の平安京の中心道路である朱雀大路《すざくおおじ》になぞらえて「東朱雀大路」と呼ばれるようになり、この地区の中軸としての役割を担うことになる（鈴木進一 一九八一、瀧浪貞子 一九九一、山田邦和 二〇一二）。右京の北郊においても、北野社《きたの》（現・北野《きたの》天満宮《てんまんぐう》）、仁和寺《にんなじ》といった大寺社が成立し、それらを中核として新たな都市区画が形成されていく。こうして、平安京は遷都当初の都市計画から徐々に姿を変えていくことになったのである。

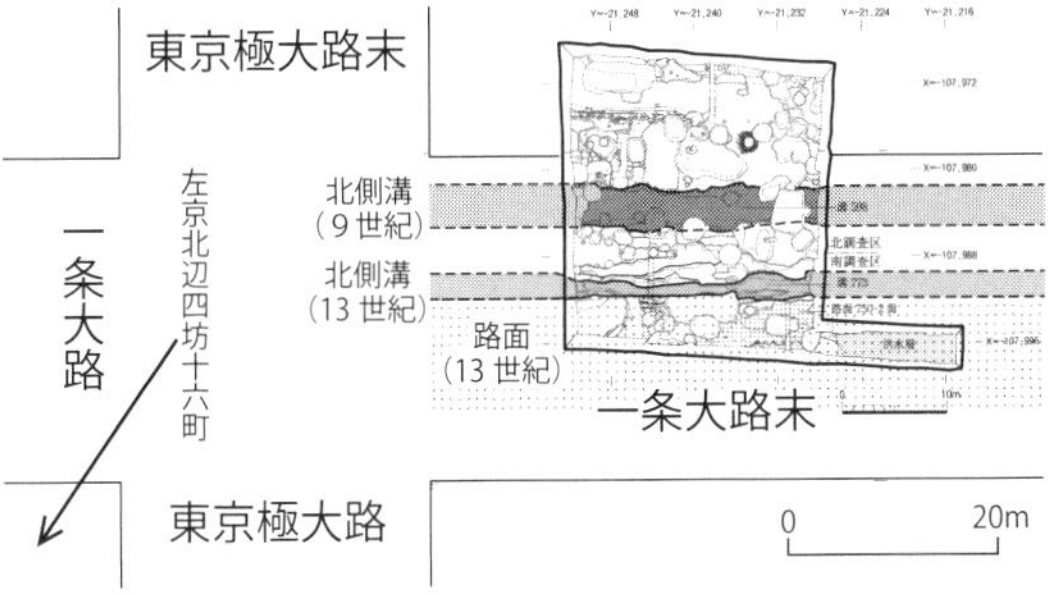

図5　一条大路末　古代文化調査会編 2017 に拠り作成

2　平安時代前・中期の貴族邸宅

寝殿造の邸宅

平安時代の上級貴族の邸宅というと、「寝殿造《しんでんづくり》」（藤田勝也 二〇二一）がすぐに思い浮かぶ。その特質を整理してみると、

a　邸宅の中央北半に主殿である寝殿を置き、それを中心にして

左右対称形に対屋《たいのや》などの建物群が配置される。
b　建物群が「渡殿《わたどの》」と呼ばれる廊によって連結されている。
c　寝殿の南側には広い南庭があり、さらにその南には池庭が存在する。建物群の中には、池に隣接または突き出る「釣殿《つりどの》」も存在した。

ということになるだろう。ただ、現在の私たちが教科書などでなじんでいる「寝殿造」の姿は、実は室町時代の貴族が平安時代の王朝文化への憧憬に基づいて復元したものであり、そのまま史実と受け取ることはできないという指摘がなされている（京樂真帆子　一九九四）。また、要素aの中の「左右対称」という通説については、実際にはかならずしもそうした指向はなかったということもいわれている（藤田勝也　二〇一二）。

貴族邸宅の実例

いま、平安時代前期・中期の貴族邸宅の中で、考古学的にある程度の様相が判明した例を挙げてみよう。

右京一条三坊九町（京都府立山城《やましろ》高校構内遺跡）では平安時代初期の八世紀末葉から九世紀初頭に一町を占める大邸宅が営まれていたことが知られた（京都府教育委員会編　一九八〇・一九八一）。町の中央北寄りに大規模な正殿を置き、それを「コ」の字形に取り囲んで左右対称形に後殿《こうでん》や脇殿《わきでん》が配置される。ただ、正殿の南側に池庭は存在しなかったし、建物同士が廊で連結されるわけではない。寝殿造邸宅の要素aが現れているが、bやcは未だ満たさない。

右京三条一坊六町でも、平安時代前期の大邸宅が存在していたことが判明した（京都市埋文研編　二〇〇六b）。ここでは「三条院」の墨書銘を持つ土師器が出土しており、右大臣藤原良相《よしみ》の「西三条第（百花亭）」（『拾芥抄』「西京図」）があったことを意味すると考えられている。しかし、長宗繁一《ながむねしげいち》はここにあった邸宅は良相の西三条第ではなく、「三条院」の名称をもつ天皇の離宮であったという異説を提出している（長宗繁一　二〇一二）。『帝王編年記《ていおうへんねんき》』貞観八年（八六六）三月二十三日条には良相邸の所在地は「朱雀院西、三条北」とあり、これはおそらく「朱雀（大路）西」の誤写であろうから、その邸はやはり右京三条一坊四町だった（『拾芥抄』本文）のだろう。そうすると、右京三条一坊六町に存在した邸宅の性格は長宗説を採るべきである。この邸宅は、敷地の東北部と西部にふたつの池を置き、それらを遣水《やりみず》で結んでいる。ふたつの池の間には複数の独立建物が配置される。発掘調査の手が及んでいないけれども、正殿は敷地の南東部に配置されていたのであろう。正殿域の北側に池庭が存在する可能性が高い点で、寝殿造の構成要素cを満たしていないことはいいうるだろう。

右京六条一坊五町では、平安時代前期の九世紀末葉から十世紀初頭に一町を占める邸宅が営まれている（京都市埋文研編　一九九二）。敷地を四分割し、東南の四分の一町を正殿域、東北の四分の一町を雑舎域としていた。西北部は湿地で空閑地であったし、西南部は遺構が破壊されているが、ここも西北部と同様の空閑地だったように思う。正殿域には五間四面庇《ひさし》の正殿が置かれ、その周囲を取り囲んで左右対称を意識した北・東北・東・西の対屋が配置される。建物同士は廊で結ばれている。正殿の南側には池庭をいれるスペースはない。「寝殿造」の構成要素のうち、cは該当しない一方でaとbが満たされており、「寝殿造」の先駆形式として評価されてきた。ただ、長宗繁一は従来の復元案を否定し、ここには二時期の建物群が重複しており、しかも建物同士をつなぐ廊は存在しなかったと論じている（長宗繁一　二〇二二）。長宗説を採った場合、「寝殿造」の構成要素のａ・ｂ・ｃのどれをも満たしていないことになる。

右京三条二坊十六町（「斎宮御所」）は前述の通り、文徳天皇皇女の恬子内親王が帰京してからの御所であったと推定されている（京都市埋文研編　二〇〇二ｃ）。時期は十世紀初頭である。東北部中央に巨大な池を造り、その周囲に複数の建物を配置する（図18の薄い部分）。正殿は池の東側にある、三間四面庇の西側に孫庇を付け、さらにその西に南北十一間の廊を接続した特異な建築である。この建物は西に向かって池庭を鑑賞することを主目的としていたと推定される。池庭があることは「寝殿造」に共通するものの、構成要素ａ・ｂ・ｃをまったく満たさない。

父の道長とともに藤原氏の摂関政治の全盛期を作り上げた藤原頼通《よりみち》の本邸が高陽院《かやのいん》（左京二条二坊九・十・十五・十六町）である（太田静六　一九八七）。これは他に類をみない四町を占める大邸宅であり、その絶景は「海龍王の御殿《ごてん》の如し」とすら評せられた（『栄華物語』巻二十三）。敷地の東南部に広大な池があり、また中央部にもうひとつの池があったことがわかっている（京都市埋文研編　二〇〇五ａ）。寝殿をはじめとする主要建物の配置は未だ不明ではあるけれども、寝殿の南側に池庭という単純な形ではなかったと考えられるから、構成要素ｃを満たしているとはいえないだろう。

「寝殿造」と貴族邸宅

教科書的な「寝殿造」は絵巻物の描写や文献史料に掲載された差図《さしず》などから復元されたものであり、それに意味がないわけではない。発掘調査の事例からも、平安時代の初期に要素ａが、また平安時代前期末にｂが現れているし、そうすると平安時代中期にはｃが加わって「寝殿造」が成立したことは事実だったとみなしてよいだろう。ただ、前述したような貴族邸宅の実像を見る限り、平安京の貴族邸宅がすべて教科書的な「寝殿造」になってしまったわけではないことは確かである。特に、高陽院のような大邸宅では、「寝殿造」を基本としながらも必ずしもその定型にとらわれることなく、大胆に庭園を展開していたのであろう。また、右京三条二坊十六町の「斎宮御所」のように意図的に寝殿造とはまったく異なった構造を採用した邸宅も存在した。

平安時代の貴族邸宅は、「寝殿造」を主としつつ、それ以外の構造のものをも含めた多様なありかたを示していたのである。

二　院政期の京都

1　院政期の大内裏

院政期の大内裏

日本史学界では、平安時代後期すなわち「院政期」を日本における「中世」の開始とみなすのが通例である。政治史における「院政期」のはじまりは、後三条《ごさんじょう》天皇が白河《しらかわ》天皇に譲位した延久四年（一〇七二）、または白河天皇が堀河《ほりかわ》天皇に譲位した応徳三年（一〇八六）を目安としておくべきであろう。

平安京の中枢部であったのは、その中央北端に配置された平安宮《へいあんきゅう》（大内裏《だいだいり》）である。ここには、皇居である内裏、国家の重要儀式に使用される八省院《はっしょういん》（朝堂院）、公式の宴会場である豊楽院《ぶらくいん》、さらには種々の官衙が立ち並んでいたからである。

ただ、平安時代後期になると、平安宮を構成する官衙の中には衰退していくものが多く見られるようになる。たとえば、天皇の日常生活や儀式の際の酒を造進する造酒司《ぞうしゅし》《みきのつかさ》では、発掘調査の成果を見るならば建物遺構や出土遺物はほぼ平安時代中期までに限られ、後期には南面築地外溝だけが検出されている（京都市埋文研編　一九九五c）。おそらく、外見の体裁を整えるために官衙の周囲の築地だけが維持されるにとどまっていたのであろう。ただし、これは朝廷の機能そのものの衰退を意味するのではない。平安時代後期には官司《かんし》請負制《うけおいせい》、つまりそれぞれの役所の職掌と権益が特定の氏族によって世襲されるという制度が進展し、その結果として役所の実務は平安宮内の本来の官衙を離れ、それぞれの役所の長を務める貴族の私邸で行われることが多くなっていったからである。もちろん、すべての官衙がなくなってしまったわけではない。たとえば中務省や大膳職《だいぜんしき》の跡地では平安時代後期にもかなりの遺構や遺物が検出されているなど、役所の中には永く生命を保ち続けたものもある。

大極殿

平安宮の中でもっとも重要な建物が、八省院の正殿である大極殿《だいごくでん》である。大極殿はそれまでに三回の造営を経ていた。第一次大極殿は桓武《かんむ》天皇が平安京遷都直後の延暦十四年（七九五）正月に完成させたもので、建物構造は重層（外見が二階建てに見える建築）入母《いりも》屋造《やづくり》であったと推定されている。第一次大極殿は貞観十八年（八七六）に焼失し、元慶三年（八七九）に第二次大極殿が再建された。これは第一次のそれとは構造を変え、単層寄棟造《よせむねづくり》（四注造《しちゅうづくり》）となったと考えられている。しかし第二次大極殿が康平元年（一〇五八）に火難に会った後、しばらくは再建が滞る。そして、延久四年（一〇七二）に至って後三条天皇が再建させたのが第三次大極殿であり、これは後白《ごしら》河《かわ》天皇の時代の『年中行事絵《ねんちゅうぎょうじえ》巻《まき》』に描かれている通り、単層入母屋造の建築であった。明治二十八年（一八九五）に桓武天皇を祭神として創建された平安神宮では、拝殿《はいでん》が平安宮大極殿を縮小復元した建物になっているが、この原型となったのが延久再建の第三次大極殿であった。

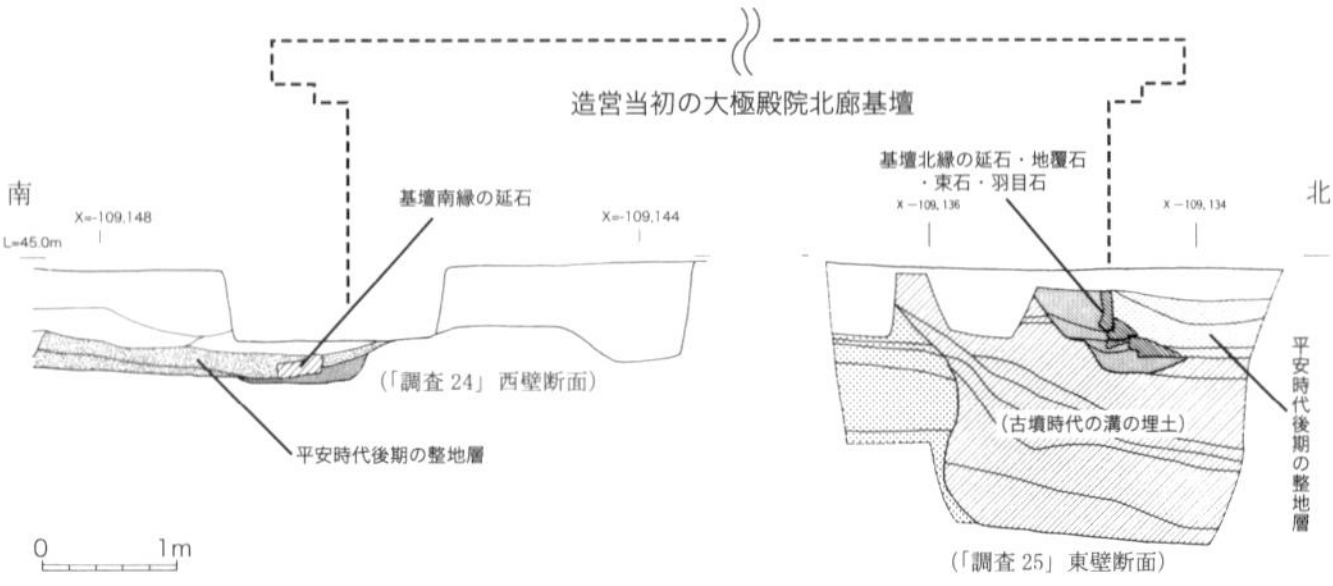

図6　平安宮大極殿院北廻廊　山田邦和 2009a に拠る

大極殿の基壇《きだん》は後世に破壊しつくされたので、発掘調査によって検出されているのはわずかに基壇南面にとりつく階段の一部に留まる。ただ、大極殿をとりまく廻廊（大極殿院廻廊）の遺構は部分的に確認されている（京都市埋文研編　一九九五ｃ）。それによると、平安京遷都当初の廻廊の基壇はいったん削平され、平安時代後期の十一世紀中葉にその上を整地して新たな基壇を造営したことが判明している。これこそが延久の第三次大極殿の建設の痕跡を表すものにちがいない（図6）（山田邦和　二〇〇九ａ）。つまり、第三次大極殿の廻廊造営にあたっては、それ以前の基壇を修復して再利用したわけではなく、それまでの基壇を壊していったん全面の整地を行ってから、改めて基壇から新造したわけである。

内裏（大内）

平安宮の中でもっとも頻繁に焼失と再建を繰り返したのが、内裏である。なんといっても平安宮内裏は天皇と後宮《こうきゅう》の女性たちの実際の生活の場であり、そこでは日常的に火が使われていたから、火難を受けることが多かったというのもやむをえないであろう。平安時代後期には歴代の天皇は平安京左京の中の里内裏《さとだいり》を居所として使用することも多かったけれども、平安宮内裏こそが本来的な皇居であったという意識が失われたことはなかった。なお、この時期以降の文献史料にはしばしば「大内《おおうち》」という用語が使われており、それは大内裏の中にある本来の内裏（平安宮内裏）を意味することが原則である。ただ、「大内」と「大内裏」というふたつの言葉が類似しているため、室町時代以降にはしばしばこの両者は混同されるようになったし（瀬田勝哉 二〇一五）、さらに現代の研究の中でもこの区別がついていない場合がしばしば見られる。しかし、本来的にはその両者は別物であることを強調しておきたいと思う。

後冷泉《ごれいぜい》天皇の康平元年（一〇五八）、第十三次内裏は第二次大極殿と同時に焼亡した。後三条天皇は延久二年（一〇七〇）から第十四次内裏の再建工事を始めて翌年には竣工にこぎつけ、さらには同四年には第三次大極殿も完成させる。つまり後三条天皇の事業は、平安宮の中で最も重要であった大極殿と内裏の双方を再建するという意欲的なものだったのである。

信西の大内裏再建

保元元年（一一五六）に勃発した保元《ほうげん》の乱は後白河天皇とその兄の崇徳《すとく》上皇の争いであったが、戦いは後白河天皇側の勝利に終わった（山田邦和 二〇〇九b）。

保元の乱の後、抜群の学才と実務能力を駆使して政局を主導したのが少納言入道信西《にゅうどうしんぜい》（藤原通憲《ふじわらのみちのり》）である。そして、信西が最も力をいれたのは、来る後白河天皇から二条《にじょう》天皇への譲位に備えて、その舞台としての大内裏を再建することであった。この時の大内裏を見ると、延久再建の第三次大極殿は健在であったとはいえ、八省院の諸堂や大内裏の正門である朱雀門はかなり老朽化が進んでいた。また、後三条天皇再建の第十四次内裏は永保二年（一〇八二）に焼失し、それを康和二年（一一〇〇）に再建した第十五次内裏も久安六年（一一五〇）に建物が倒壊して使い物にならなくなっていた。信西はまず内裏を迅速に再建する（第十六次内裏）とともに、八省院や朱雀門などの修造にとりかかる。つまり、信西の大内裏再建は、内裏だけではなく大内裏の主要部分すべてにおよんでいたのである。特に、延久再建の第三次大極殿では棟の東西に載る鴟尾《しび》が木造であったのを、信西は金銅製のものに取り替えさせた。大極殿の巨大建築の上で鴟尾が金色に輝くありさまは、それを見る人々の目を奪ったに違いない。この姿は、現在の平安神宮拝殿に再現されている。

また、平安宮南限の南大垣も再整備されたことが考古学的に確認されている。ただし、八省院朝《ちょう》集堂《しゅうどう》のようなあまり重要でない建物は再建されていない。これは信西の力が及ばなかったのではなく、彼が大内裏の全体を復活させるよりも、南からの景観を荘厳化することに力点を置くというまことに巧妙な演出を行ったことによる（上原真人 二〇〇六）。それであるからこそ、信西の大内裏再建はきわめて迅速に進み、少なくとも正面観については平安宮は盛時の景観を取り戻すこととなったのである。

太郎焼亡と大極殿の消滅

治承元年（安元三年、一一七七）四月二十八日、左京南部の樋口小路《ひぐちこうじ》と富小路《とみのこうじ》の交差点付近の民家から火災が発生した。この火は、折りからの南風に煽られて燃え広がり、平安京左京の実に三分の一を飲み込む大惨事となった。「太郎焼亡《たろうじょうもう》」とか「安《あん》元《げん》の大火」と呼ばれる大火災がこれである。鴨長明《かものちょうめい》の『方丈記《ほうじょうき》』はこの火災の様子を「遠き家は煙にむせび、近きあたりはひたすら焔を地に吹きつけたり。空には灰を吹き立てたれば、火の光に映じて、あまねく紅なる中に、風に堪えず、吹き切られたる焔、飛ぶが如くして一、二町を越えつつ移りゆく。

その中の人、現し心あらむや。或は煙にむせびて倒れ伏し、或は焔にまくれてたちまちに死ぬ」と描写している。

太郎焼亡の痕跡としては、左京五条二坊十六町の調査成果が注目される（図7）（京都文化博物館編 一九九二）。ここでは方形区画の一部である溝が検出され、その埋土の中には真っ赤に焼けた十二世紀代の播磨《はりま》製の瓦がぎっしりと詰まっていた。瓦だけではなく溝の表面にも赤く変色している部分があり、火災の猛威が想像できた。これほどの激しい火事というとやはり太郎焼亡がふさわしいと思う。方形区画の中には柱穴があるから、小規模な建物があったと推測される。この発掘地点の西南に隣接して権中納言（のち民部卿）藤原資長《すけなが》の邸宅があり、これもまた太郎焼亡によって焼失している（宮内庁書陵部本『清獬眼抄《せいかいがんしょう》』）。この発掘地点にも貴族邸宅が存在しており、この遺構は邸内に造られた仏堂の跡である可能性を考えてよいであろう。

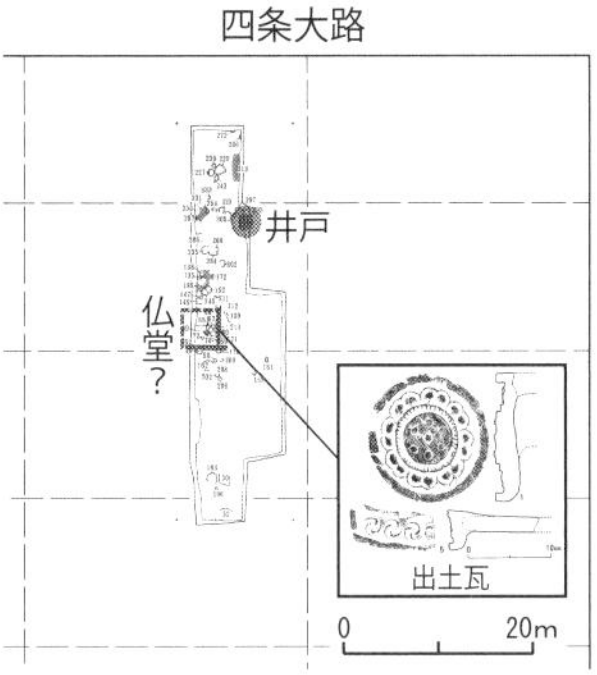

図7　左京五条二坊十六町　京都文化博物館編 1991 に拠り作成

また、左京四条二坊十六町には十二世紀中葉には大納言藤原（徳大寺）実定《さねさだ》の邸宅が存在しており、発掘調査でも庭園を持つ規模の大きな邸宅が存在していたことが確認されている。しかし、十二世紀後葉には町屋《まちや》建物が立ち並ぶように変化している。この土地利用状態の激変の原因は、藤原実定邸が太郎焼亡によって焼失してしまったことに求められる（国

際文化財編 二〇一七)。太郎焼亡は確かに、平安京のあちこちに大きな爪痕を残したのである。
太郎焼亡が当時の人々に大きな衝撃を与えたのは、その規模の大きさもさることながら、火が平安宮(大内裏)の中にもおよび、内裏こそ無事であったものの、大極殿を含む八省院が灰塵に帰したことであった。大極殿は国家の重要儀式に使用される、平安宮の中でも最重要の施設であった。治承元年の太郎焼亡は延久四年(一〇七二)の後三条天皇の第三次大極殿を烏有に帰したのである。そして、この後、大極殿の再建は幾度も朝廷の議論の俎上にあげられたけれども、結局は実現することはなかった。大極殿こそは古代都城のシンボルとなるべき建物だったから、大極殿の消滅によって平安京は新たな時代にはいったというべきであろう。

2 院政期平安京(「後期平安京」)の実像

「後期平安京」の姿

院政期の平安京は、「後期平安京」と呼ぶことができるであろう。この時期になると、平安京左京はほぼ全域が市街地となっている(図8)(山田邦和 二〇一五a)。今に残されている『九条家本《くじょうけ》 延喜式付図《えんぎしき》』の左右京図、『拾芥抄《しゅうかいしょう》』所載の平安京図、仁和寺《にんなじ》に伝来した『京都古図』(『仁和寺所蔵古図』)といった平安京の概念図には、平安京左京に多数の里内裏、院御所、貴族邸宅があったことが描かれているが、この情報は、多くが平安時代後期のものであった。これらの貴族邸宅は、必ずしも左京の北半部に集中するのではなく、左京全域にまんべん

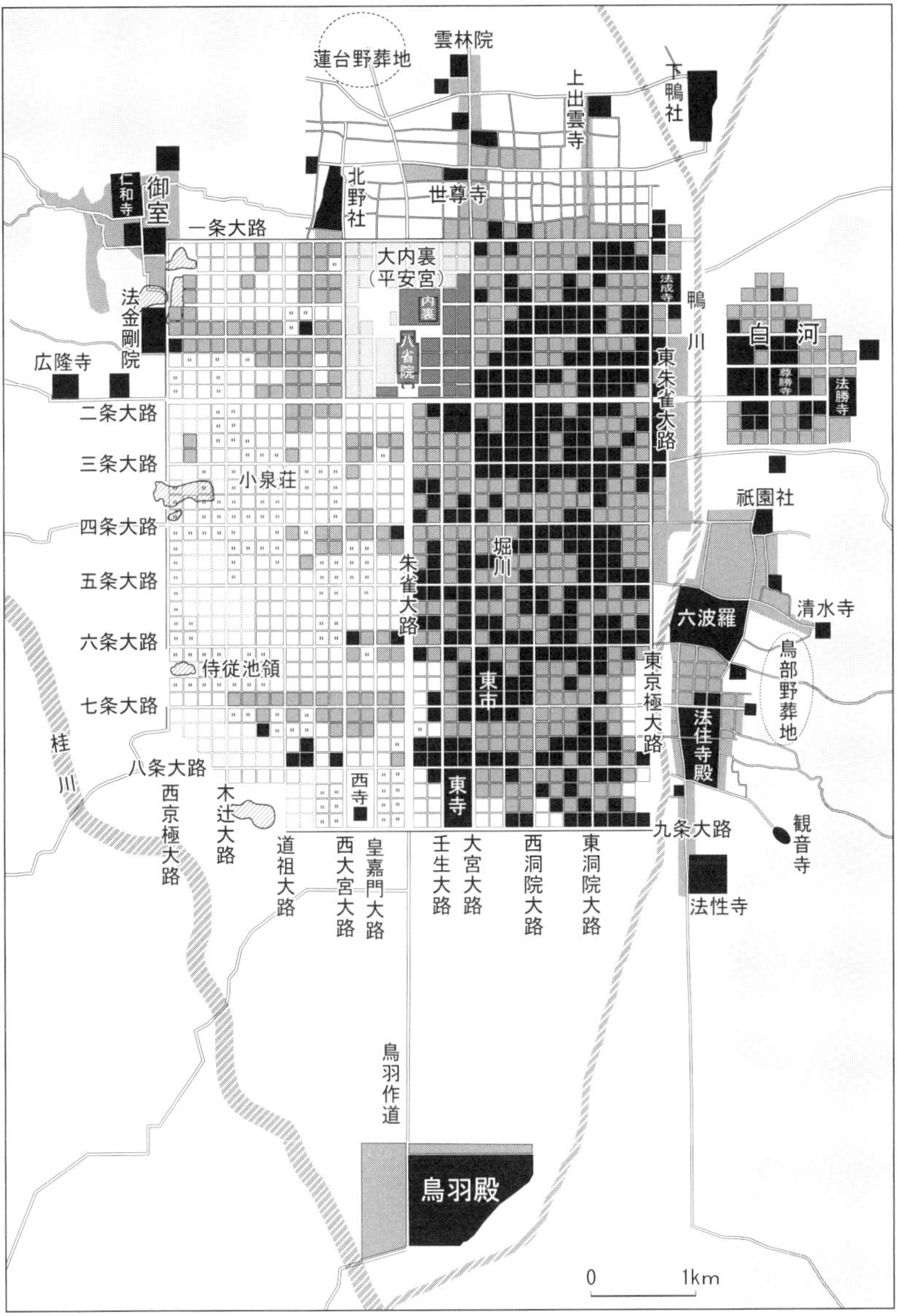

図 8 「後期平安京」復元図　山田邦和 2015a に拠る

なく分布する。さらに、東京極大路《ひがしきょうごくおおじ》と鴨川《かもがわ》の間の地区も完全に市街地化したから、この地区においては京内と京外の区別は、制度上はともかくとして見た目ではほとんどつかなかったであろう。

一方、この時期になると平安京の右京は衰退の色を濃くしていった。平安時代中期までの右京には小規模な宅地はまだまだ存在していたが、後期にはいるとその多くが耕作地に変じてしまったのである。その中には皇族や貴族の荘園になったものもあり、中でも藤原氏摂関家領の小泉荘《こいずみのしょう》（西院《さいいん》小泉荘。小泉御厨荘《こいずみのみくりやしょう》を含む）は平安京右京の四条から六条にかけて広がった六十三町にもおよぶ巨大な荘園群であった（山田邦和　一九九四・二〇一二）し、八条宮本康親王《もとやすしんのう》（仁明《にんみょう》天皇皇子）が開発した侍従池領（右京七条二・四坊）も最大規模の時には十六町を占めていた（角田文衞　一九八四）。そのほか、右近衛町《うこのえのちょう》、右《う》衛門町《えもんのちょう》、采女町《うねめちょう》、図書町《ずしょちょう》といった、もともと朝廷の諸官衙に付属した現業部門であった「諸司厨町《しょしくりやちょう》」も平安京右京に多く分布していた。官司請負制が発達する平安時代後期以降、こうした諸司厨町は、実質的にはその官衙を管掌する中級・下級貴族の荘園に化していったとみられる。

ただし、平安京右京の全域が完全に耕作地となったわけでないことも指摘しておきたい。特に、右京でも二条大路以北である右京北辺二・三坊、右京一条二・三・四坊、右京二条二・三坊では半数ほどの部分は何らかの居住空間が残されていた。また、それ以南の右京でも、二条大路、三条大路、四条大路や七条大路沿い、さらには右京六条一坊付近には宅地が存在したようである（南孝雄　二〇一六）。平安京右京の二条大路は平安京西郊の嵯峨へ、また四条大路は松尾大社《まつのおたいしゃ》へ、さらに七条大路は山陰道へとつながる交通ルートとして重視されていた。そうした東西方向の幹線道路沿いにはまだまだ都市空間が存在していたのである。

堀河院

平安時代後期の平安京の大規模邸宅の全容がわかる事例は多くはない。これには、平安京はその後も都市としての歴史が続いたため、平安時代の遺構の残存状況が極端に悪いことと、土地の制約によって大規模な発掘調査がほとんどできないという事情によるところが大きい。その中で、わずかに邸宅の様子がうかがえる事例をいくつか見ることにしよう。

堀河院《ほりかわいん》（堀川院、堀河殿）は左京三条二坊九・十町に位置した名邸である（太田静六 一九八七）。これは平安時代前期に関白太政大臣藤原基経《もとつね》が営み、その後は藤原氏の有力者によって伝領された。その間、何人もの天皇の里内裏となり、平安京でも最高の名邸のひとつとして知られていた。敷地は二条大路南、堀川小路東、油小路西、三条坊門小路北の二町を占めていた。高位の貴族の邸宅の面積の基準は一町であったから、堀河院はその二倍の面積を持つ大邸宅だったことになる。特に堀河院の名を高からしめていたのはその広大で美麗な庭園であり、それは「山石水木、誠に是を称翫《しょうがん》す」（『左経記』長元五年三月二十五日条）とさえ称せられていたのである。ただ、この庭園は広大すぎることも相まって、強盗をはたらいた廉《かど》で追捕《ついぶ》を受けた右京亮藤原保輔《やすすけ》が逃げ込んで潜伏するなどという椿事も起こっている（『日本紀略』永延二年六月十三日条）。特に堀河天皇はこの邸宅で成長するとともに、即位の後も生涯の多くの時期をここで過ごしたのであった。同天皇の「堀河院」という追号《ついごう》も、同天皇がこの邸宅を最も愛していたことに由来している。堀河院は嘉保元年（一〇九四）に焼失し、長治元年（一一〇四）に再建された。この火災と再建を境として、堀河天皇の皇居としての堀河院の歴史は第一期と第二期とに分けられている。第二期に至ってもその庭園は相変わらず見事なものであり、寛治六年（一〇九二）にはこの池に虹が立つほどであった（『中右記』同年六月七日条）。

堀河院の跡地は現在の二条城《にじょうじょう》から堀川通を挟んだ東側で、HOTEL THE MITSUI KYOTO、ＡＮＡクラウンプラザホテル京都、京都堀川音楽高校が立ち並ぶ一角となっており、それぞれの施設の建設に伴う発掘調査が行われている（図９）（京都市埋文研編 一九八五・二〇〇八a、丸川義広 二〇一二）。その成果によると、堀河院の中央部にはいくつもの池が作られていた。北半部の池（池４８９９）は深さ約八〇センチを測り、池内に数多くの景石《けいせき》を配置するとともに、北東隅には高さ一メートルほどの滝石組《たきいしぐみ》を備えていた。南半部には平面三日月形の池（池１５７０）と方形の池（池１８１０）がある。三日月形の池には、北半部の池の水が遣水《やりみず》を経て流れ込んでいた可能性がある。方形の池の西側には複数の溝（溝２５５・２０１０）があり、ここからの水が池に導入されていたらしい。方形の池には多くの景石が配されており、池の東端には池に張り出す「釣殿《つりどの》」のような建物が存在したと見られている。また、三日月形の池を埋めた土からは焼けて硬化した壁土が多く出土しており、これは保安元年（一一二〇）の第二期堀河院焼亡に伴うものであったと推定されている。建築物に伴う多数の礎石・柱穴や溝が検出されているものの、建物配置まではよくわからないのがいささかもどかしいが、池庭が敷地の北部から南部にかけて複雑な形で展開しているところからみると、従来の通説のような整った配置の寝殿造の建築群をそのまま置くことは難しいだろう。

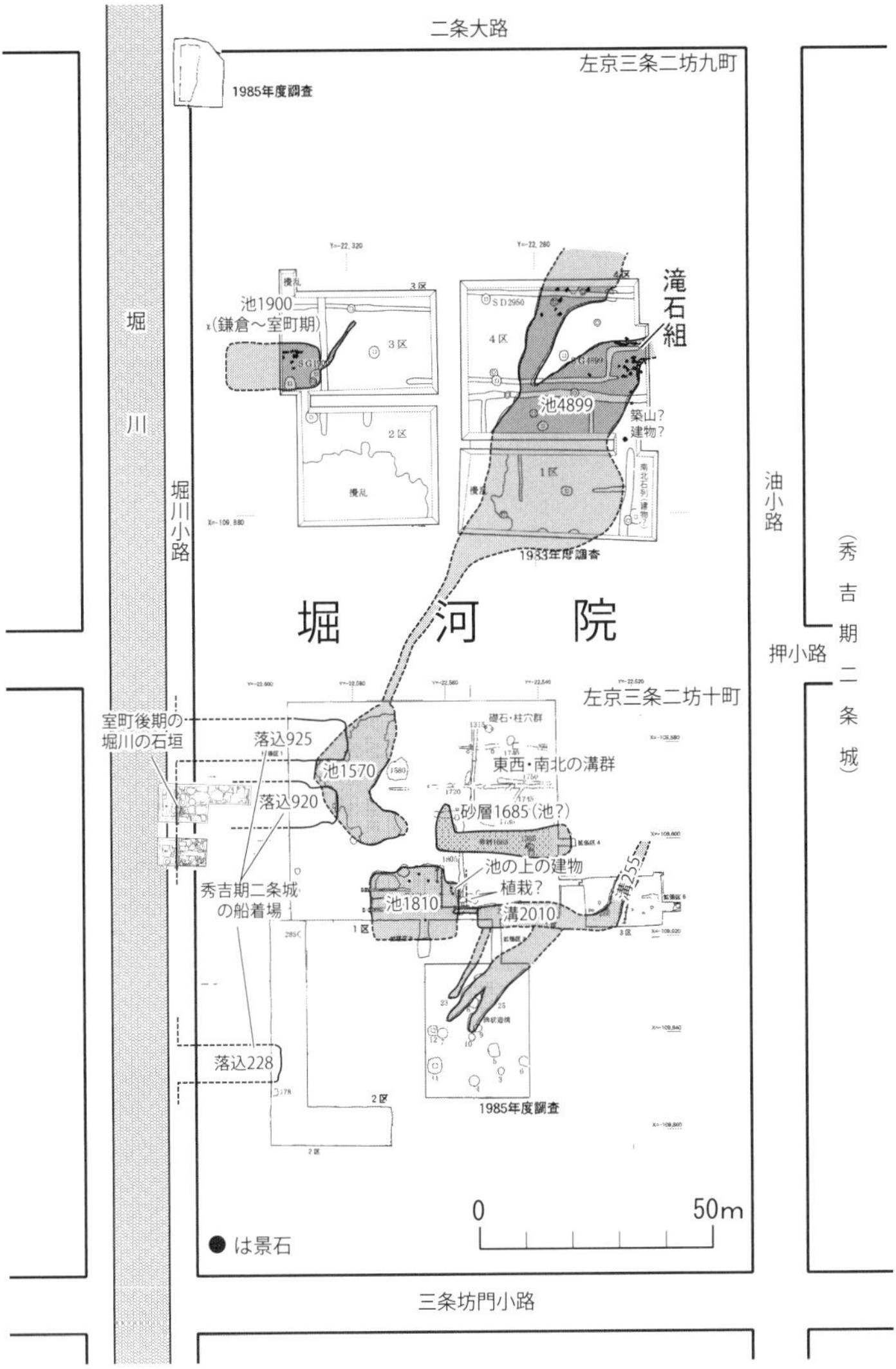

図9　堀河院（左京三条二坊九・十町）　京都市埋文研編 1985・2008a に拠り作成

その他の貴族邸宅

左京四条三坊九町には長承三年（一一三四）に造営された鳥羽《とば》法皇の院御所のひとつである三条烏丸《さんじょうからすま》殿《どの》（三条南殿）が所在した。発掘調査によって、邸宅の中央北部から小型の遣水（SG1）を持つ池庭が検出されている（図10）（京都市埋文研編 一九九一）。池の底には拳大の玉石を敷き詰めるとともに、玉石の間には白砂が詰められるという丁寧な構造であり、池の中やその北側には大小の景石が配置され、美麗な庭園を構成していた。遣水の南側に接して建物（SB1）があり、そこから北に渡殿《わたどの》が延びていたらしい。院御所は一町を占めていたと考えるのが自然であるから、この遣水は御所の主要な庭園のものではなく、敷地の北部に作られた副次的な庭だったのであろう。

白河《しらかわ》法皇の院御所のひとつであり、鳥羽・近衛《このえ》両天皇の里内裏となったのが左京六条三坊十一町に所在した小六条院《ころくじょういん》である。十一世紀後半に白河法皇がこの院御所を造営した段階で、その北側の六条三坊十町の南端部までもが小六条院に取り込まれることになった。おそらく、十一町だけでは狭すぎたため、十町の南端部に蔵や厨町を配することになったのであろう。興味深いことに、この工事に伴い、十一町の北側を東西に通っていた六条坊門小路《ろくじょうぼうもんこうじ》が北へ三六メートルほど移動させられている（京都市埋文研編 一九九四b）。さらにこの新しい六条坊門小路は、十二世紀の段階で道路両側の溝の心々距離が約一六メートルになるように改造されている。本来の六条坊門小路は幅四丈で、そこから両側の築地塀の厚さや犬行《いぬゆき》の幅を引くならば、側溝の心々間距離は二十六尺（約七・八メートル）であるはずである。その二倍の幅を持つということは、この部分では六条坊門小路は実質的には「大路」に近い扱いを受けていた

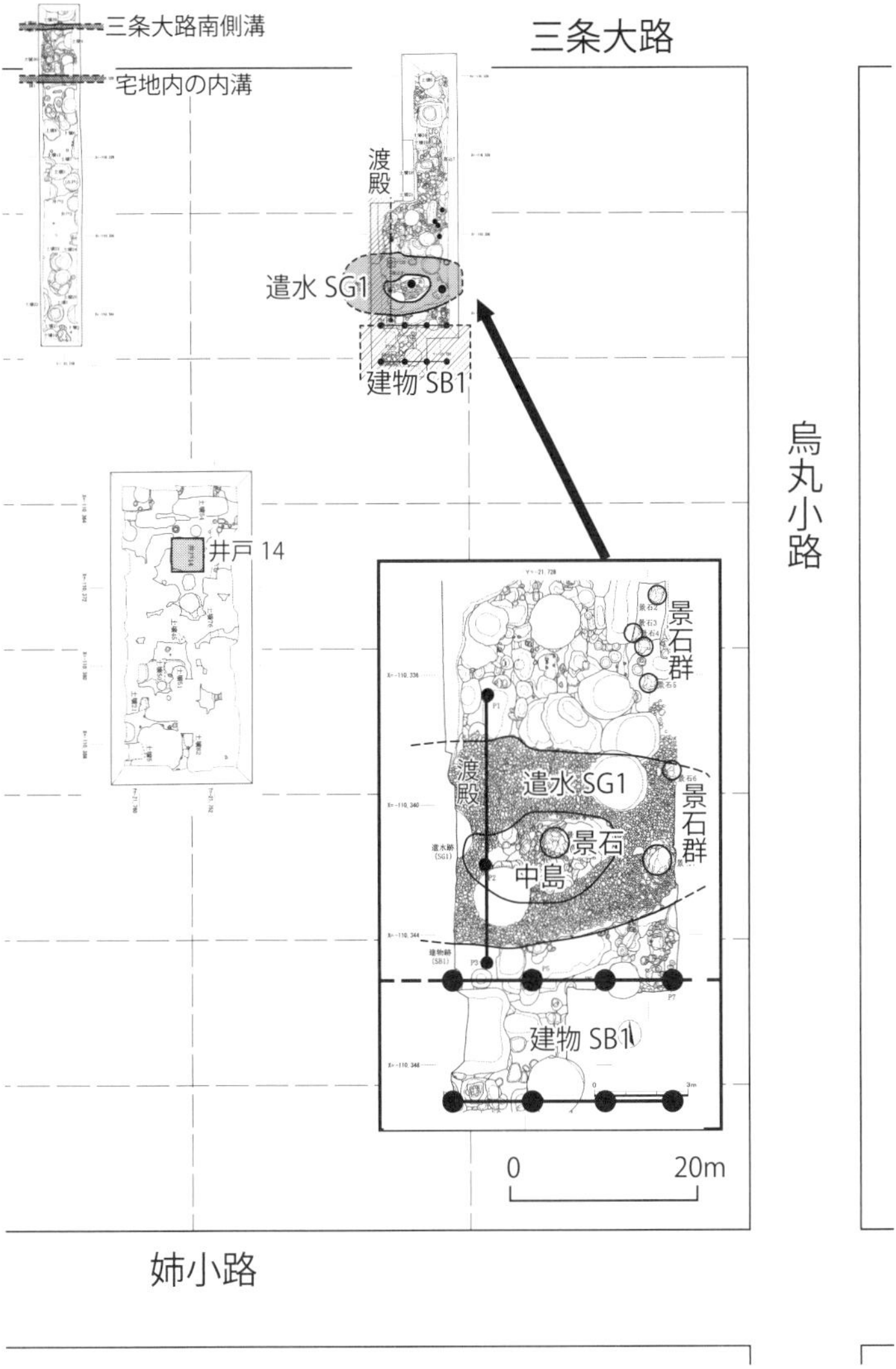

図 10　左京四条三坊九町（三条烏丸殿）　京都市埋文研編 1991 に拠り作成

図11　左京三条四坊四町第Ⅳ次調査井戸12　平安博物館考古学第四研究室編1987に拠る

ことになる。その時代はちょうど小六条院が鳥羽・近衛両天皇の里内裏となった時であるから、皇居としての荘厳を高めるために周囲の道路でもこうした改造がなされたのであろう。

貴族邸における食器の大量廃棄

平安時代後期の平安京においてしばしば見られるのは、食器として使われた土師器皿が大量に廃棄されていることである。典型的なのは左京三条四坊四町の事例で、同町の中央東部の井戸（図11）（第Ⅳ次調査井戸一二。平安博物館考古学第四研究室編 一九八七）や、中央南部の井戸（第Ⅴ次調査井戸一二。京都文化財団歴史研究室編 一九八八b）では、いずれも十二世紀の大量の遺物が出土した。前者の場合、掘り方の一辺が約二・三メートル、井戸側の一辺が約一・〇メートル、検出面よりの深さが約二・一メートルで、その井戸の中にぎっしりと遺物が詰め込まれており、こびりついた土とともに取り上げると、遺物整理箱に約百箱を数えるというすさまじい量を計ったのである。後者は、掘り方の一辺が約三・三メートル、井戸側の一辺が約一・二メートル、検出面よりの深さが約二・〇メートルであり、出土遺物の量は前者のそれに比肩する。両者とも遺物のほとんどは土師器皿で、わずかに輸入陶磁器や瓦器椀が含まれている。使われなくなっていた古井戸に、遺物を投棄したということになろう。

平安時代後期の平安京では、食器として大量の土師器皿が消費された。他の地域の土師器皿にはロクロで成形し、底部外面に糸切りによる切断痕を残すものがあるが、この段階の平安京の土師器皿はロクロを使わない手捏《てづく》ねの手法で成形したものであった。また、近畿地方の他の地域では大量に出土する瓦器椀は、平安京においては非常に少ない。一方、平安時代後期には中国・江南産の白磁や青磁の輸入量が激増し、平安京においてもそうした輸入磁器が食器の一角を占めることになる。そして、平安京において貴族が宴を開いた時には、食器の主体をなしている土師器皿は原則として使い捨てにされていた。大規模な宴となると使われる土師器皿の量も莫大なものとなる。平安京で大量の土師器皿が出土するのは、こうした貴族の宴会文化に起因しているわけである。京都以外でも、奥州藤原氏の本拠地である陸奥国平泉《ひらいずみ》（岩手県平泉町）や平家一門の別業が置かれた摂津国福原《ふくはら》（兵庫県神戸市中央区）などにおいても、同様の土師器皿の大量廃棄が確認されている。それらの都市における支配層は、平安京の宴会文化をそのまま移入していたのである。

平安京の仏堂

平安時代中・後期には、しばしば平安京内に仏堂が造られていった。そもそも平安京内には東寺《とうじ》と西寺《さいじ》以外の寺院は造らないという原則が存在した。ただし、本格的な寺院とはいえない仏堂はこの規制に縛られなかった。左京四条三坊十六町の六角堂《ろっかくどう》（頂法寺《ちょうほうじ》）はもともとは寺院ともいえない街中の仏堂であったが、そこに安置された仏像が庶民の信仰を集めるに従って大型化したものである。平安京の外側ではあるが、一条大路の北、西洞院大路末の西には一条革《こう》堂《どう》（行願寺《ぎょうがんじ》）が存在した。平安時代中期に「革聖《かわひじり》」の異名を採った僧・行円《ぎょうえん》が寛弘元年（一〇〇四）に創建したと伝えられているが、この寺ももともとは行円のささやかな草庵であったのが、彼への帰依者が増えることによって次第に寺院化したものであろう。

こうした仏堂の形状をうかがい知ることができるのが、左京九条二坊十六町の発掘調査の成果である（図12）。平安時代後期においてこの町は、一町が四分の一町単位で分割されていたようで、町の東北部は小園池（泉水）や池を備えた邸宅、東南部と西南部は短冊形地割の小規模宅地群であったらしい。仏堂が置かれていたのはこの町の東北部の四分の一町で、このほぼ中央において十二世紀後半から十三世紀前半の東西八間、南北九間の建物跡が検出されている。この建物は中央に堅固な地業《じぎょう》を造り、その上に亀腹《かめばら》状基壇を置いたらしく、西を正面とし、東半に須弥《しゅみ》壇《だん》を置いた御堂であったと推定されている（京都市埋文研編　一九九四a・同b・二〇一五c）。

平安京の仏堂の中には、貴族が自分が信仰する念持仏《ねんじぶつ》を祀るために自邸内に建てた持仏堂もあったし、さらにこれが拡大して寺院化することもあった。現在も下京区烏丸通高辻下ル因幡堂町において

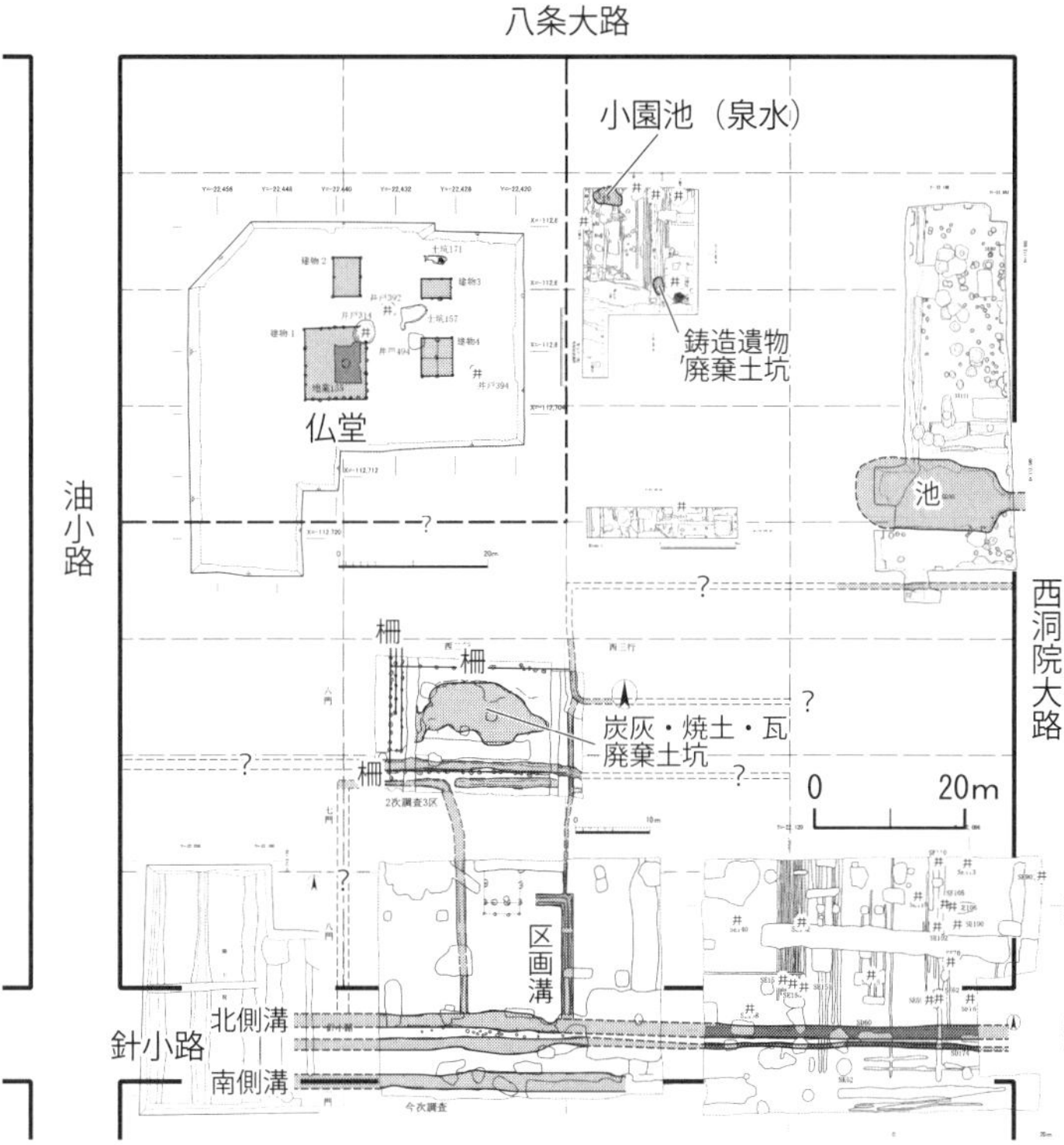

図 12　左京九条二坊十六町　京都市埋文研編 1996・2015c に拠り作成

法灯を守り続けている因幡《いなば》堂《どう》（平等寺《びょうどうじ》、左京五条三坊十三町）は、天徳三年（九五九）に因幡守橘行平《たちばなのゆきひら》が任国で得た薬師《やくし》如来《にょらい》木像を平安京の自邸に祀ったことに始まると伝えられている。こうした貴族の仏堂は、基本的には貴族の邸宅で、その一角に御堂を附設したという形になる。前述（二七ページ図7）した左京五条二坊十六町の建物遺構もまた、こうした貴族邸の仏堂なのであろう。

白河院政下で摂政・関白を長く勤めた藤原忠実《ただざね》は、康治年間（一一四二～四四）に左京八条三坊四町の西南部に丈六の阿弥陀《あみだ》如来《にょらい》像を安置する「阿弥陀《あみだ》堂《どう》」を建立した。この町の東南部では十二世紀の庭園に付属する泉が検出されているし、西南部の井戸からは「白散《はくさん》」という薬品名を書いた墨書土器が出土している（五四ページ図21）（京都市埋文研編 二〇〇九b）。これは「阿弥陀堂」が何もないところに建てられたのではなく、この場所がもともとの忠実の邸宅だったことを示唆している。同町の中央部では一辺六・八メートルの丁寧な基礎工事を行った建物跡（地業106）も確認されている。これは忠実の時期より新しい十三世紀のものであるが、これもまた仏堂であった可能性を考えてよいであろう。

大治二年（一一二七）、左大弁藤原為隆《ためたか》は左京四条一坊二町にあった大江公仲《おおえのきみなか》邸の跡地を購入して私邸とするとともに、ここに「坊城堂《ぼうじょうどう》」と呼ばれる仏堂を建立した（『中右記』大治二年十月十七日条）。この仏堂は三間四面庇《ひさし》の建築で、そこには丈六の阿弥陀如来像、薬師如来像、不動明王《ふどうみょうおう》像、五尺の四天《してん》王《のう》像が安置された。さらに敷地内には七宝塔を納めた懺法《せんぼう》堂、迎講《ごうこう》堂、鐘堂、居所などが配置されるとともに築山《つきやま》と池からなる庭園が設けられ、その風景は「風流絶妙なり」と讃えられている。同地における発掘調査では、三回の作り替えの痕跡がある十二世紀前半の庭園が検出されている（図13）（京

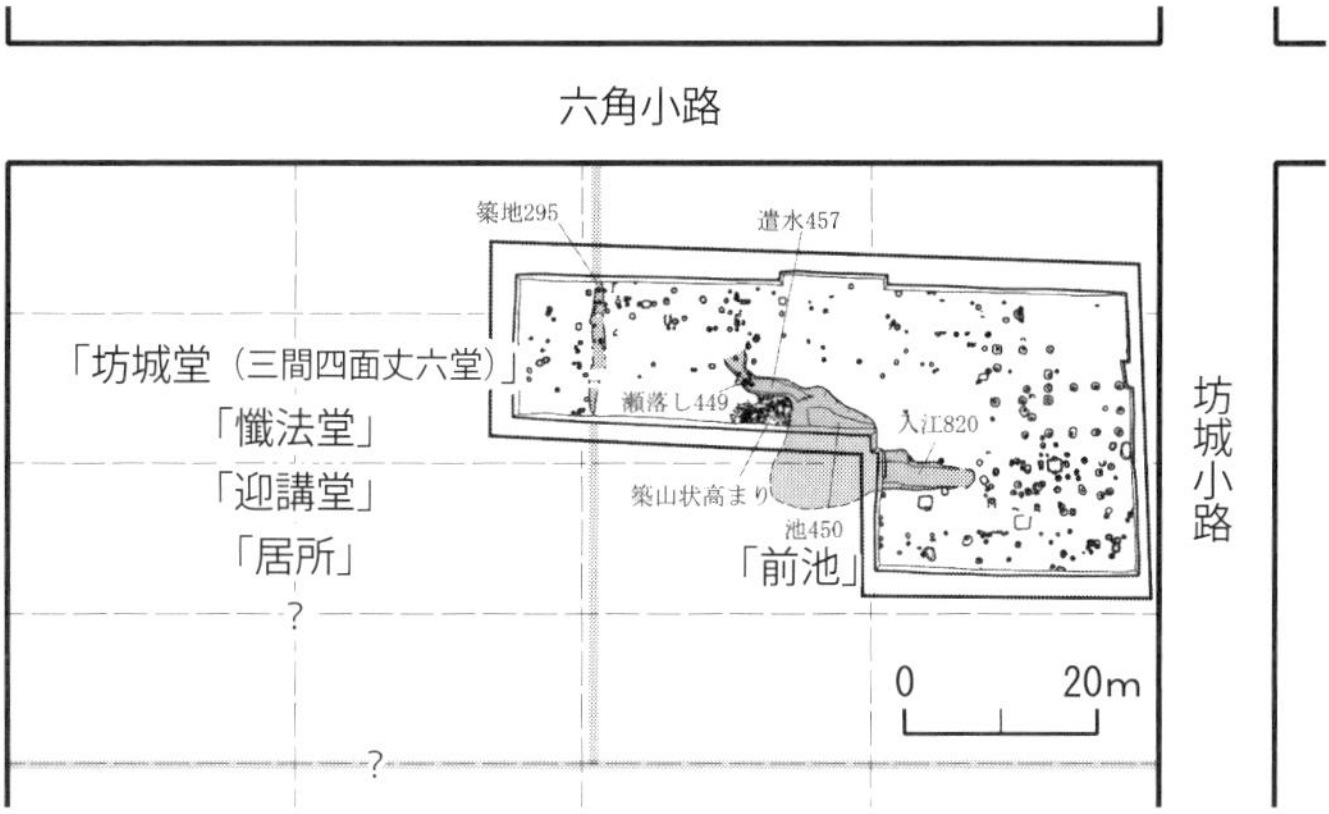

図13　左京四条一坊二町　京都市埋文研編2015dに拠り作成

都市埋文研編 二〇一五d）。為隆の時期の池庭は、北西部に遣水を、南東部に入江を持つという変化に富んだ景観を作り上げていた。池の西端には築山とみられる高まりがある。町の中央には南北方向の築地が走り、これは仏堂の地区と居所の地区を分けるものだったのかもしれない。そうすると、一町の北東部に仏堂を、北西部に庭園および居所を配置した景観を復元することができよう。

　横内裕人が指摘したように、院政期に入ると平安京の内外において仏堂はますます増加する。それがあまりにも爆発的だったため、さすがの白河上皇も行き過ぎを感じたと見え、寛治元年（一〇八七）には勅を出させて仏堂の建設を規制することを命じている（『本朝世紀』寛治元年八月二十九日条）。ただ、それは実は仏堂のすべてを禁止するものにはならず、上皇に近い人物の仏堂建立は黙認されており、結果として院政権力が京内における仏堂の建立をコントロールする結果を生んだとされている（元木泰雄・佐伯智広・横内裕人 二〇二二）。

平安京の小規模宅地

平安京の土地の地割は、本来は「四行八門制《しぎょうはちもんせい》」を原則としていた。つまり、四十丈（約一一九・四メートル）四方からなる「町」を、東西十丈、南北五丈の「戸主《へぬし》」という細かな長方形の区画に三十二分割するのである（八ページ図1）。実際、平安京跡の発掘調査ではこの四行八門制の区画に合致する場所から柵列や溝といった土地区画の遺構が検出されることは珍しくない。ただ、平安京における土地の売券《ばいけん》を見てみると、平安時代前期や中期ですら、四行八門制の戸主を示す土地区画の他に、それにこだわらない形の土地も多く存在したことが知られる（図14）（秋山國三・仲村研 一九七五、寺升初代 一九九五）。さらに平安時代後期になると、土地売券に見る限りでは四行八門制の戸主に合致する土地区画は皆無となる。おそらく、十世紀以降になると四行八門制は単なる紙上の土地の表示方法となり、実際の土地区画はまったく異なったものになることが多かったのであろう。

ただ、興味深いのは、四行八門制は実態を失いつつも、宅地面積の基準としての役割は持ち続けた形跡があることである。たとえば、左京四条二坊九町にあって応徳二年（一〇八五）と寛治五年（一〇九一）に転売された土地がある（『平安遺文』第一二四五・一二九四号）。これはその町の西三行の北七門と北八門とにまたがっており、なおかつ東西五丈七尺五寸、南北八丈七尺という変則的な形をしていたのであるが、実はこの土地の面積を計算すると五〇・〇二五平方丈になる。また、左京八条一坊十六町に所在して天治二年（一一二五）に売却された土地は東西二丈五尺一寸、南北一九丈八尺という極端に南北が長い短冊形であるが（『平安遺文』第二〇四九号）、その面積は四十九・六九八平方丈になる。

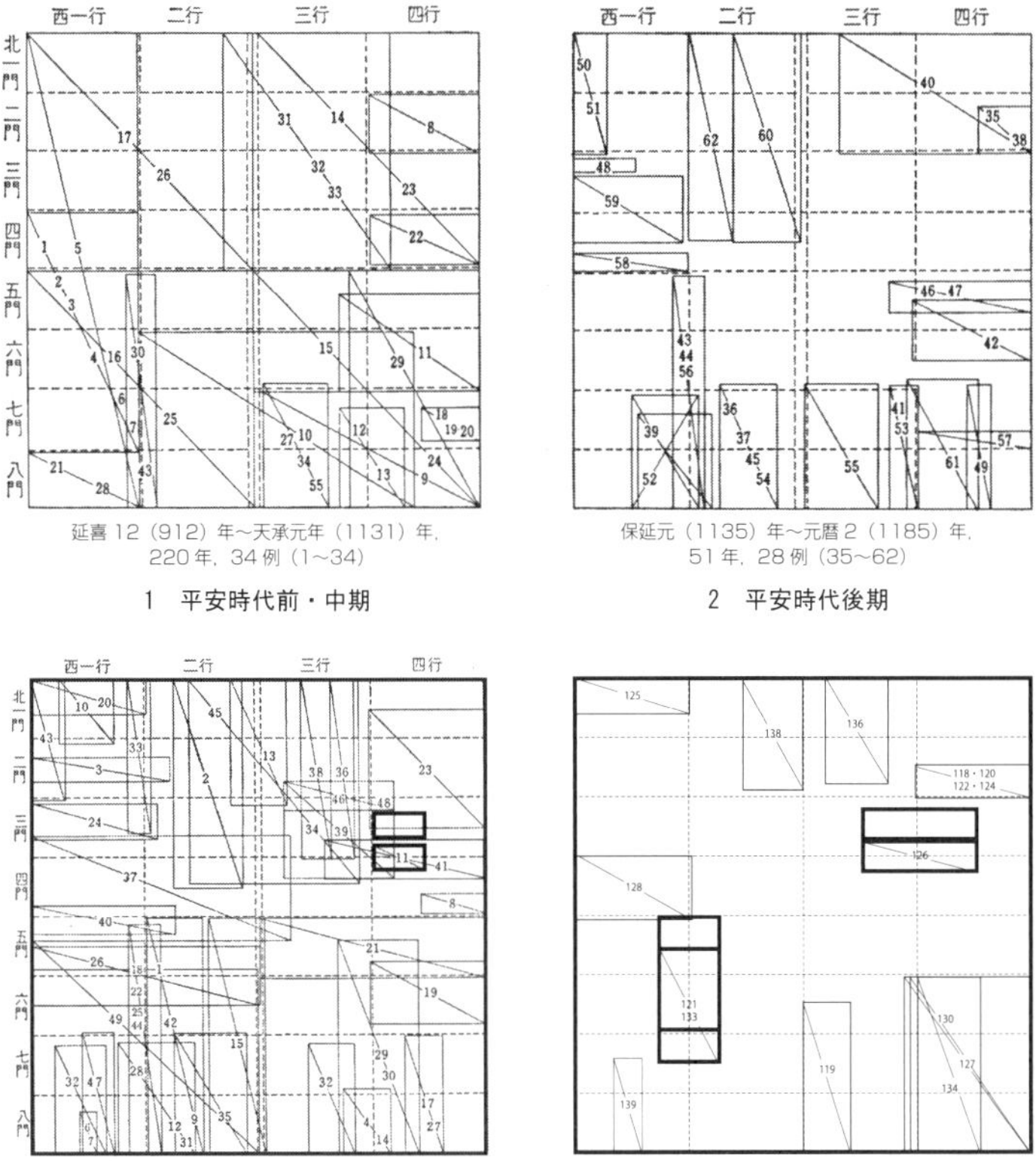

延喜 12（912）年〜天承元年（1131）年,
220 年, 34 例（1〜34）

1　平安時代前・中期

保延元（1135）年〜元暦 2（1185）年,
51 年, 28 例（35〜62）

2　平安時代後期

文治 3（1187）年〜嘉禄 2（1226）年,
39 年, 47 例

3　京・鎌倉時代前期

安貞元（1227）年〜文永 2（1265）年

4　京・鎌倉時代後期

図 14　土地売券にみる平安京の土地区画　秋山國三・仲村研 1975 に加筆して作成

これらは本来の四行八門制の一戸主の面積である五十平方丈と合わせたのであろう。

土地売券に見られるこの時期の土地区画のほとんどが、周囲の道路に面した土地であることも重要である。もちろん四行八門制では「町」の中央に南北の「小径《しょうけい》」を通すことによって「町」の中央部の戸主へのアクセスをはかることが原則となっているし、右京一条三坊二町（京都市埋文研編 一九九八）や右京二条三坊八町（古代文化調査会編 二〇一一b）では平安時代中期の小径の実例が確認されている。ただ、小径は必ずしも平安京の町のすべてに存在したというわけではない。たとえば、一町規模の貴族邸宅ならば敷地の中に小径は不要である。そして、その貴族邸宅が廃絶して跡地に庶民の家が立ち並んだ場合には、必ずしも原則通りに小径が敷設されるわけではないだろう。そうなると、小径の無かった町ではその中央部へのアクセスが難しくなることは否めない。それに対して、町の縁辺部で周囲の道路に面した部分であるならばそうした問題は生じない。平安時代後期以降、道路に面した土地売買が盛んになることは、いわば自然の成り行きといえる。

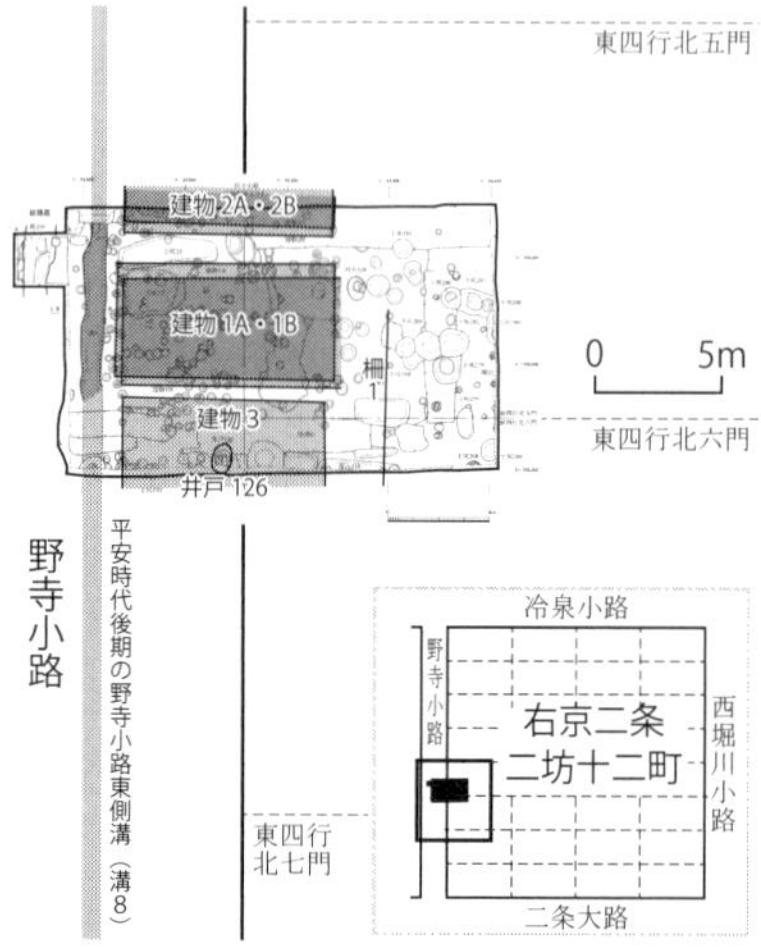

図15　右京二条二坊十二町　京都市埋文研編 2019 に拠り作成

「町屋」の出現

平安京における庶民の宅地を考える場合、これまでも「町屋《まちや》」形式の建物の出現が論じられてきた（野口徹 一九八八）。四行八門制の土地区画の場合には、それぞれの戸主の周囲に柵や塀が巡らされてそれがひとつの宅地となり、その敷地の中に建物が建てられるのが原則だということになる。この場合、周囲の柵や塀が道路に接するところに入り口や門が建てられるが、建物それ自体が道路に直面するわけではない。それに対して「町屋」形式の場合には、建物が道路に直接面することになるのである。右京二条二坊十二町では、町の西端の東四行北五・六門の一部が発掘調査されている（図15）。平安時代末期の姿をみると、そこに東西棟の掘立柱建物がいくつも建てられているが、これは道路に直接建物が接している「町屋」の形式をとっている（京都市埋文研

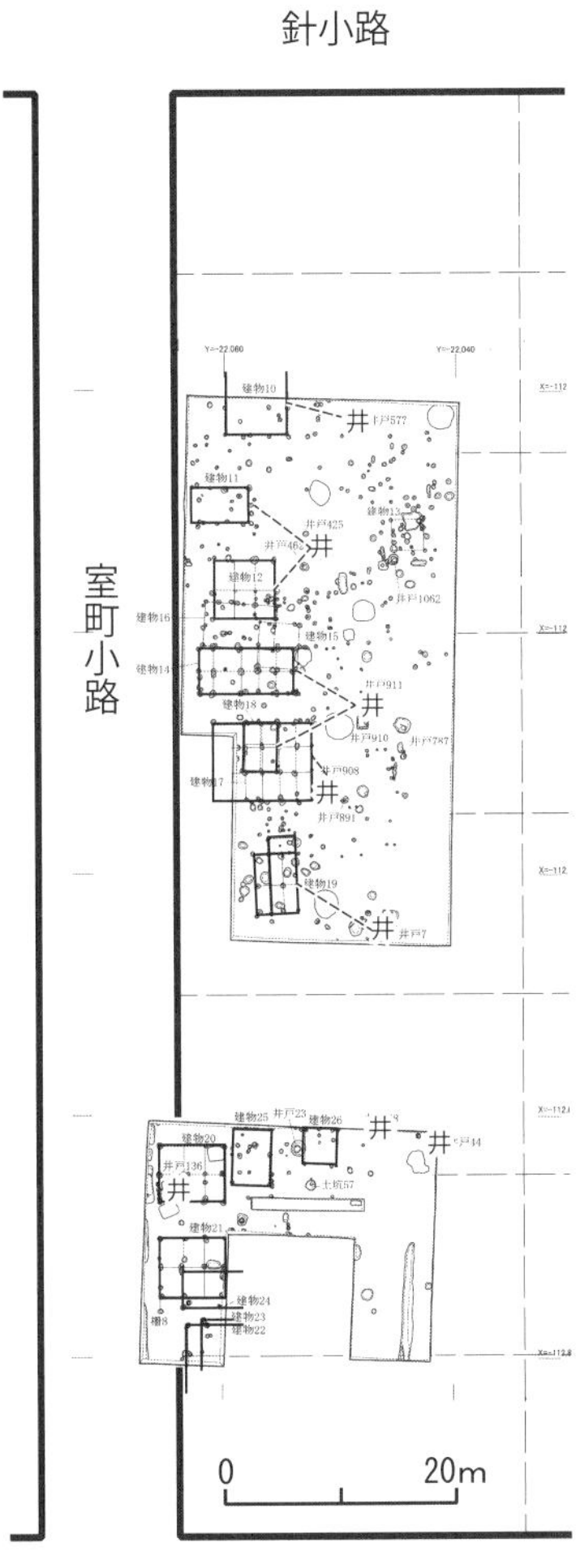

図16　左京九条三坊十町　京都市埋文研編 2015a に拠り作成

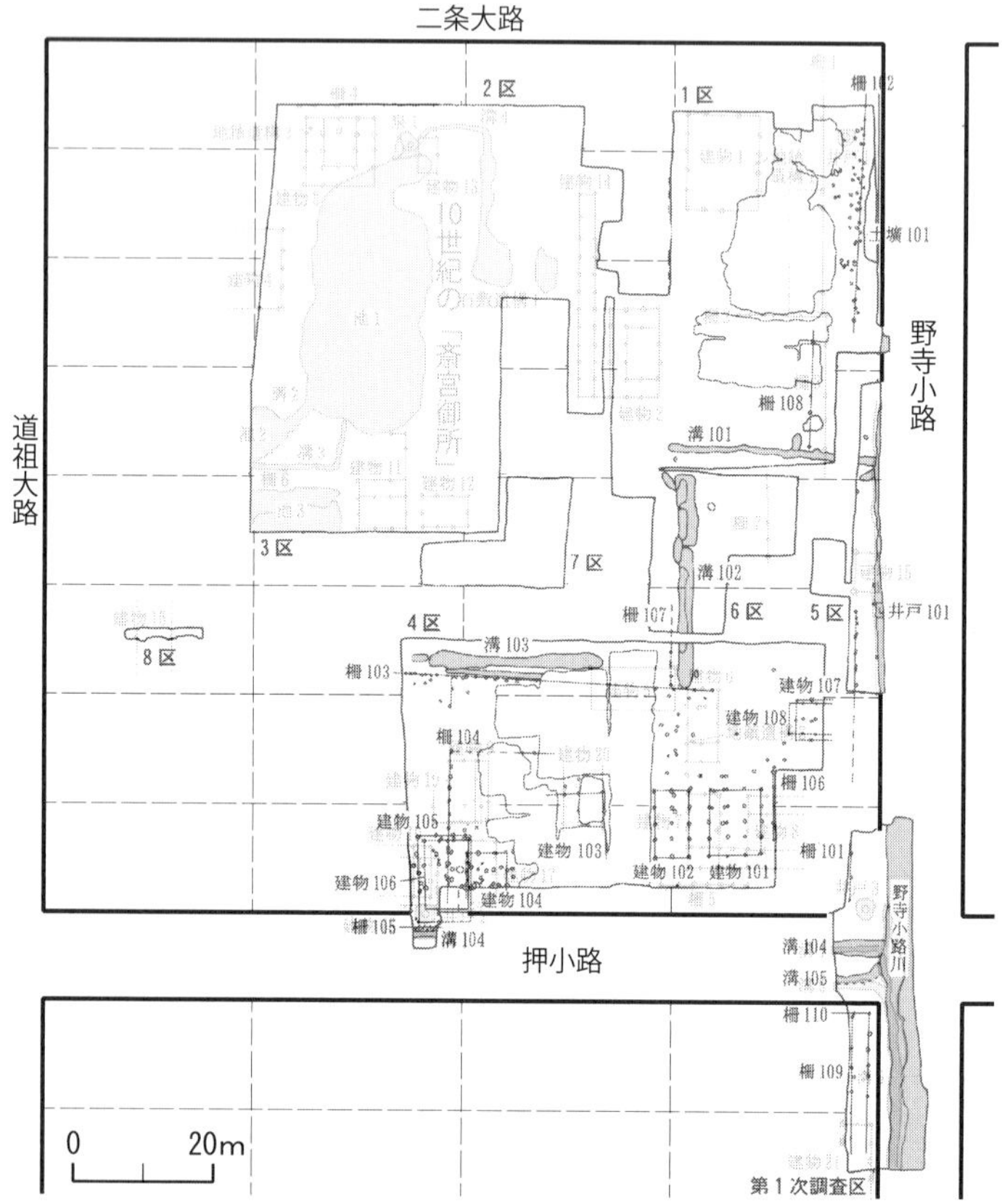

図17　右京三条二坊十六町（濃い部分は平安時代後期，薄い部分は平安時代中期「斎宮御所」の遺構）　京都市埋文研編 2002c に拠り作成

編 二〇一九)。同様の建物配置は右京七条二坊十二町においても確認されており(京都市埋文研編 一九九九)、それは平安時代中期の十世紀中葉にまでさかのぼる可能性があるらしい(南孝雄 二〇〇七)。

一方、左京九条三坊十町では、平安時代末期の段階で西側の室町《むろまち》小路に面した部分に小規模な建物が並んでおり、それぞれが幅八《メートル》ほどの小規模宅地を作っていたらしい(図16)。建物の裏側には井戸があり、原則としてはひとつの建物にひとつの井戸が対応するが、中には二つの建物でひとつの井戸を共有しているというところもあったようである。ここでは必ずしも道路に直接建物が面しているわけではないから、「町屋」とはいえない(京都市埋文研編 二〇一五a)。遺構としては確認されていないが、この場合にはそれぞれの宅地の周りに柵や板塀のような簡単な囲郭施設がめぐっていたのであろう。同様に、右京三条二坊十六町の平安時代中期の「斎宮御所《さいくうごしょ》」という大邸宅は、平安時代後期には道路に面して間口を開く小規模な宅地の集合体に変じてしまうが、これは「町屋」ではない(図17)(京都市埋文研編 二〇〇二c)。つまり、平安時代後期の庶民の宅地には、「町屋」形式のものとそうでないものの両方が存在したのである。

また、建築史学界の一部では、平安時代後期に描かれた『年中行事絵巻』の描写を根拠として、中世初期の「町屋」の類型のひとつとして、道路に面した長大な一棟の建物を建て、その内部を細分して個々の家とする、いわゆる「棟割長屋」形式を考える説が唱えられてきた。ただ、髙橋康夫はこの絵画史料を克明に分析し、これを「長屋」と見ることはできず、独立家屋(一戸建て建築)が密集した姿であると結論づけている(髙橋康夫 一九九六)。従うべきであろう。

3　平家と源氏の邸宅群

平家の権門都市としての六波羅

十一世紀後半、桓武平氏の一族で伊勢国で勢力を蓄えていた平正盛《たいらのまさもり》が京都に上り、鴨川の東岸の六波羅《ろくはら》の地に居を構えた（髙橋昌明 二〇一一）。当時の六波羅は、平安京の最大の葬地である「鳥部野《とりべの》（鳥辺野）」に接する寂しい場所であった。地方から出てきた新興の武士が多数の郎等と共に本拠を構えようとした場合、やはり平安京の中というわけにはいかず、葬地の隣接地という寂れた環境であり、かつ広い土地を占有できる場所ということだったのであろう。正盛はここを拠点として在京活動を繰り広げて伊勢平氏の家運を隆盛に導くことになる。正盛が築いた地盤は子の忠盛《ただもり》に受け継がれ、彼は晩年には正四位上刑部卿《ぎょうぶきょう》となり、武士としては最初の公卿に昇ることが確実視されるところまでの栄達を果たす。そして、忠盛の嫡子の清盛《きよもり》は仁安二年（一一六七）には武士としては最初の従一位太政大臣に昇り、政界の最高実力者へとのし上がっていくのである。

こうした平家の栄華の実現に伴い、その本拠地である六波羅も都市的発展を遂げた（髙橋昌明 二〇一三）。最盛期には西を鴨川、北を五条大路末、南を六条大路末（渋谷越《しぶたにごえ》）、東を現在の東大路通附近に囲まれた、東西約六〇〇メートル、南北約五〇〇メートルの広大な範囲を占めていたと推定される（図18）。そこには、三千二百余軒におよぶ平家の一門の邸宅が立ち並んでいたという（延慶本『平家物語』第三末）。こ

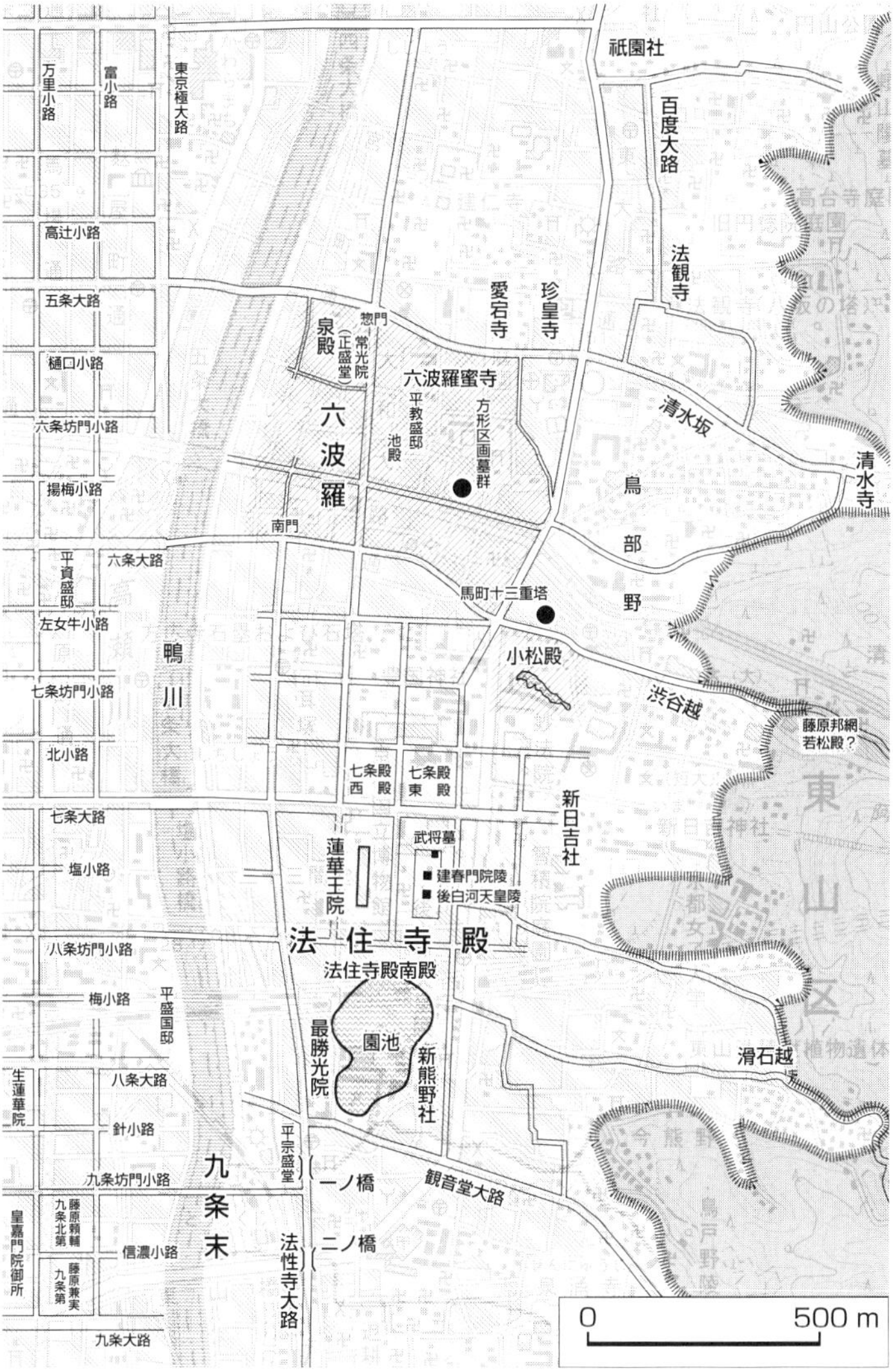

図 18　六波羅・法住寺殿復元図　山田邦和 2012 に拠る

の邸宅数を額面通り受け取ることはできないにしても、六波羅が平家の軍団の根拠地であり、多数の武士の屋敷が密集していたことは確かであろう。

平家の六波羅の細かい構造は、発掘調査が進んでいないこともあって不明な点が多い。五条大路末に面して六波羅全体の惣門が建てられ、また六条大路末と法性寺《ほっしょうじ》大路の交点には南門があったらしい。惣門の南西側には清盛の本邸である「泉殿」と、平家の始祖である平正盛の墳墓堂を守護する寺院である常光院が建てられていた。その周囲には、清盛の弟の平頼盛《よりもり》の「池殿」や平教盛《のりもり》の「門脇殿」が配置されていた。六波羅の「辰巳（東南）の隅」には清盛の嫡子であった内大臣平重盛《しげもり》の「小松殿」があった（高橋昌明 二〇一五）。現在のフォーシーズンズホテル京都（東山区妙法院前側町）の構内にとりこまれている「積翠園《しゃくすいえん》」という庭園は、重盛の小松殿の園池の後身であったと考えてよい。

また、東山区五条橋東五丁目の若宮八幡宮《わかみやはちまんぐう》の西側では、平安時代後期の十二世紀中葉の東西方向の堀が検出されている（図19）。堀の幅は約三・〇《メートル》、深さ約一・六《メートル》をはかる。当初は調査区中央付近にまで延びていたけれども、ある段階で西端を埋め立てて陸橋にし、その側面には整備な石垣を積んでい

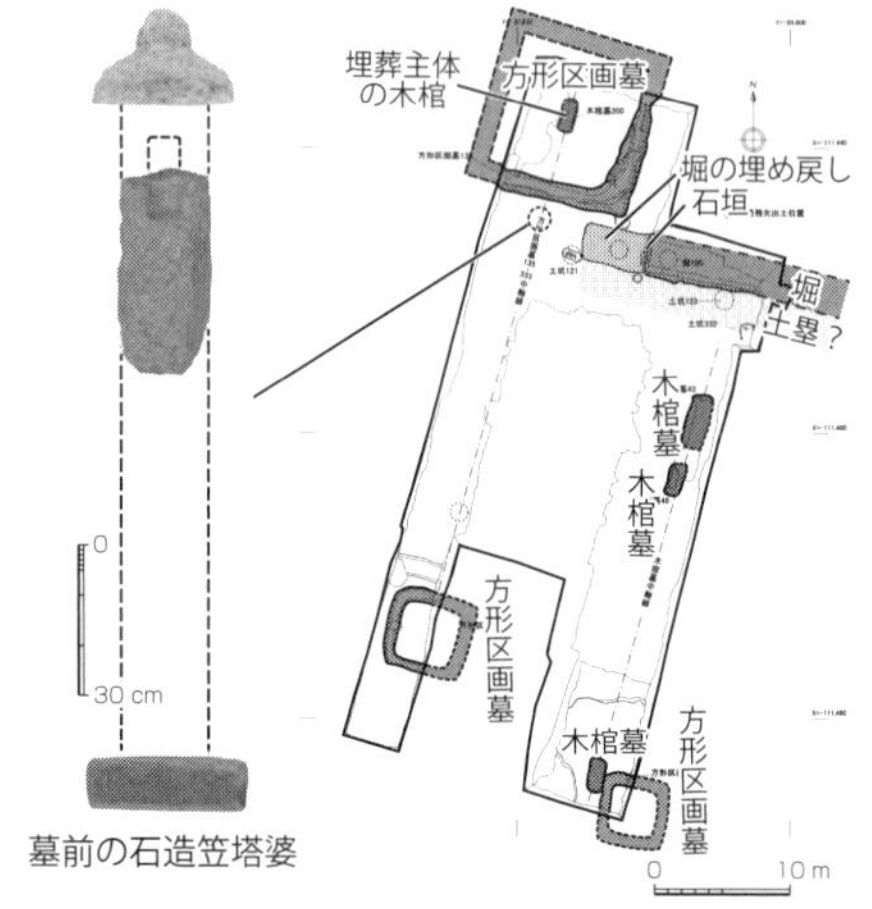

図19　六波羅と鳥部野葬地　文化財サービス編 2019 に拠り作成

る（文化財サービス編 二〇一九）。これは、平家の六波羅の南限を区画する堀だった可能性がある。

六波羅は、平安京に隣接して造られた「平家の権門都市」だった。しかし、源《みなもとの》（木曽《きそ》）義仲《よしなか》の勢力に押されて平家が都落ちする際、「六波羅の旧館、西八条の蓬屋《ほうおく》より始て、池殿、小松殿已下、人々の宿所三十余所、一度に火を懸けてれば、余炎数十丁に及て、日の光も見へざりけり」（延慶本『平家物語』第三末）となり、六波羅をはじめとする平家の拠点はすべて灰塵となる運命をたどったのであった。

平安京の平家中枢としての西八条第

六波羅は平家の本拠のひとつであったが、六波羅だけで平家が語れるわけではない。平安京内における平家の中枢拠点は、平安京左京の西南端に営まれた西八条第である。これはもともとは左京八条一坊十二・十三町のみの邸宅であったが、平清盛が内大臣に昇進した仁安元年（一一六六）にいたって大拡張を遂げ、やがては左京八条一坊五・六・十一・十二・十三・十四町と、同坊三・四町の東半を占めるまでに発展した（山田邦和 二〇一二）。これは北を八条坊門小路、南を八条大路、東を朱雀大路、西を坊城小路に囲まれた範囲のほとんどだったことになる（図20）。とはいってもこの広大な範囲がひとつの邸宅に統合されていたのではなく、「西八条」とはこの範囲に立ち並んでいた平家一門の邸宅群の総称であった。さらに、狭義の西八条ではないけれども、近隣の左京八条二坊五町に平重盛の邸宅が存在するなど、周囲にも平家の邸宅群が広がっていたらしい。

広大な西八条第のなかでも中心施設であったのが、左京八条一坊十一町の八条坊門櫛笥第《ぼうもんくしげてい》である。

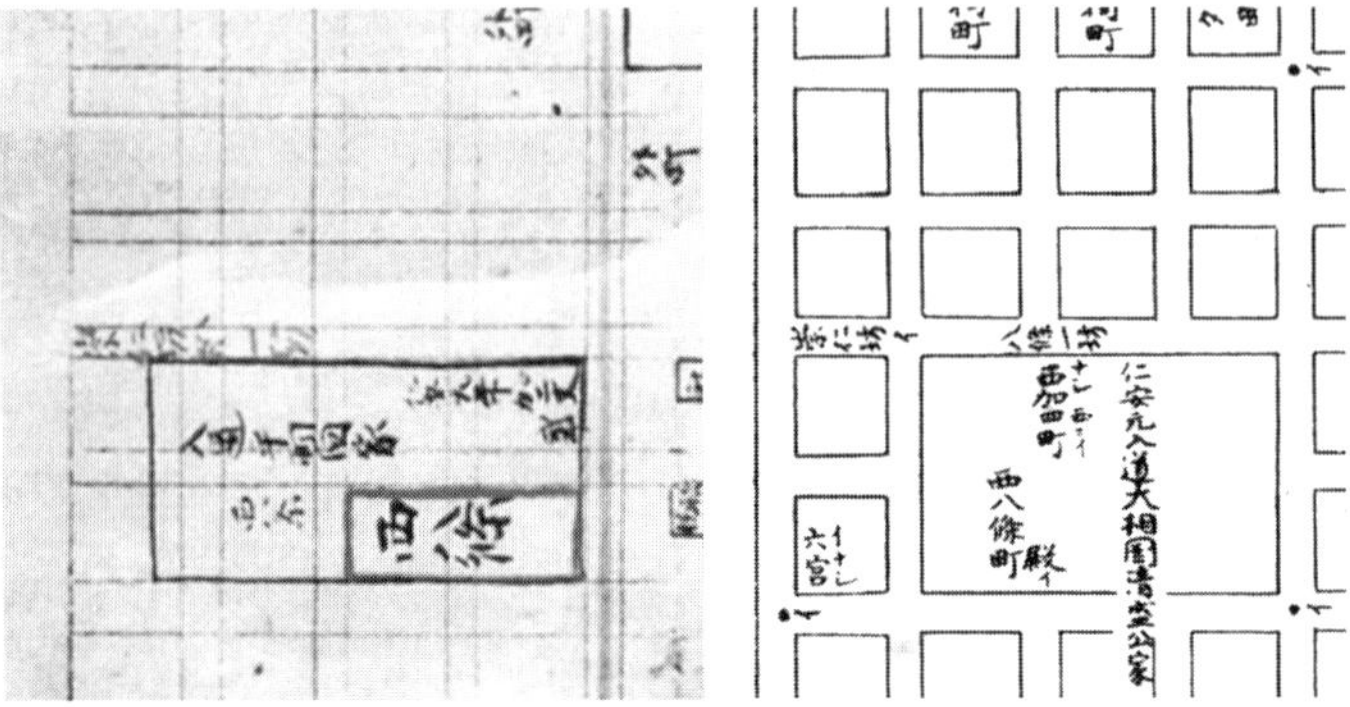

図20　西八条第
左：九条家本『延喜式』付図，右：『拾芥抄』左京図

これはもともと清盛自身の邸宅であったが、清盛は嘉応元年（一一六九）以降には京都を離れてほとんど摂津国福原に居住していたから、この八条坊門櫛笥第も清盛の正室の平時子《ときこ》の邸宅となっていた（桃崎有一郎 二〇二〇a）。断片的ではあるけれども、京都市梅小路公園の建設に伴って行われた発掘調査の成果によると、この町にはもともとは小規模な宅地が点在していたようであり、また町の中央付近には平安京遷都以前からの湿地があったらしい。西八条第の建設とともにこうした小規模宅地の土地は接収され、さらに湿地を改造した園池が造営されたと見られる。さらに、八条坊門櫛笥第の南側の八条一坊十二町では、安元元年（一一七五）に時子が仏堂を供養している。

なお、『源平盛衰記《げんぺいじょうすいき》』（巻二十六）には西八条第について「〔養和元年閏二月〕六日、八条殿も焼けぬ。この所をば八条殿の蓬壺《ほうこ》とぞ申しける。蓬壺とはよもぎがつぼと書きけり。入道〔清盛〕蓬を愛して、坪《つぼ》の内を一つしつらひて、蓬を植ゑ、朝夕これを見給へども、なほ飽き足らずおぼしける。されば斜めならず造り瑩《みが》かれて、殊に執し思ひ給ひければ、常はこの蓬壺にぞおはしける」という奇怪な伝承が語られている。つまり、植物のヨモギを愛した清盛は西八条第の庭にヨモギを植えため、この邸宅は「蓬壺」と呼ばれていた。そして、清盛が薨去した直後、この蓬壺からの出火によって西八条第は灰燼に帰した、というのであり、平家の時代を題材にした現代の小説の中にはこの伝承をそのまま取り入れたものもある。しかし、実はこの場合の「蓬壺」とはヨモギを植えた庭という意味ではない。平安時代には、天皇や上皇の御所を、仙人が住むという蓬莱山になぞらえてそうした名称で呼ぶことがあったのである。西八条第の八条坊門櫛笥第は治承三年（一一七九）に高倉上皇の御所となっているし、またその翌年には安徳《あんとく》天皇の里内裏に充てられている。つまり、「八条の蓬壺」とは、天皇や上皇の御所となったという栄光の歴史を持つ西八条第に与えられた雅称だったのである。

六条・八条両大路周辺の平家の空間

平安京内における「平家の空間」は、西八条第だけにとどまらない。平家の勢力の興隆とともに、京内のあちこちに一門の邸宅が造営されていったのである（山田邦和 二〇一二）。その中でことに注目されるのは、六条大路の東端（左京七条四坊の北部）や八条大路の東部（左京八条二〜四坊の北部）である。まず、六条大路付近では、左京七条四坊一町に平時忠《ときただ》邸、同坊九町に平資盛《すけもり》邸が存在した。このあたりは六波羅から鴨川を隔てた対岸であるから、その他にもさらに平家一門の邸宅が存在してもおかしくない。

八条大路付近では、左京八条三坊五町に平頼盛、同四坊五町に平宗盛《むねもり》、同四坊十三町（八条河原口）に平盛国《もりくに》の邸宅が存在した。平盛国は古くから清盛に仕えてその信頼が厚く、左衛門尉兼主馬正《しゆめのかみ》の官

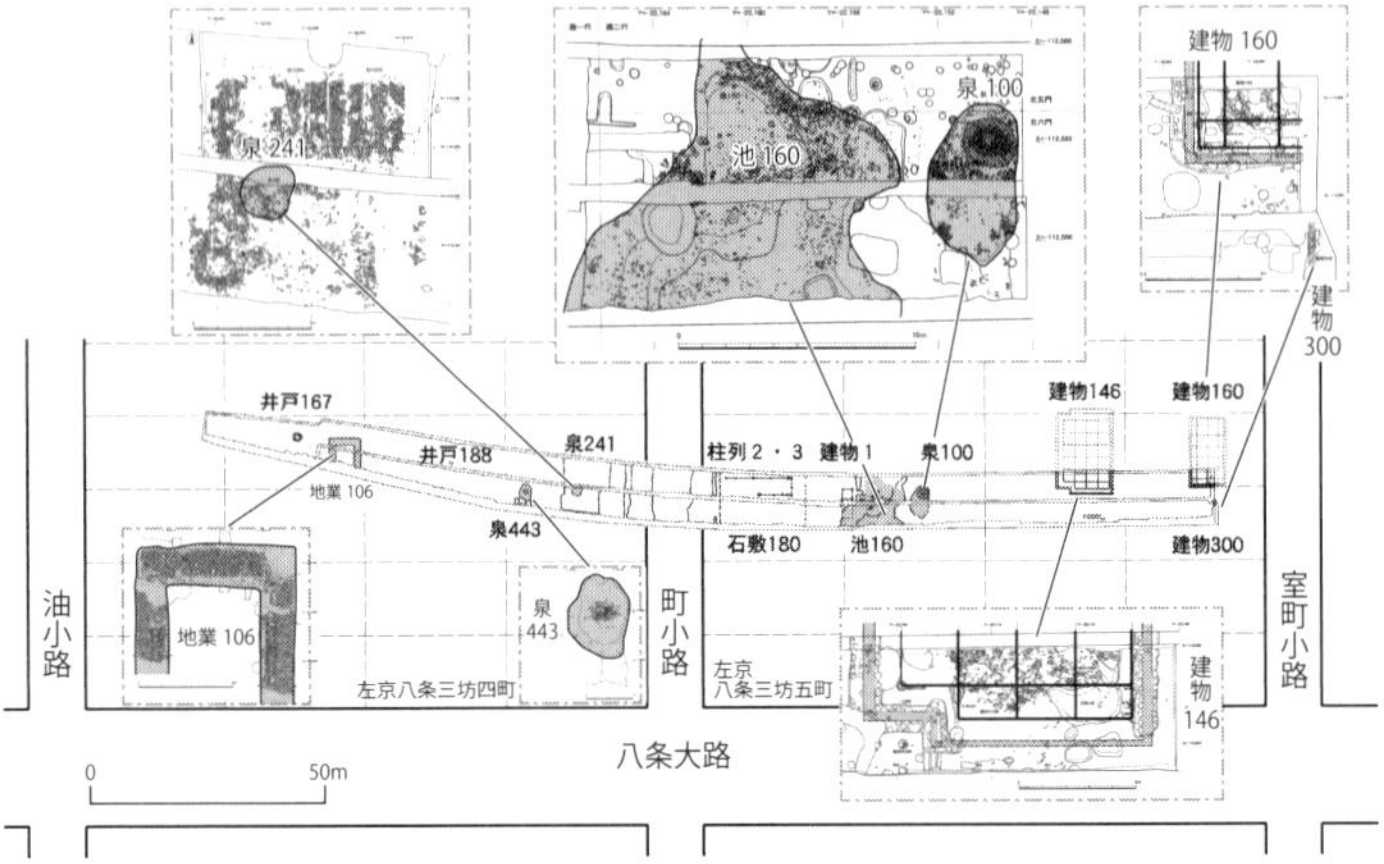

図21　左京八条三坊四・五町　京都市埋文研編2009bに拠り作成

を持つ平家一門の大番頭格の人物であった。養和元年(一一八一)の清盛の薨去の場となったのはこの八条河原口の盛国の家であった。

左京八条三坊五町には、清盛の異母弟の平頼盛の八条室町亭が存在した。頼盛がここに邸宅を構えたのは、その近くの左京八条三坊十三町に八条院暲子内親王《はちじょういんあきこないしんのう》(鳥羽《とば》天皇皇女)の御所が存在しており、頼盛がこの女院に近侍していたことによるものであろう。十二世紀前半にはこの地は白河法皇の近臣として「夜の関白」と呼ばれるまでの権勢を誇った権中納言藤原顕隆《あきたか》の「八条町尻第」であり、彼は大治二年(一一二七)に邸内に丈六の五大《ごだい》尊像《そんぞう》を納めた「八条堂」を建立している。その後、十二世紀中葉には美福門院藤原得子《びふくもんいんふじわらのなりこ》(鳥羽上皇皇后)の八条院御所となり、さらにそれを頼盛が譲り受けたのであった。この地の発掘調査(京都市埋文研編 二〇〇九b)では南北方向の建物二棟(建物146・同160)が確認されているが、これは顕隆邸または美福門院御所の時代に該当している（図21）。建物１４６は邸宅内の付属舎とされているが、仏堂であった可能性も考えておきたい。町の西半部で検出された池（池１６０）は美福門院から平頼盛を経て、京・鎌倉時代後期の十三世紀後葉まで、数度の改築が行われている。池にとりつく泉（泉１００）は頼盛の時代の庭園の一部である。ここから考えると、一町の西南部に池や泉を置き、主要建物群はその北側にあったのであろう。

河内源氏の拠点

平家と並び称せられる軍事貴族であったのが、清和源氏河内流の一族（河内源氏）であった（元木泰雄 二〇一一）。この始祖ともいえる源頼信《よりのぶ》の子の頼義《よりよし》は陸奥守兼鎮守府将軍として陸奥国に赴任し、前九年の役（永承六年〔一〇五一〕～康平五年〔一〇六二〕）に勝利を収めた。彼は京都に帰還した後、極楽往生を願うために左京六条二坊十五町（六条坊門小路北、西洞院大路西）に等身の阿弥陀如来像を本尊とする「耳納堂《みのうどう》《みのわどう》」という仏堂を建立した。この仏堂については、頼義が奥州の戦いで亡くなった者の片耳を切り取っておいて、それを革の籠に入れて床下に埋めたという奇怪な伝説が語られていた（『古事談』巻五）。これは事実そのままとは考えにくいけれども、武士によって造られた仏堂の特色を際立たせるために付け加えられた由来譚であり、この堂はおそらくは頼義の邸宅の一角に建てられたものだったのだろう。頼義はこの近くの左京七条三坊一町にも邸宅を持っており、彼の息子の義家《よしいえ》はそこで生まれたと伝えられているし、この邸宅は義家に伝領されていた。頼義はこの邸宅内に清和源氏の守護神としての若宮八幡宮を創建しており、それは源頼朝《よりとも》によっても崇敬の対象とされていた（『吾妻鏡』文治元年正月二十二日条）。この付近は頼義をはじめとする河内源氏の平安京内における拠点であったのであろう。ただし、元木泰雄が指摘しているように、河内源氏が平家の六波羅のような軍団の集住地を持っていた形跡は乏しく、河内源氏の棟梁《とうりよう》に従う武士たちは平安京の内外のあちこちに分散して居住していたのであろう（元木泰雄・佐伯智広・横内裕人 二〇二二）。

ただ、河内源氏は義家の孫の為義《ためよし》の代には家運が低迷し、さらには保元の乱による為義の処刑、平治の乱の敗北による義朝《よしとも》の没落によって崩壊状態に陥った。その間、この一統が京都のどこに本拠を定めていたかも定かではない。ただ、伊豆に流されていた義朝の子の頼朝が予期せぬ幸運に恵まれて勢力を拡大し、やがては鎌倉幕府を樹立するにいたる。頼朝は異母弟の義経《よしつね》を自分の代官として京都に派遣したが、義経の京都邸は「六条堀川」であったと伝えられている。正確にはわからないけれども、この地点表示によると義経邸は左京六条二坊五・十二町、七条二坊八・九町のいずれかだということになろう。ここからほど近い左京六条二坊十三町には義経を厚遇した後白河法皇の院御所である六条殿《ろくじようどの》（六条西洞院殿）があったし、また前述の左京七条三坊一町の若宮八幡宮も近隣であったから、義経邸もそれに引き寄せられた可能性があるだろう。ただ、この段階でもこれら河内源氏の平安京における拠点は、平家の西八条第のようなまとまった空間を占めていたわけではなかったと考える。

4　平安京の「拡大」と「巨大都市複合体《コンプレックス》」の成立

平安京延長道路の成立

平安京の東側で鴨川にいたる場所は、平安京に隣接して使いやすいこともあって、早くから市街地となっていった。前述（一六ページ）した通り、平安京の東北角の東側では、平安時代前期の九世紀中葉から後葉の段階で、早くも一条大路の延長道路（一条大路末）が敷設されていた（一七ページ図5）。（古代文化調査会編 二〇一七）。つまり、平安京遷都から数十年のうちには、すでに都市の京外への拡張が始まっていたのである。その傾向は平安時代中期にはますます強まっていった。前述（一七ページ）の通り、藤原道長《みちなが》が左京一条四坊十五・十六町に土御門殿を営むと、その東側の京外の地には彼の私寺である法成寺《ほうじょうじ》が創建された。

平安京の東隣接地を考える場合、四条大路末も重要である。この道は平安京から鴨川を越えて祇園《ぎおん》社《しゃ》へ向かう参詣路として重要であったから、平安時代にも幹線道路のひとつとなっていたと考えてよい。四条大路末が鴨川を渡る地点に橋が架けられた時期は判然としないが、十三世紀末から十四世紀初頭に描かれた『一遍上人絵伝《いっぺんしょうにんえでん》』巻七（東京国立博物館所蔵、国宝）には欄干までも伴った立派な構造の四条橋の姿が描かれているし、こうした景観が平安時代後期にまで遡る可能性は高いと思う。

平安京の東隣接地は、四条大路末を境にして、その北側と南側では若干の景観の違いがあったようである。現在もそうであるが、鴨川は四条大橋以北ではほぼ正南北に流れているのに対して、同橋以南では西へと屈曲し、平安京を侵食するかのように京に近づいていくのである。平安時代前期の九世紀後半に左京六条四坊十六町には右大臣藤原良相《よしみ》の邸宅があったが、良相はこれを改修して藤原氏一族のための福祉施設である崇親院《すうしんいん》としている。四条大路末よりも南の鴨川河原は、この崇親院の領に

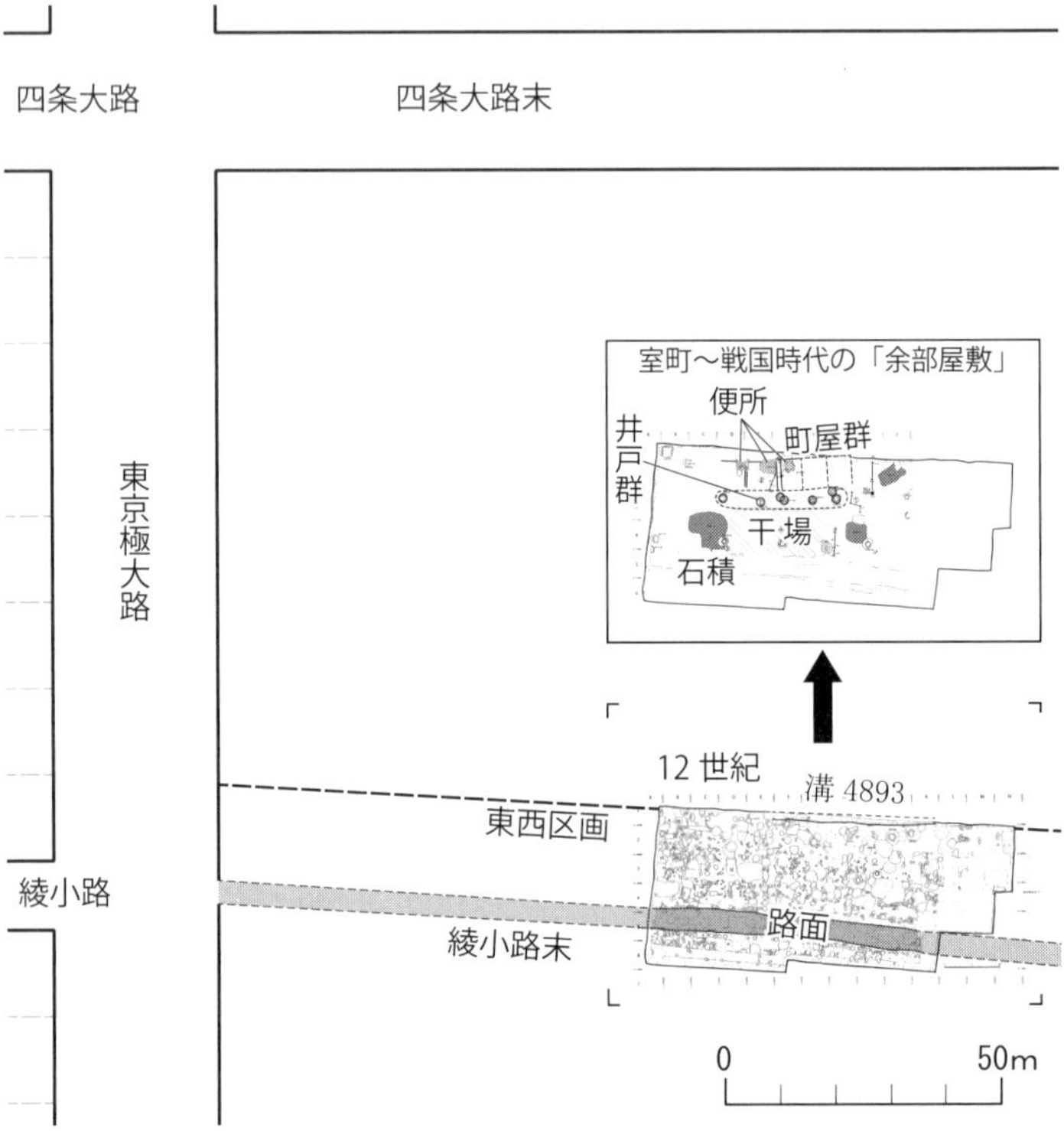

図 22　綾小路末　イビソク関西支店編 2014 に拠り作成

指定されていたから、おそらく水田や畑に使われていたのであろう。崇親院は平治元年（一一五九）の火難で廃絶したらしいから、鴨川河原の崇親院領もこのころまでは存続したのであろう。

ここで注目されるのは、左京五条四坊十五・十六町の東側の平安京外における発掘調査で、平安時代後期の綾小路末の遺構が約六〇メートル《メートル》にわたって検出されていることである（図22）（イビソク関西支店編 二〇一四）。平安京の綾小路のように正東西ではなく、東に向かうほどやや南に振れているのは、鴨川の流路の方角に影響されたものであろう。通常の平安京の道路はその両脇に側溝を持つのに対して、この綾小路末は側溝を伴わずに路面に土を盛り上げ、道路脇には掘立柱塀を伴っている。また、平安京の綾小路の設計寸法は両側の築地の心々間で幅四丈（約一一・九メートル《メートル》）であったのに対して、検出された綾小路末は道路下端で幅約六メートル《メートル》であったから、平安京の綾小路に比べるとほぼ半分の規模だったことになる。綾小路末の北側には小規模な宅地が立ち並んでいたらしく、無数の小さな柱穴が密集する。要するにこの地点の鴨川河原は崇親院領の田畑であったものが、十二世紀後半に崇親院領が廃絶するに伴い綾小路末の道路が敷設され、さらには小規模な民家が進出していったのであろう。これは、平安時代後期における平安京外側への市街地化の拡大の一例としてみることができる。

御室

平安京左京の拡大は、単に平安京の枠の外側に宅地が形成されるというだけではなく、新しい都市をも生み出していった。

その中で早いものは、平安京の西北に隣接する「御室《おむろ》」である（上村和直 二〇〇四a）。平安時代前期の仁和四年（八八八）、宇多《うだ》天皇は父の光孝《こうこう》天皇の菩提を弔うために仁和寺を創建した。同天皇は寛平九年（八九七）に退位して上皇となり、翌々年の昌泰二年（八九九）には出家して仁和寺の初代の座《ざ》主《す》となる。その後、仁和寺は歴代の天皇の崇敬を集めて発展し、その周囲には附属する寺院や関連施設が続々と建てられていくことになる。御室の寺院のうち、仁和寺に次いで重要なのは、平安時代中期の天皇の御願寺として創建された「四円寺」と総称される寺院群である。これには、永観元年（九八三）建立の円融寺《えんゆうじ》（円融天皇御願）、長徳四年（九九八）建立の円教寺《えんきょうじ》（一条《いちじょう》天皇御願）、天喜三年（一〇五五）建立の円乗寺《えんじょうじ》（後朱雀《ごすざく》天皇御願、完成は後冷泉天皇）、延久二年（一〇七〇）建立の円宗寺《えんしゅうじ》（初名は円明《えんみょ》寺《うじ》、後三条天皇御願）の四つの寺院が含まれる。四円寺はそれぞれの天皇の菩提所となるとともに、円融寺の境内には円融天皇火葬塚、一条・後朱雀・後冷泉・後三条・堀河の各天皇陵、さらには陽明門《ようめいもん》院禎子《いんさだこ》内親王《ないしんのう》（後朱雀天皇皇后）の陵《みささぎ》が営まれたのである（黒羽亮太 二〇一五）。こうした寺院群は、平安京の外側に創られた新しい都市ということができるであろう。

待賢門院の法金剛院

大治五年（一一三〇）、鳥羽天皇中宮であった待賢門院《たいけんもんいん》藤原璋子《たまこ》の御願により、仁和寺の新しい御堂（阿弥陀堂）が建立された。これは御堂と呼ばれているものの、実は本格的な寺院であった。「法金剛院《ほうこんごういん》」と名付けられたこの新しい寺は、同年十月二十五日に落慶供養が行われている（角田文衞 一九八五）。康治元年（一一四二）、待賢門院は法金剛院において出家している。法金剛院は彼女の御願寺であるとともにその女院御所だったのである。

現在の法金剛院はかなり境内地を縮小しており、特に南半部は丸太町通とその南側の住宅地となってしまっている。ただ、ＪＲ花園駅とその周辺の再開発に伴う発掘調査により、構造の概略は判明し

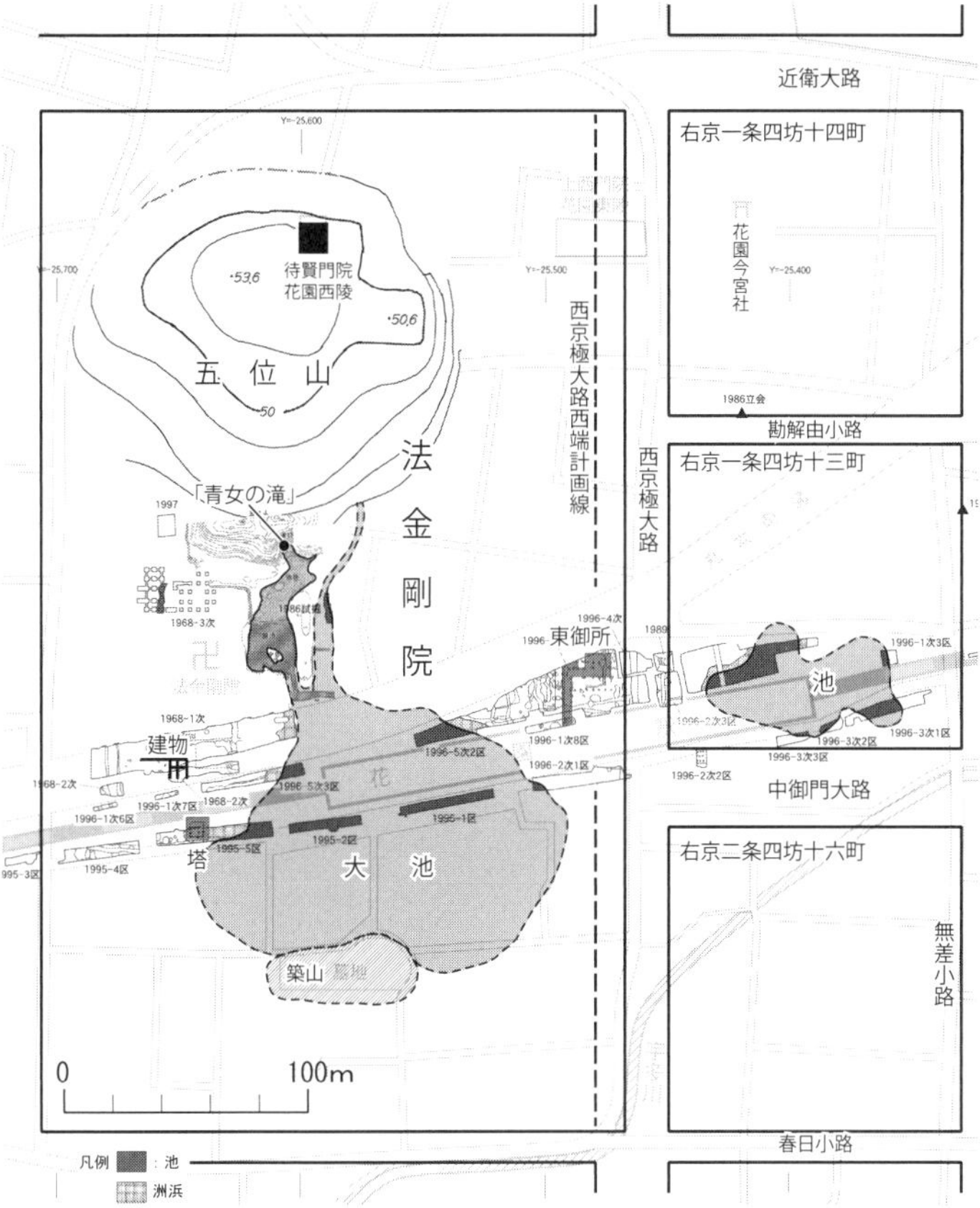

図 23　法金剛院復元図　森蘊 1962・京都市埋文研編 1997・1998・2004d に拠り作成

ている（図23）。法金剛院の境内地は南北三町（約四〇〇・〇メートル）、東西二町（約二三八・六メートル）に及んでいたらしい。境内の北部には五位山と呼ぶ標高五三・六メートルの低い自然丘陵を取り込んでいた。敷地の中央には大池が掘られ、それを中心とした庭園が営まれた。大池の北側には五位山から流れ込む水を導き入れる流路や小池が接続していた。特に重要なのは、五位山の南麓で小池の北端には、巨石を組み上げた高さ約二メートルの滝が作られ、「青女の滝」と呼ばれたことである（森蘊 一九六二）。この滝組は現存しており、院政期の貴重な庭園の遺構として国の名勝に指定されている。大池の南側には庭園の築山が築かれ、この盛り上がりは現在も共同墓地の敷地となって残っている。大池の東側に接して塔がある（京都市埋文研編 一九九七）。塔は一辺約五・三メートルの基壇の上に三間四方で一辺約四・八メートルの建物が載るもので、その規模から三重塔であったと推定される。境内の中央東端には待賢門院の「東御所」の建物群が並ぶ。発掘調査で検出されたものは、南北三間、東西四間の礎石建物一、その西南側にとりつく平面L字形の中門廊《ちゅうもんろう》、さらに中門廊の南側に接続する礎石建物二がある。礎石建物二のそばには遣水が接しており、建物から庭園を臨むことができたようである（京都市埋文研編 一九九八）。

久安元年（一一四五）八月二十二日、待賢門院は左京四条四坊八町の三条高倉第において崩じた。女院の遺体はただちに法金剛院に運ばれ、境内の五位山の北の斜面に建てられていた法華堂《ほっけどう》の床下に埋葬され、そこには法華経《ほけきょう》をはじめとする経文を刻んだ銅板が副葬された。法金剛院は待賢門院の御所だっただけでなく、その永遠の安息の場ともされたのである（角田文衞 一九八五）。

法金剛院の占地で注意しなくてはならないのは、この寺は平安京右京に接しながらも、平安京の外側に存在したことである。平安京内には本格的な寺院は置かないという桓武天皇以来の慣習が生き続けていたのであろう。興味深いことに、この場所において、法金剛院の創建以前には平安京右京の西端である西京極大路は設置されていないことが発掘調査によって判明している。そして、西京極大路は法金剛院の創建により、平安京遷都から実に三百数十年の時を経て初めて敷設されることになったのである。このことは、実際には道路が作られていなくても、平安京の範囲自体は確実に認識されていたことを示している。ただ、この時に作られた西京極大路は側溝の心々間距離で約一一・二メートルしかなかった。本来の西京極大路の幅は側溝心々間距離で八丈五尺（約二五・三七メートル）で計画されていたはずであるから、実際にはその約半分程度しかなかったことになる。平安時代後期になると、大路といえども本来の計画のような広い規模は不必要だったと考えられたのであろう。

なお、法金剛院の東隣の右京一条四坊十三町では、その南半部において池を持つ庭園の跡が検出されている（図23）（京都市埋文研編 二〇〇四d）。居住者の名前を明らかにすることはできないけれども、待賢門院とつながりのある上級の貴族であるとみてよいであろう。法金剛院の周囲には、こうした貴族邸宅なども整備され、小さいながらも賑わいのある都市区画が作り出されていたのであろう。

白　河

平安時代後期にはいると、このような新都市はいくつも営まれていく。特に重要なのは、鴨川の東側の「白河」「法住寺殿《ほうじゅうじどの》」「六波羅」や、平安京の南郊の「鳥羽」であった。これらはいわば、平安京を補完する「衛星都市」だったということができよう（山田邦和 二〇一二）。この時代になると、「平安京」という呼称も次第に使われなくなり、その代わりとして「京」ま

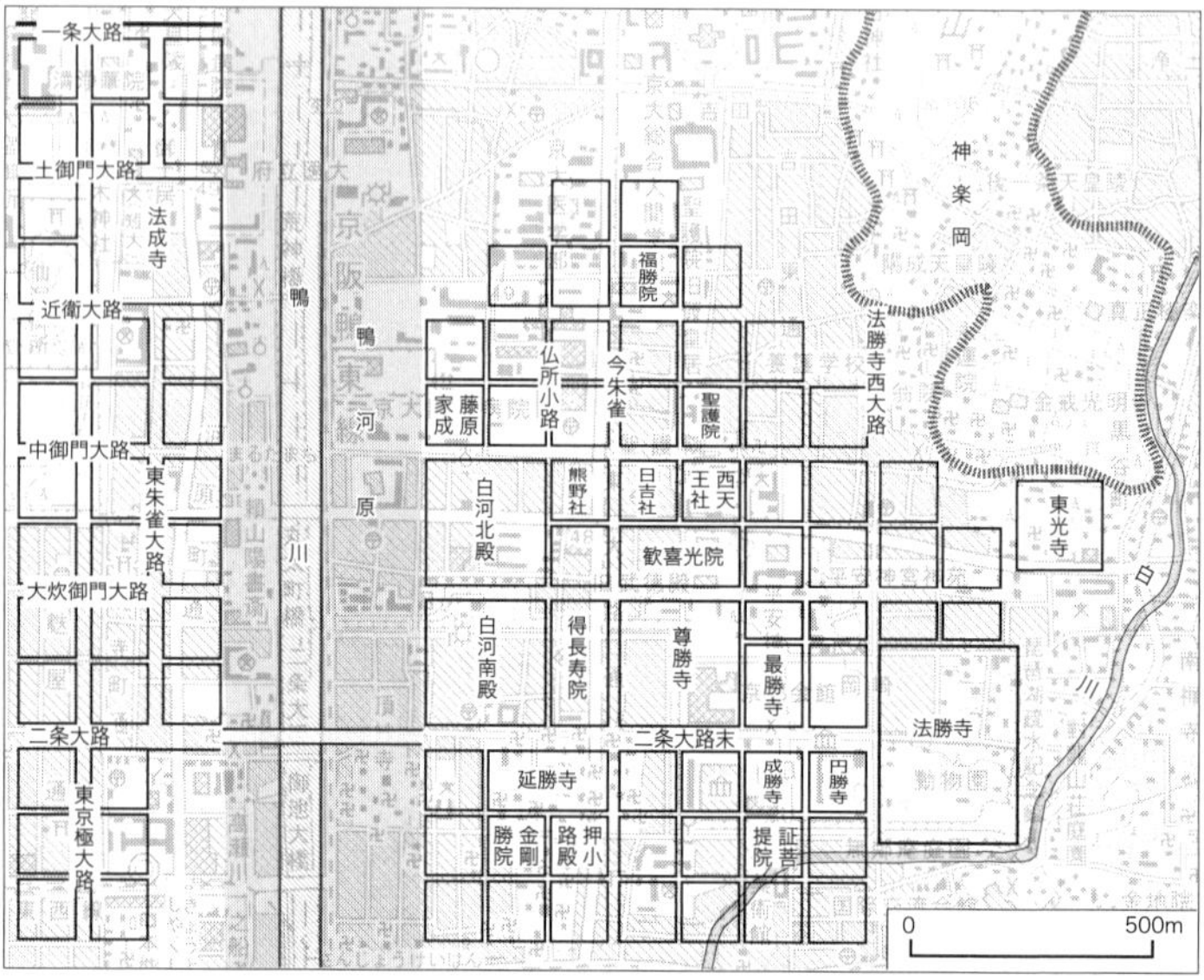

図24　白河復元図　山田邦和2012に拠る

たは「京・白河」が一般化していった。後者の場合、新しい京都の都市は、もともとの平安京左京と白河などの「衛星都市」との複合体として認識されていたことになる。これにより、古代都城としての平安京は「中世都市京都」という新しい構造の都市へと姿を変えていったのである（山田邦和二〇〇九a）。

平安京周辺の衛星都市の中で最も重要なのは、平安京左京から鴨川を越え、独立丘陵である神楽《かぐら》岡《おか》（吉田山）や、比叡山《ひえいざん》から流れ込んでくる白川に囲まれた平地に存在した「白河」であった（図24）。この土地に着目した白河天皇（応徳三年〔一〇八六〕上皇、永長元年〔一〇九六〕法皇）は承保二年（一〇七五）にここに法勝寺《ほっしょうじ》の造営を始めた。その寺域は、東西二町（約二五〇メートル）、南北二

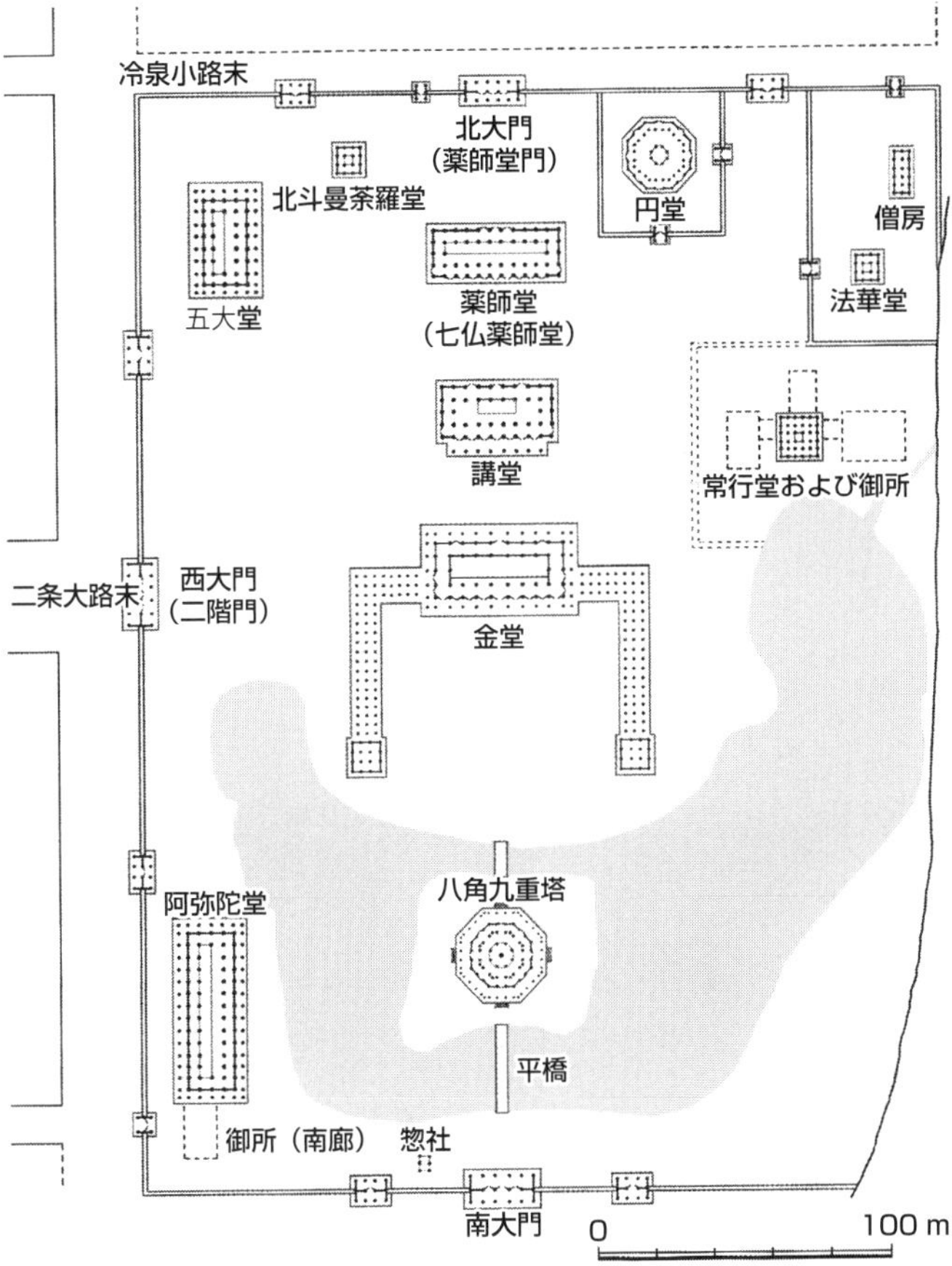

図 25　法勝寺復元図　冨島義幸作図（京都市生涯学習振興財団編 2021 に拠る）

町以上という広大なものであった（図25）。この寺は、承暦元年（一〇七七）に主要部の完成を見、同年十二月十八日に金堂《こんどう》、五大堂《ごだいどう》、阿弥陀堂、法華堂、廻廊、中門、鐘楼《しょうろう》、経蔵《きょうぞう》、南大門などの落慶供養が行われている。中心となる金堂は七間四面（桁行七間、梁間二間の身舎の周囲に庇を付ける）の建物の周囲にさらに裳階《もこし》を巡らせたもので、東西四八・四一メートル、南北二六・六六メートルの規模だったと推定されている。さらに、永保三年（一〇八三）に白河上皇はこの寺の中心に壮大な八角九重塔を完成させた。

この塔については、京都市動物園構内の発掘調査により、対辺間距離約三二・五メートル、検出の深さ約一・六メートルで、径三〇～七〇センチの河原石と粘土で堅固に叩き締めた巨大な掘込地業《ほりこみじぎょう》が検出されている。かつてはこの八角九重塔は屋根が檜皮葺《ひわだぶき》と考えられていたが、近年の発掘調査では周囲から多量の瓦が出土したことにより、現在では本瓦葺建築であったと考えられている。冨島義幸による平成二十三年（二〇一一）の復元によるとこの塔は、高さ約八一メートル（二十七丈）、基壇の規模は対辺間約三一メートル（一〇三尺）、建物の初層の裳階部の対辺間約二〇・一メートル（六十七尺）であったと推定されている（冨島義幸 二〇一二）。これは、南北朝時代の暦応五年（一三四二）に火災によって焼失するまで、わが国で最大の高層建築物であったし、近代より前の時代においてこれより高い建物は足利義満《あしかがよしみつ》による相国寺《しょうこくじ》七重塔および北山大塔《きたやまだいとう》だけだったのである。法勝寺の伽藍《がらん》は院政期を象徴する巨大建造物であり、「国王の氏寺」（『愚管抄』）と呼ばれたのも十分に理由のあることだったのである。

白河の新都市は、平安京の条坊制に倣った整った都市構造を持っていた（図24）。その東西の基軸は二条大路末、南北の基軸は尊勝寺《そんしょうじ》の西側の「今朱雀《いますざく》」と呼ばれる道路であった。ただ、平安京の

「町」が四十丈（約一一九・四メートル）で統一されていたのに対して、白河の都市区画には場所によって若干の違いがあったようである（上村和直 一九九四）。これは、白河の都市計画が最初からきちんと決められていたのではなく、建設が進むにつれて段階的に地割施行がなされていったからなのであろう。

法勝寺に続いて、白河の地には次々と歴代の天皇や皇后の御願による寺院が造られていった。康和四年（一一〇二）には堀河天皇御願の尊勝寺、元永元年（一一一八）には鳥羽天皇御願の最勝寺《さいしょうじ》、大治三年（一一二八）には待賢門院（鳥羽天皇中宮藤原璋子）御願の円勝寺《えんしょうじ》、保延五年（一一三九）には崇徳《すとく》天皇御願の成勝寺《じょうしょうじ》、久安五年（一一四九）には近衛《このえ》天皇御願の延勝寺《えんしょうじ》が、それぞれ主要建物を完成させている。これらの寺院群は「勝」の字を共有していることから「六勝寺《ろくしょうじ》《りくしょうじ》」と総称され、それが白河の新都市の中核施設となっていった。中でも、尊勝寺は六勝寺の中でも法勝寺に次ぐ規模を誇り、その九体阿弥陀堂は桁行十五間、梁間二間の身舎の四面に庇と裳階を附けており、全体では十九間×六間で南北七一・二四メートル、東西三一・四二メートルの巨大な規模の建築であった（京都市埋文研編 一九九四a）。また、発掘調査は進んでいないものの、待賢門院の御願寺である円勝寺は、三重塔が三基並ぶという破格の構造を持っていた。その他にも白河には、得長寿院《とくちょうじゅいん》、宝荘厳院《ほうしょうごんいん》、善勝寺《ぜんしょうじ》、福勝院《ふくしょういん》、聖護院《しょうごいん》、蓮華蔵院《れんげぞういん》、歓喜光院《かんぎこういん》といった寺院、熊野神社、日吉《ひえ》神社《じんじゃ》、西天王社、東天王社といった神社、さらには白河北殿《きたどの》、白河南殿《みなみどの》、白河押小路《しらかわおしこうじ》殿《どの》などの院御所や邸宅が続々と建てられていったのである。寺院を中核とした都市であり、数多くの塔が林立する白河は、高層建築のほとんどなかった平安京と鮮やかな対称をみせていたのである。

平安京の南郊、鴨川と桂川《かつらがわ》の合流地点が鳥羽であり、ここは淀川《よどがわ》および桂川を通じて大阪湾と平安京とを結ぶ重要な交通の要衝であった。応徳三年（一〇八六）、

鳥羽（鳥羽殿）

白河上皇はここに大規模な離宮の造営を開始した。その規模は、完成時には東西一・〇キロ以上、南北約〇・八キロ以上に及んでいた（図26）。これは単なる院の別業という範囲をはるかに凌駕しており、その造営が「都遷り」（『扶桑略記』応徳三年十月二十日条）に喩《たと》えられた通り、ひとつの新しい都市だといってよいであろう。

このあたりはふたつの川が合流する低湿地だったから、もともと水が豊富だった。鳥羽殿の中央にはそれを利用した巨大な苑池が設けられている。池の周囲に南殿、北殿、東殿および泉殿、田中殿が、また池に突き出した半島状の陸地には馬場殿《ばばどの》が設けられていた（長宗繁一・鈴木久男 一九九四）。さらにその周囲に倉庫群である御倉町《みくらまち》や雑舎群があったと考えられる。鳥羽殿の庭園は「或は蒼海を模し、嶋を作る。或は蓬山を写し、巌を畳む」（『扶桑略記』応徳三年十月二十日条）といわれた通り、神仙世界をこの世に再現したものだと受けとめられていたのである。

鳥羽殿の特色は、それぞれの区画に居住のための寝殿造の建物が設けられているとともに、大規模な仏堂が附設されていたことである。南殿には証金剛院《しょうこんごういん》、北殿には勝光明院《しょうこうみょういん》、東殿および泉殿には安楽寿院《あんらくじゅいん》と成菩提院《じょうぼだいいん》、田中殿には金剛心院《こんごうしんいん》、馬場殿には城南寺《じょうなんじ》（城南宮）がそれぞれ設けられている。中でも壮大だったのは田中殿に付属する金剛心院で、その中心である九体阿弥陀堂は重層の九間四面建築、その西側の釈迦堂は重層の三間四面建築であった。釈迦堂の地業が発掘調査によって確認され

図 26　鳥羽殿復元図　山田邦和 2012 に拠る

ているが、これは拳大の河原石と粘土を交互に突き固め、深さ一メートル以上にもおよぶ堅固な構造を持っていたのである（京都市埋文研編 二〇〇二b）。

鳥羽殿に営まれたこれらの仏堂はいずれも浄土教系の御堂である。それに対して、白河の六勝寺は堂塔伽藍を備えた密教系寺院であり、それは院（上皇）が主宰する仏教儀式の場であり国家鎮護の施設であった。それに対し鳥羽の御所はあくまで院の私的な遊興の場であり、そこに設けられた御堂は院たちが仏道修行を行い、極楽往生を願うための施設であった（美川圭 二〇〇二）。白河・鳥羽・近衛三天皇は、崩御《ほうぎょ》後に鳥羽に建てられた塔に埋葬された。すなわち、白河法皇は鳥羽に生前から三層塔を建て、それを成菩提院と名付けて自らの陵所とした。この陵は一辺約五六メートルの方形区画を持ち、その中央に陵の本体となる塔を置いていた。この方形区画の周囲には幅約八・五メートルの濠がめぐり、その内側壁には巨石を積み上げて護岸としている。鳥羽法皇は鳥羽東殿の安楽寿院の境内に二基の三層塔を建立して、そのひとつ（「本御塔」）を自分の、もうひとつ（「新御塔」）を皇后の美福門院藤原得子の陵所に指定していた。ただ、後者は、美福門院の気が変わって彼女は高野山《こうやさん》に葬られることになったため、彼女の息子であった近衛天皇の陵に改められている。近衛天皇陵も一辺六七メートルの方形区画を持ち、その中央に多宝塔《たほうとう》を建ててその床下に天皇の骨蔵器を納め、塔内には阿弥陀如来《あみだにょらい》木像を安置していた。この多宝塔は慶長元年（一五九六）の「慶長の伏見大地震」によって倒壊したが、同十一年（一六〇六）に豊臣秀頼《とよとみひでより》の寄進によって再建されたものが現存している。こうした陵の存在も、鳥羽殿がこうした天皇・上皇たちの崩御後の往生を保証するための施設であったことを示している。

法住寺殿

応保元年（一一六一）、後白河上皇は七条大路末が東行して東山《ひがしやま》の丘陵裾部にいきあたるあたりに「東山御所」を造営した。ここは十世紀末の右大臣藤原為光《ためみつ》が建立した法住寺の跡地であったから、この後白河上皇の御所もまた「法住寺殿」の名で呼ばれるようになった。実はこの御所は、場所としては信西入道藤原通憲の御堂の跡地であり、そこに藤原信頼《のぶより》の中御門西洞院殿《なかみかどにしのとういんどの》の建物を移築したものが原形となっていた。信西と信頼のふたりはもともと後白河上皇の側近であったが、信頼が起こした平治の乱によって信西は死に追いやられるし、また信頼自身も最期は戦いに敗れて処刑の憂き目をみる。後白河上皇がそうした因縁のある土地と建物をあえて自分の御所に選んだのは何か奇妙な気がするのであるが、上皇の真意をうかがい知るすべはない。ともあれ、この後の法住寺殿は後白河上皇（法皇）の本邸となるのである。ただ、応保元年に創建された初期の法住寺殿の建物は朝覲行幸《ちょうきんぎょうこう》などの儀式を行うのには充分でなかった。そこで、こうした欠点を解消するために仁安二年（一一六七）に大きく建て替えられ、さらにその後も増築が続けられる。しかし、寿永二年（一一八三）の源（木曽）義仲の法住寺殿合戦によって法住寺殿は大きな被害を受けて使用に耐えなくなる。その後、法住寺殿が源頼朝の援助を受けて再建されたのは、法皇が崩御する前年の建久二年（一一九一）のことであった（川本重雄 二〇〇五、同 二〇〇六）。法住寺殿は七条大路末を東西の基幹道路とし、平安京の条坊制に準じた方形区画による都市計画をもっていた（四九ページ図18）。ただ、平安京の条坊がほぼ正方位であったのに対して、蓮華王院《れんげおういん》（三十三間堂《さんじゅうさんげんどう》）の方向から推定できる法住寺殿の基本方位は、北を向いた場合には一度二二分だけ東に振っていた（上村和直 二〇〇四b・二〇〇六）。

法住寺殿の中で、後白河法皇が最も頻繁に利用した、いわば中心区画となる部分が「南殿」である。現在の大谷高等学校の敷地が周囲に比べて窪んでおり、ここは「京都市東山区今熊野池田町」の地名を残す通り、南北約二五〇㍍、東西約二〇〇㍍にもおよぶ巨大な池の跡であり、その池を利用して法住寺殿の園池が営まれていた。池の北側が法住寺殿南殿であったと推定される。南殿の本体の場所の考古学的調査はほとんど行われていないが、建築史学の立場から太田静六による詳しい研究（太田静六 一九八七）が公表されるとともに、太田説を批判した川本重雄によって新たな復元案が提示されている（川本重雄 二〇〇五・二〇〇六）。また、七条大路末の北側の現在の京都国立博物館の敷地を中心とした一帯には、法皇のもうひとつの御所であった七条殿の東殿・西殿が存在した。

南殿の園池の東の高台には法皇の信仰が篤い熊野権現を勧請《かんじよう》した新熊野社《いまくまの》が、また園池の西側には法皇の最愛の女性であった建春門院平滋子《けんしゆんもんいんたいらのしげこ》の御願寺である最勝光院《さいしようこういん》、さらに建春門院の御座所としての最勝光院南御所が建てられていた。最勝光院（朧谷寿 二〇〇〇）は「土木の壮麗、荘厳の華美、天下第一の仏閣なり」（『明月記』嘉禄二年六月五日条）とすら称せられるほどの美麗な御堂であった。京都市立東山泉小・中学校の敷地における発掘調査では、最勝光院の造営に伴って厚さ二㍍にもおよぶ大規模な盛土によって整地を行ったことが確認されているし、またそこには南北三〇㍍を超える範囲の大規模な建物地業（地業55）をはじめとする複数の地業が確認されており、これが最勝光院の中心建物である御堂（阿弥陀堂）の南側に配置された建物群であると推定されている（京都市埋文研編 二〇一三b）。最勝光院阿弥陀堂の正確な規模はわかっていないが、藤原頼通《よりみち》建立の宇治《うじ》の平等院阿弥陀堂《びようどういんあみだどう》

（鳳凰堂《ほうおうどう》）の倍以上もある巨大建築であったことは疑いないし、平泉の中尊寺《ちゅうそんじ》二階大堂や鎌倉《かまくら》の永福寺《ようふくじ》阿弥陀堂とも肩を並べているのである。さらに、最勝光院阿弥陀堂は東を向いており、その正面は法住寺殿の巨大な池に面するという、稀にみる壮麗な空間を作り出していた。承安三年（一一七三）の阿弥陀堂供養の際には後白河法皇が舟を使って御幸した（『玉葉』同年十月十七日条）ように、御堂の前まで舟で乗り付けることすらできたのである。

七条大路末の南側には、法住寺殿の中心的御堂であった蓮華王院が存在した。その中心となるのが「三十三間堂」の通称で呼ばれる千体観音堂《せんたいかんのんどう》である。これは、平清盛が後白河法皇のために長寛二年（一一六四）に造営した建物である。ただし、当初の堂は建長元年（一二四九）の火災で焼失してしまい、現存の三十三間堂は文永三年（一二六六）に再建されたものである。内陣《ないじん》には千一体の千手観音《せんじゅかんのん》像が安置されているが、このうち約百四十体は当初のものが残されているという。

重要なのは、蓮華王院の東側の区画である。以前はこの区画に法住寺殿南殿が存在したと推定されていたが、川本重雄によってそれは否定され、南殿は蓮華王院より南に存在したことが明らかになった。蓮華王院の東側に後白河法皇は法華堂を建てる工事を進めており、この法華堂を自分が崩御した後の陵とすることを定めていた。つまり、法皇は蓮華王院本堂の千一体の観音菩薩《かんのんぼさつ》像に相対して永遠の眠りにつくことを考えていたのである。ところが、安元二年（一一七六）にいたり、法皇の寵妃であった建春門院平滋子が急な病に倒れてしまう。法皇は最愛の女性のために自ら率先して加持祈禱に打ち込んだけれどもそのかいもなく、女院は三十五歳という若さで崩じてしまう。悲嘆にくれた法皇は、自分の陵所とするつもりで建設を進めていた蓮華王院東法華堂を急遽完成させ、それを建春門院のために明け渡して彼女の陵とした。これは確かに、法皇が女院に寄せていた強烈な愛情を表現するものであった。この建春門院陵法華堂は、蓮華王院本堂の中央の真東、現在の養源院《ようげんいん》の境内にあたる場所に存在したと推定できる（山田邦和 二〇〇四・二〇〇六）。そして法皇自身は、建春門院陵の南側に改めて自らのための法華堂を建立し、建久三年（一一九二）に崩じた際にはそこに葬られたのである。また、後白河法皇と建春門院の陵となった二基の法華堂の周囲には、「新御堂」と呼ばれる阿弥陀堂や、法皇と女院の陵を供養するための僧侶が住むための僧房《そうぼう》が設けられていた。

さらに、法皇の法華堂の北側、現在のホテル・ハイアットリージェンシー京都の場所では、昭和五十三年（一九七八）の発掘調査によって美麗な甲冑を五領も副葬した木棺墓と、その側に建てられた小規模な御堂の跡が検出されている（平安博物館考古学第四・第二研究室編 一九八四）。時期は十三世紀初頭と推定される。おそらくこの墓の被葬者は、生前の後白河法皇に仕えた最高級の武将のひとりであり、彼は死した後もなお法皇を守護するという役割を担ってここに葬られたのであろう。このように、蓮華王院の東側は、後白河法皇および建春門院の陵と、その附属施設群が置かれる特別な区画とされていた。そして、院の御所の中に宗教施設を持ち、そこに設けられた御堂や御塔が御所の主である院の陵となるという点で、法住寺殿は鳥羽殿と共通する性格を持っているのである。

宇　治

平安京から南へ一〇キロほど行ったところに宇治がある。琵琶湖《びわこ》から流れ出す宇治川《うじがわ》が京都盆地に流れ込む場所であり、ここは古くから大和国《やまとのくに》から近江国《おうみのくに》や北陸地方に向かう交通の結節点であった。平安時代には、宇治川の右岸の木幡《こはた》が藤原氏北家《ほっけ》の嫡流の墳墓の地となっており、藤原道長は先祖の霊を弔うためにここに浄妙寺《じょうみょうじ》を建立している。また、宇治の地には平安時代中期頃より藤原氏一族の別業が営まれており、道長もここに邸宅を所有していた。そして、道長の子の頼通は宇治に壮麗な平等院を創建したのである。また、頼通の女《むすめ》で後冷泉天皇皇后となった四条宮藤原寛子《ひろこ》も宇治を愛し、父から受け継いだ宇治の「泉殿」を御所としていたし、また平等院の南方の白川という地に「金色院」と呼ばれる寺院を創建している。四条宮寛子の御所の跡としては、宇治の西端で巨椋池《おぐらいけ》に面した場所の矢落《やおち》遺跡が候補として挙げられている（杉本宏 二〇〇六）。

このように、道長や頼通の時代にも宇治は藤原氏北家の嫡流（御堂流。後の摂関家）によって都市的な設備が整えられてきた。それを大発展させたのは、頼通の曽孫にあたる藤原忠実であった。それは、ちょうど白河・鳥羽両上皇による院政の時代に重なっている。忠実はもともと宇治に冨家殿《ふけどの》という壮麗な別業《べつごう》を所有し、しばしばここを訪れていた。ただ、彼は女の勲子《いさこ》（後、泰子《やすこ》と改名。女院号は高陽院《かやのいん》）を鳥羽天皇のもとに入内させるかどうかの問題で白河法皇の逆鱗に触れ、保安元年（一一二〇）の年末にはついに法皇の勅勘を受けて関白の座から追い落とされてしまう。その後、大治四年（一一二九）に白河法皇が崩御するまでの約九年間、忠実は宇治において政治の中枢から離れた静かな生活を送ることになる。しかし、忠実はこの失意の時期の間、自らの根拠地となった宇治の大改造を試みていた。忠実の邸宅の冨家殿は宇治川右岸にあったらしいが、彼はそれだけに満足するのではなく、宇治川左岸の平等院を中心にした地区に続々と新たな邸宅を建設していったのである。彼の事業によって、宇治はまったく新しい都市として面目を一新したといえよう。

宇治川を渡る宇治橋《うじばし》を起点として西に向かう幹道が宇治の新都市の東西の主軸だったらしい。また、平等院の西側を南下し、同院の南西端でL字形に屈曲して東へ進むのが大和大路であり、その名の通りこの道は平安京から宇治を通って大和国とを結ぶ幹線街道であった。平等院の西側の市街地区画には、忠実の邸宅と推定され、鳥羽上皇が御幸することもあった小松殿、高陽院藤原泰子が滞在した西殿、忠実の母の藤原（一条）全子《またこ》の小川殿など、多数の邸宅が配置されることになったのである。宇治はまさに、摂関家のための新都市となったのである。

平安京郊外の武士居館

平安時代後期において、地方の有力武士の中には、本拠地と京都の間を頻繁に往き来しながら自らの勢力を拡大する者が見られた（野口実 二〇一五・二〇一七）。また、武士団の当主自身が上洛しなくても、京都に家人を常駐させていた者もいたはずである。彼らは地元で富を蓄えつつ、院や摂関家といった京都の有力権門に奉仕することによって地位を高めていったのである。こうした武士たちは、当然のことながら京都にも拠点を持っていたはずなのである。そうした武士の居館は平安京の中に存在したこともあったが、やはり六波羅のように京の郊外にあったことも多かった。平安時代後期の武士の中で平家一門に次ぐ最高位（従三位）に昇って公卿となった源頼政《よりまさ》は、近衛大路末の南の鴨川東岸に近衛河原邸を持っていた（『山塊記』治承四年五月二十二日条）。また、角田文衛の考証によると、奥州藤原氏は京都の朝廷や権門との連絡のために、平安京の北の郊外に「平泉第」と仮称することができる施設を保持していたらしい（角田文衛 一九八七）。

左京区吉田泉殿町の京都大学構内遺跡においては、十二世紀末の邸宅跡が発掘されている（京都市埋文研編　一九九八）。邸宅の規模は検出された範囲だけで一辺約三〇メートルを超え、その周囲は石積みの堀で囲まれ、北面には堀を約三メートル掘り残して出入口としている。堀の外側には仮設の防御柵が二重に設置されていたらしい。邸内の建物には、南北二間、東西二間以上の身舎《もや》の西面と北面に庇《ひさし》を付けたものなどがある。出土遺物の中では、中国の華南産の白磁水注や高麗青磁《こうらいせいじ》の梅瓶《めいぴん》が注目される。この邸宅は、その規模や構造から、地方の武士の京都における屋敷だったと考えられている。これにとどまらず、鴨川の東側にはこうした武士の居館があちこちに存在したのであろう。

権門都市と院政王権都市、そして「巨大都市複合体《コンプレックス》」

以上のように、平安時代後期の平安京周辺には各種の新都市が建設されていった。それぞれの都市の建設は、院、摂関家、平家といった有力な権門によって主導されていた。美川圭はこの特色に注目して、これらに対して「権門都市」の概念を与えている（美川圭　二〇〇二）。美川のいう権門都市は、さらにふたつに分けられるのではないかと思う。ひとつは摂関家や平家といった上級の貴族権門が建設した宇治や六波羅である。そしてもうひとつは、治天の君としての院が主導して建設した白河、鳥羽、法住寺殿などである。もちろん院といえども有力権門のひとつであることは確かであるが、院はその一方で、国家権力の代表者であるという側面を持っている。そのため、院の権門都市は、成功《じょうごう》などの形で他の権門の奉仕によって建設されることがあったし、できあがった後には国家の公的施設として扱われた。この点を重視するならば、こうした院の権門都市に対して「院政王権都市」の別名を与え、他の権門都市と区別することが便利であると思う（山田邦和 二〇一二）。

こうして、古代都城である平安京は次第に自らの殻を打ち破り、「中世都市京都」へと自己変革を遂げる。その姿は、卓越した巨大都市である平安京左京がその中核に位置するとともに、その周囲にはさまざまな「衛星都市」群がちりばめられており、その総体として理解されるのである。巨大都市と周辺の衛星都市群が緊密に結びついた構造を持った新しい都市圏、私はこれを中世京都の「巨大都市複合体《コンプレックス》」と名づけている（山田邦和 二〇〇九ａ）。

5 世界の中の中世京都

世界的巨大都市としての平安京

中世の京都は、どれくらいの規模の都市だったのだろうか。これを考えるために、試みに十二世紀という時期の世界の主要都市を選び出し、その市街地面積を比較してみよう（図27）。もちろん、都市の評価は面積だけではなく、人口、生産力などを総合して考えねばならないのではあるが、前近代の世界の都市の人口や生産力を正確に推計することはきわめて困難である。その反面、面積ならばある程度の客観性をもって計算することができるであろう。

この時代の都市には、「巨大都市」と名付けるにふさわしい二〇平方キロ以上という規模を誇るものがある。カンボジアのクメール朝（アンコール朝）の首都アンコールは六八・七平方キロまたはさらにそれを超えるという広大さを占めていたし、中国・南宋《なんそう》の首都臨安《りんあん》（現在の杭州《こうしゅう》）と北宋《ほくそう》の首都開封《かいほう》はそれぞれ五一・四平方キロ、四六・五平方キロという巨大都市であった。その三都市に次ぐのが、中国・金《きん》の中都《ちゅうと》（現・北京《ペキン》。二六・六平方キロ）、エジプトのアッバース朝の首都であったアル＝フスタートとカーヒラの複合都市（現・カイロ。二四・八平方キロ）、そして平安時代後期の平安京（二五・二平方キロ）なのである。

ついで、市街地面積一〇平方キロ以上、二〇平方キロ未満の大都市がある。ヴェトナムの李朝の首都タンロン（昇龍城《しょうりゅうじょう》、現・ハノイ。一四・九平方キロ）、ヨーロッパ大陸最大の都市であった中世ローマ帝国（東ローマ帝国）の首都コンスタンティノポリス（現・トルコのイスタンブル。一四・六平方キロ）、遼《りょう》の中京大定府《だいていふ》（一四・五平方キロ）、セルジューク朝のメルヴ（一〇・八平方キロ）などがこれにあたるであろう。

世界の中小都市

それ以下の都市については、中都市（五平方キロ以上、一〇平方キロ未満）、小都市（一平方キロ以上、五平方キロ未満）、極小都市（一平方キロ未満）に分類して考えることができると思う。中都市としては、中国の金の上京会寧府《じょうけいかいねいふ》、イラクのアッバース朝のバグダード、中国の西夏《せいか》の首都である興慶府《こうけいふ》をあげることができよう。日本において京都に次ぐのは平泉、鎌倉、奈良であるが、これらはいずれも市街地面積三・〇平方キロ前後で、世界的にみると小都市の部類にはいる。また、ヨーロッパにおいては、コンスタンティノポリスを除くと未だ中都市すら誕生しておらず、すべてが小都市または極小都市であった。ヨーロッパの小都市としてはスペインのムラービト朝のセビージャ（セビリア）、ルーシ（現・ウクライナ）のキエフ（キーウ）、カペー朝フランスのパリ、イングランド王国のロンドンなどを、また極小都市としてはブラバント公国（現・ベルギー）のブリュッセル、神聖ロー

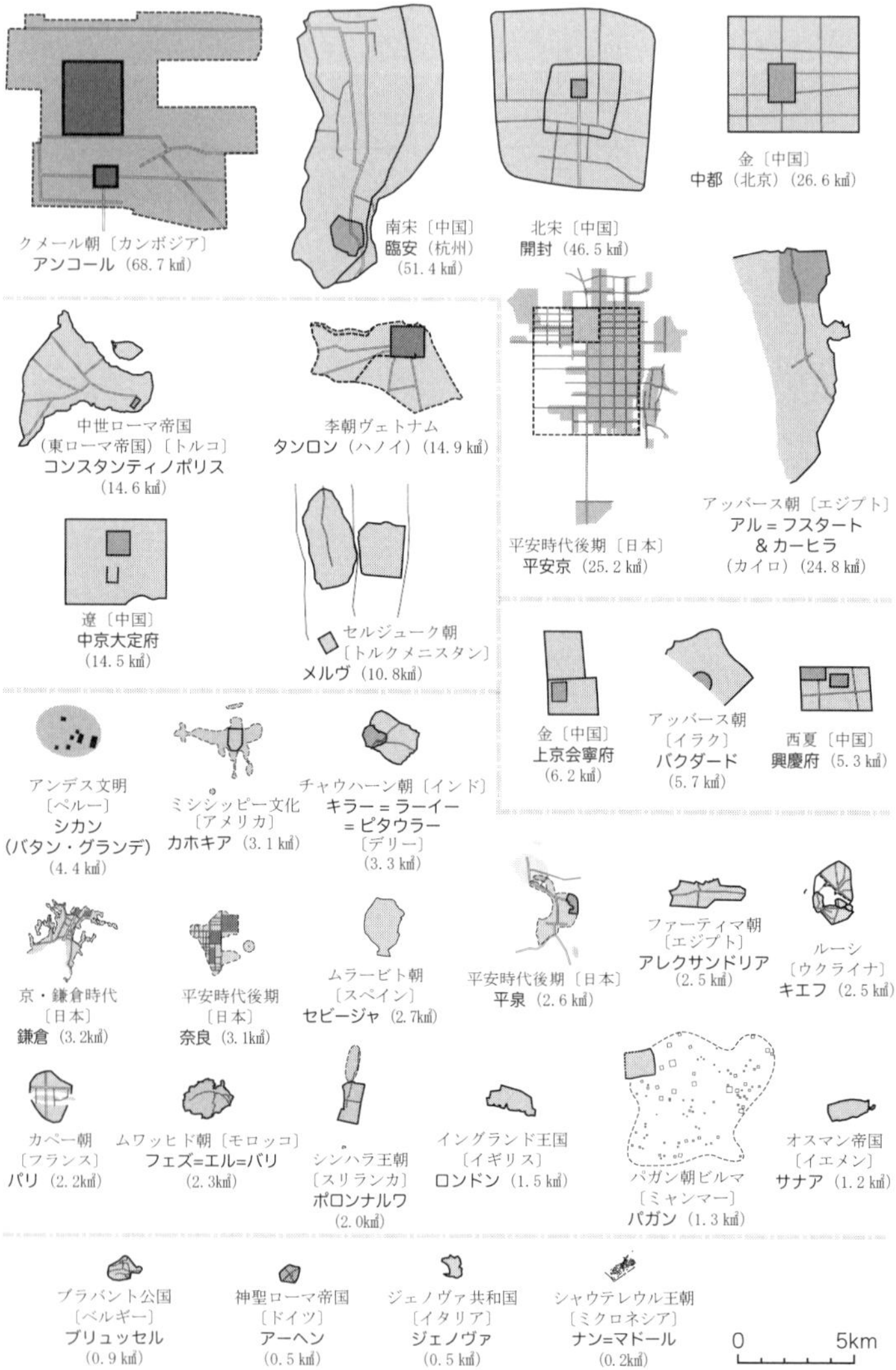
クメール朝〔カンボジア〕
アンコール（68.7㎢）
南宋〔中国〕
臨安（杭州）
（51.4㎢）
北宋〔中国〕
開封（46.5㎢）
金〔中国〕
中都（北京）（26.6㎢）
中世ローマ帝国
（東ローマ帝国）〔トルコ〕
コンスタンティノポリス
（14.6㎢）
李朝ヴェトナム
タンロン（ハノイ）（14.9㎢）
平安時代後期〔日本〕
平安京（25.2㎢）
アッバース朝〔エジプト〕
アル＝フスタート
＆カーヒラ
（カイロ）（24.8㎢）
遼〔中国〕
中京大定府
（14.5㎢）
セルジューク朝
〔トルクメニスタン〕
メルヴ（10.8㎢）
金〔中国〕
上京会寧府
（6.2㎢）
アッバース朝
〔イラク〕
バグダード
（5.7㎢）
西夏〔中国〕
興慶府（5.3㎢）
アンデス文明
〔ペルー〕
シカン
（バタン・グランデ）
（4.4㎢）
ミシシッピー文化
〔アメリカ〕
カホキア（3.1㎢）
チャウハーン朝〔インド〕
キラー＝ラーイー
＝ピタウラー
〔デリー〕
（3.3㎢）
京・鎌倉時代
〔日本〕
鎌倉（3.2㎢）
平安時代後期
〔日本〕
奈良（3.1㎢）
ムラービト朝
〔スペイン〕
セビージャ（2.7㎢）
平安時代後期〔日本〕
平泉（2.6㎢）
ファーティマ朝
〔エジプト〕
アレクサンドリア
（2.5㎢）
ルーシ
〔ウクライナ〕
キエフ（2.5㎢）
カペー朝
〔フランス〕
パリ（2.2㎢）
ムワッヒド朝〔モロッコ〕
フェズ＝エル＝バリ
（2.3㎢）
シンハラ王朝
〔スリランカ〕
ポロンナルワ
（2.0㎢）
イングランド王国
〔イギリス〕
ロンドン（1.5㎢）
パガン朝ビルマ
〔ミャンマー〕
パガン（1.3㎢）
オスマン帝国
〔イエメン〕
サナア（1.2㎢）
ブラバント公国
〔ベルギー〕
ブリュッセル
（0.9㎢）
神聖ローマ帝国
〔ドイツ〕
アーヘン
（0.5㎢）
ジェノヴァ共和国
〔イタリア〕
ジェノヴァ
（0.5㎢）
シャウテレウル王朝
〔ミクロネシア〕
ナン＝マドール
（0.2㎢）
0
5km

図27　12世紀の世界の都市比較　著者作成

マ帝国（現・ドイツ）のアーヘン、イタリア・ジェノヴァ共和国のジェノヴァなどを数えることができよう。

すなわち、この時代の平安京は世界的にみても巨大都市のひとつであったし、日本国内においては第二位以下の都市を遥かに凌駕する首座都市であった。平安京＝中世京都の評価にあたっては、京都のこの卓越した規模を忘れてはならないのである。

三　京・鎌倉時代の京都の都市構造

1　「京・鎌倉時代」という時代

京・鎌倉時代の京都と鎌倉

治承四年（一一八〇）の以仁王《もちひとおう》の変に端を発した治承《じしょう》・寿永《じゅえい》の内乱は、源《みなもとの》（木曽《きそ》）義《よし》仲《なか》の上洛と平家の都落ち、義仲の滅亡、源頼朝《よりとも》勢力の拡大という過程を経て、文治元年（一一八五）三月二十四日の壇ノ浦の戦いで平家滅亡にいたった。さらに、頼朝は弟の義経《よしつね》を奥州平泉《ひらいずみ》の藤原泰衡《ふじわらのやすひら》に殺害させ、さらにその余勢を駆って奥州藤原氏そのものの征討に乗り出し、文治五年（一一八九）七月には平泉を陥落させる。からくも平泉を脱出して出《で》羽国《わのくに》北部に逃亡した泰衡は同年九月三日に郎党によって殺害されて奥州藤原氏は滅亡、さらに翌年春までにはその残存勢力も掃討され、国内において軍事力で頼朝に対抗できる勢力は皆無となった。得意の絶頂を極めた頼朝は、建久元年（一一九〇）に上洛、後白河法皇に拝謁して朝廷との関係を正常化させた。頼朝が創設した鎌倉幕府は、ここに唯一無二の軍事権門としての地位を確立させたのである。

鎌倉幕府が存続した十二世紀末葉から十四世紀前半にいたる時代は、通常は「鎌倉時代」と呼ばれている。ただ、この時代名称は、ややもすると鎌倉が日本国家全体の首都となったとか、鎌倉が唯一の政治的中心となったとかいう誤解を一般に与えかねないところに大きな問題を含んでいる。この時代にあっても、京都の朝廷は充分な政治権力を保持する実効政権であり続けた。さらに、京都は鎌倉を遥かに上回る日本最大の巨大都市であった。

もちろん、この時代における鎌倉の存在を軽視するわけではない。武家政権の本拠地である鎌倉は、鎌倉幕府の権力の拡大と比例して、東国の首都としての存在感を高めていった。しかし、だからといって京都の重要性を無視することは許されない。中世の日本の基本的構造は、黒田俊雄が提唱した「権門体制《けんもんたいせい》」（黒田俊雄 一九九四）として理解するのが妥当であるが、鎌倉が武家権門の本拠であったのに対して、貴族や寺社権門の中心は京都（寺社権門の一部は奈良）だったのであり、このふたつの都市に集住する諸権門はお互いに相互補完しながら日本の支配体制を構築していたのである。つまり、平安時代とこの時代の違いは、平安時代には平安京＝京都が日本の唯一の中心であったのに対して、鎌倉幕府成立後の日本は京都と鎌倉というふたつの中心を持つ状態に変化した、ということになろう。すなわち、日本国家の構造が平安京を中心とする正円形から、京都と鎌倉というふたつの中心を持つ楕円形に変化したとみなすのが正確だといえよう。

こう考えるならば、いかにこれまで永く使われ続けて愛着がある名だったとしても、「鎌倉時代」の時代名はふさわしくないどころか、誤りですらあることが理解される。野口実は本シリーズ第三巻において、この時代の名称としては「京・鎌倉時代」こそが相応しいと強調している（野口実・長村祥知・坂口太郎 二〇二二）が、これにはまったく同感である。本書では時代の実態を重視する立場から、「京・鎌倉時代」の時代名を積極的に使っていきたいのである。

当然のことであるが、日本の中世は武士が大きな力を握った時代であった。もちろん武士だけがこの時代の中心だったわけではないのであるが、少なくとも武士を無視して中世を語ることはできるはずがない。その場合、「幕府」と呼ばれる武士の政権が重要であることもまた論を待たないのである。

「幕府」とは何か

従来より、「幕府」は十二世紀末から十四世紀前葉の鎌倉幕府、十四世紀中葉から十六世紀中葉の室町幕府、そして十七世紀初頭から十九世紀中葉の江戸幕府の三者を指すのが常道であった。「幕府」という用語自体は、鎌倉殿源頼朝の居館を示す言葉としてすでに使われており（『吾妻鏡』建久二年三月四日条）、ことさらもの珍しいわけではない。ただし、それぞれの政権が「幕府」と自称していたわけではない。同時代においては、京都の朝廷は鎌倉幕府のことを「関東」、室町幕府のことを「武家」と呼ぶことが通例であった。また、室町時代において「幕府」という用語は京都の武家政権ではなく、関東公方《かんとうくぼう》（鎌倉公方）による東国の統治機構である「鎌倉府」を指していたという指摘もある（東島誠 二〇一九）。さらに、江戸幕府については「公儀《こうぎ》」という呼称が使われることが一般的であった。つまり、私たちが「幕府」という用語を使うとしたら、それは語源や当時の用例とは切り離して、あくまで歴史学の学術用語として扱わねばならないのである。

そうすると、ここで考えねばならないのは、私たちはなぜこれらの政権をあえて「幕府」という特殊な用語で呼ばねばならないのかということである。欧米では室町幕府や江戸幕府を「Ashikaga Dynasty（足利王朝）」「Tokugawa Dynasty（徳川王朝）」と呼ぶことがある。それにもかかわらず、なぜ私たちは「幕府」という呼称に親しみ、それを当然のように使うことになったのであろうか。それは、これらの政権が、前代の平安時代の朝廷（「平安王朝」）とも、また次代の明治政府とも異なる共通の特色を持っているからだといわざるをえない。

鎌倉幕府の成立年代については、たとえば次のような諸説がある（川合康 二〇〇四）。

治承四年（一一八〇）十二月十二日：頼朝が鎌倉の新邸に移り、東国武士団により「鎌倉の主」に推戴される。

寿永二年（一一八三）十月十四日：頼朝が朝廷より「寿永二年十月宣旨」を受け、東国支配権を公認される。

元暦元年（一一八四）十月：頼朝が公文所《くもんじょ》および問注所《もんちゅうじょ》を設置し、権力執行機関を成立させる。

文治元年（一一八五）十一月二十九日：頼朝、守護《しゅご》・地《じ》頭《とう》設置の勅許を受ける。

建久元年（一一九〇）十一月七日：頼朝、上洛して朝廷との関係を正常化させ、ついで権大納言《ごんだいなごん》兼右近衛大将《うこのえのたいしょう》の顕職を得る。

建久三年（一一九二）七月十二日：頼朝、征夷大将軍《せいいたいしょうぐん》に補任《ぶにん》される。

鎌倉幕府は、源頼朝の軍事勢力（近代史の用語を借りるならば「軍閥」）が発展したものであったことはまちがいない。しかし、頼朝軍閥の成立または拡大と、鎌倉幕府の成立とは同義語とみるべきではない。上記の諸年代はいずれも頼朝軍閥が拡大して「政権」というにふさわしい実質を備えていく画期としては十分に評価される。たとえば、世間では「以前の教科書では鎌倉幕府の成立は西暦一一九二年とされていて『イイクニ』だったのに対して、最近では西暦一一八五年『イイハコ』とされるようになった」ということが話題になる。これは文治元年（一一八五）に頼朝が朝廷から守護・地頭設置を承認されたことを指している。確かに、御家人を守護・地頭に任命する権限は鎌倉殿頼朝の権力の中核であり、学界でもここに大きな画期を認める説が有力となっている。ただし、それが本当に「幕府」の本質なのであろうか。

観点を変えると、治承四年（一一八〇）に頼朝が「鎌倉の主」となったことは、頼朝軍閥が東国に自立した政権を樹立（上横手雅敬 一九九一）したという点できわめて重要な画期であったことはまちがいない。ただ、それが「幕府」の成立と同義語かどうかは別問題である。ある地域を実効支配し、そこに自立した政権を打ち立てた武士勢力としては、平安時代中期の関東で「新皇《しんのう》」を称した平将門《たいらのまさかど》、平安時代末期の平泉の奥州藤原氏、戦国時代の戦国大名といった事例も挙げられるであろう。しかし、私たちは新皇平将門の政権、武田信玄《たけだしんげん》や上杉謙信《うえすぎけんしん》の分国支配機構を「幕府」と呼ぶことはないであろう。奥州藤原氏政権についてだけは、「奥州幕府」「平泉幕府」へと発展した可能性を想定する向きもある（斉藤利男 二〇一一、入間田宣夫 二〇一三）が、その構想が実際に実現したかどうかは不透明である。治承四年に頼朝が「鎌倉の主」となったことを高く評価するのはさしつかえないけれども、それが、明応四年（一四九五）ごろに伊勢宗瑞《いせそうずい》（「北条早雲《ほうじょうそううん》」と俗称される）が小田原城《おだわらじょう》を攻略して自立した分国支配へと踏み出したこととどう違うのか、よく考えてみる必要があるだろう。

「幕府」を規定する諸条件

「幕府」とはいったい何だったのかについて、改めて考えてみよう。鎌倉幕府だけでなく室町幕府や江戸幕府までも含めた上で、その最大公約数的な特色を列挙すると次のようなものになるであろう。

①武士階級が主体となった政権、つまり軍事政権である。
②貴族政権（朝廷）の一部とはいえない自立性を保っていた。
③「政権」と呼ぶことができるだけの行政機構を完備していた。
④その首長は、「征夷大将軍」のような武家の棟梁にふさわしい官職、称号または権威を保持していた。

ただ、こうした条件にさらに、「武士による全国政権」という基準を付け加えようとする見解もあるかもしれないが、それはふさわしくない。承久の乱までの鎌倉幕府の西国《さいごく》支配はまったく脆弱《ぜいじゃく》なものであったし、乱を収めた後も鎌倉幕府が全国を完全に掌握したわけではない。戦国期の室町幕府は日本全国の実効支配の力を失っており、その権力は主として京都を中心とする畿内《きない》の範囲だけにとどまっていた。幕府といえども、必ずしも「全国政権」だったわけではないのである。

ここで重要なのは、この①〜④だけでは、「幕府」を定義するのにはふさわしくないことである。前述したさまざまな歴史上の軍閥を見ても、承平《じょうへい》・天慶《てんぎょう》の乱の時の平将門の勢力は付き従う人々に官職を与え、将門自身は「新皇」を称しており、この点でも四つの条件を満たしたとみなせないこともない。平泉の奥州藤原氏政権は、武士階級が主体であり、自立しており、行政機構を完備しており、第二代当主の藤原基衡《もとひら》や第三代の清衡《きよひら》が武士の最高位とみなされていた鎮守府将軍の官職を持つなどといった点で、四つの条件を備えている。戦国大名にしても自分の分国はきっちりと支配していたし、その中には武士としては栄誉ある官職を公認されていた者もいる。しかしそれでもなお、私たちは、将門政権や平泉政権、戦国大名の分国支配機構を「幕府」と呼ぶことには抵抗を覚えるのである。

結論を急ごう。武士の政権というだけの枠組みの中で「幕府」を定義づけるのは不可能である。繰り返すが、武家単独の話で済むならばそれを「幕府」などと名付けてはならないのであり、世界の他の国で通有のように「王朝」や「政権」と呼べばいいだけの話になる。それにもかかわらず私たちが日本史においてだけ「幕府」という用語をあえて使用するのは、武家政権である幕府とは別個に、天皇を頂点に戴く貴族政権である朝廷が存在しているからにほかならない。天皇が政治権力のほとんどを喪失した江戸時代においてすら、天皇と朝廷は厳然として存続し続けていた。つまり「幕府」とは「朝廷」とセットになる概念でなくてはならないのである。それは、単に朝廷から東国支配を公認されただけというものではなく、より踏み込んだ形で朝廷とかかわる必要があるのである。

つまり、その場合、「幕府」の条件としては、前述の①～④に加えて

⑤王権、つまり天皇（治天の君たる上皇を含む）とその政府である朝廷、さらにはその首都である京都の軍事的守護者。

という要件が絶対に必要なのである。文治元年（一一八五）に頼朝が守護・地頭設置の勅許《ちょっきょ》を受けた

ことは鎌倉幕府の軍権の公認という点で大きな画期であったことはまちがいないが、それもやはり朝廷と首都京都の安定を保証できるということが前提となっていた。振り返ってみると、歴代の「幕府」はすべて、⑤の条件を高く掲げていた。源頼朝は自らの軍事行動の拡大について、正統の王権の保持者である後白河法皇を守護するためだという建前を崩すことはなかった。鎌倉幕府は御家人たちに、内裏《だいり》を守護し京都の治安維持にあたる京都大番役《きょうとおおばんやく》を最重要の義務として課していた。室町幕府の足利将軍は天皇と密接な関係を保ちつつ、「王家の執事」としての役割を積極的に果たし続けた（石原比伊呂 二〇二〇）。江戸幕府は天皇と朝廷の政治的権限は極小に抑えたけれども、他方では朝廷との良好な関係を維持することに細心の注意を払い続けた。幕末の江戸幕府は「尊王・公武合体」を国是とし、最終盤では江戸よりも京都に政治的重心を遷していた。

もちろん、鎌倉幕府が承久の乱の勝利の後で仲恭《ちゅうきょう》天皇の廃位と後鳥羽《ごとば》・土御門《つちみかど》・順徳《じゅんとく》の三上皇の配流を断行したり、元弘《げんこう》の変を起こした後醍醐《ごだいご》天皇を光厳《こうごん》天皇と交替させたり、また室町幕府の樹立を目前にひかえた足利尊氏《たかうじ》が後醍醐天皇に迫って持明院統の光明《こうみょう》天皇に譲位させたりするなどという事件はしばしば起こった。しかしそれはあくまで自らと対立する天皇個人の追放や、反幕府派貴族の朝廷からの放逐というところに留まっていた。武家政権が天皇および朝廷という制度そのものを廃止しようと試みることは、日本の歴史上ではついに一度もなかったのである。

もちろん、天皇と朝廷は室町時代以降には次第に政治権力を喪《うしな》っていき、江戸時代には政治の表舞台からは完全に排除される。そうした事実がある中で、⑤の条件にこだわるのはあまりにも形式主義にすぎるという批判は成り立つであろうし、そうした立場に立脚することまでも否定するわけではない。ただ、その場合には、足利氏や徳川氏の政治組織をあえて「幕府」と呼ばねばならない必然性は消失する。要するに「幕府」という言葉は、史上に存在したいくつもの政権の中から①〜⑤の条件を兼ね備えるものを選び出し、その側面を強調して表現する際にのみ用いることができる名称なのである。

一方、武家政権が政治情勢の変動によって⑤の条件を満たせなくなることはあった。室町幕府の将軍足利義昭《よしあき》は天正元年（一五七三）に織田信長《おだのぶなが》によって京都から追放されたが、義昭はその後も征夷大将軍の職を保持し続け、中国地方の毛利《もうり》氏の庇護を受けながら京都回復の野望を諦めなかった。この段階の義昭の政治機構を「鞆幕府《ともばくふ》」と呼ぼうという説がある（藤田達生 二〇一〇a）。義昭がある程度の政治活動を行っていたことは事実ではあるが、この時期の義昭は天皇と京都の守護権を喪失してしまっている。「幕府」の定義の中に条件⑤が必要だという私見による限り、義昭の政治機構は「幕府」としての条件を満たせなくなっており、その点では幕府ではなく亡命政権として評価するほかはないと思う。

逆に、この定義に基づくならば、織田信長による「安土幕府《あづち》」、豊臣秀吉《とよとみひでよし》による「聚楽《じゆらく》・伏見《ふしみ》幕府」は認められることになるだろう。信長や秀吉の政権が武士を主体とし（条件①）、また独自の行政機構を持っていた（条件③）ことは確かである。信長や秀吉は征夷大将軍職を得ることはなかったものの、それに代わる官職や権威ある称号は保持していた（条件④）し、天皇と京都を守護するという役割は確かに果たしている（条件⑤）。ただ、秀吉が公家の最高職である関白および太政大臣となったことで、②の武家政権としての自立性について疑う向きはあるかもしれない。これは足利義満《よしみつ》が武士のみならず公家社会をも統率し、その政権が「公武統一政権」と呼ばれる（早島大祐 二〇〇六）ことも同様であろう。ただ、秀吉や義満が公武の頂点に立ったといってもそれは彼ら個人の兼任という点にとどまっていたり、公武統一政権の内実はあくまで幕府による朝廷の権限の吸収という意味であって、朝廷と幕府というふたつの機構が完全に融合し同一化したとまでは認められない。その点で②の条件は満たされていると考えねばならないであろう。

一方、頼朝の武門のライヴァルであった源（木曽）義仲は寿永二年（一一八三）七月に京都に侵攻して平家を都落ちに追い込み、京都を軍事的に抑えることに成功し（条件⑤）、さらに翌寿永三年一月には征東大将軍に任じられた（条件④）。しかし義仲は未だ「政権」と呼ぶにふさわしい行政機構（条件③）も、朝廷からの自立性（条件②）も備えることができてはいなかった。その点で、義仲の軍閥を「幕府」と呼ぶわけにはいかないのである。

なお、髙橋昌明は、平家による政権を「六波羅幕府」と呼ぶ説を提唱している（髙橋昌明 二〇一三）。魅力的な学説であるし、平家が天皇と京都の守護という条件⑤や、条件①・④を充当していたことは確かである。これに加えて、政権としての自立性の確立や朝廷とは別個の行政機構の整備という条件②・③を満たしていることが承認されるならば、「六波羅幕府」という概念は成立するであろう。

鎌倉「幕府」の成立時期

では、この定義によるならば、鎌倉幕府の成立時期はいつになるであろうか。頼朝は関東の武士団を糾合し（条件①）、鎌倉において自立し（条件②）、政所や問注所といった統治機構を整備し（条件③）、さらには御家人たちから「鎌倉殿」の尊称で呼ばれるとともに、寿永二年十月宣旨によって朝廷の国家公権の中における東国の軍事的支配者としての役割を公認された（条件④）。しかしそれだけではまだ「幕府」とは呼べない。それが大きな変貌を遂げるのは元暦元年（一一八四）である。頼朝は弟の範頼《のりより》と義経を代官として軍事上洛させ、同年一月二十日には源義仲を粟津《あわづ》の戦いによって敗死させた。範頼と義経は勝利を得るやすぐさま京都に入って後白河法皇に拝謁し、義仲に替わって京都の治安を維持する権限を与えられた。この瞬間、頼朝勢力は単なる地方の軍閥の域を脱し、王権と首都京都の守護者（条件⑤）、すなわち「幕府」への昇華を遂げたのであった。

鎌倉「幕府」の成立、それは元暦元年一月二十日だった。

2　京・鎌倉時代の大内裏と内裏

京・鎌倉時代の内裏（大内）

京・鎌倉時代の京都の都市構造は、基本的には前代の平安時代後期のそれを引き継いでいる（図28）。ただ、大きな違いがあるとすると、平安宮《へいあんきゅう》内裏（「大内《おおうち》」と呼ぶ）の有無であろう。大内は平安時代においては変わらずに本来の皇居として考えられてきた。保元二年（一一五七）に信西入道《しんぜいにゅうどう》藤原通憲《みちのり》の指揮のもとで再建された第十六次内裏は、治承元年（一一七七）の太郎焼亡《たろうじょうもう》でも難を逃れることができた。ところが、文治元年（一一八五）七月九日の大地震によって第十六次内裏の建物は大きく損壊し、同年の年末まで余震が頻発して京都の人々は不安な日々を過ごすことになる。使用に不便が感じられるようになったため、同五年（一一八九）には源頼朝が修造にとりかかり、翌建久元年（一一九〇）正月までにはこれを完成させている（第十七次内裏）。

平安宮内裏の西辺にあたる京都市上京区下立売通《しもたちうりどおり》浄福寺《じょうふくじ》西入ル田中町では、二ヵ所において内裏の内郭廻廊《ないかくかいろう》の基壇《きだん》が発掘されている。ひとつは下立売通の北側の地点で、ここでは平安時代初期の八世紀末および平安時代前期の九世紀中葉の基壇が確認された。この調査成果によると、平安京遷都当初の内裏内郭廻廊基壇は凝灰岩《ぎょうかいがん》の切石で作られていた（京都市埋文研編 一九九五c・一九九六b）。しかし、九世紀中葉の内裏再建では、内郭廻廊基壇は土積みの形に改築されている。そして、十世紀末の火災でこの基壇も廃絶してしまった。その上は平安時代後期（十二世紀）に全面的に整地されており、これが信西入道が再建した保元二年（一一五七）の第十六次内裏の工事を表しているのだと思う（図29）（山田邦和 二〇〇九a）。

内裏内郭廻廊の遺構が確認されたもうひとつの地点は下立売通の南側で、京・鎌倉時代初期にあたる基壇が検出されている（図29）（甲元真之・伊藤玄三 一九七六）。この基壇は、文治五年（一一八九）に工事が始まった第十七次内裏のものだと推定される。ここで面白いのは、この遺構に使われている石材

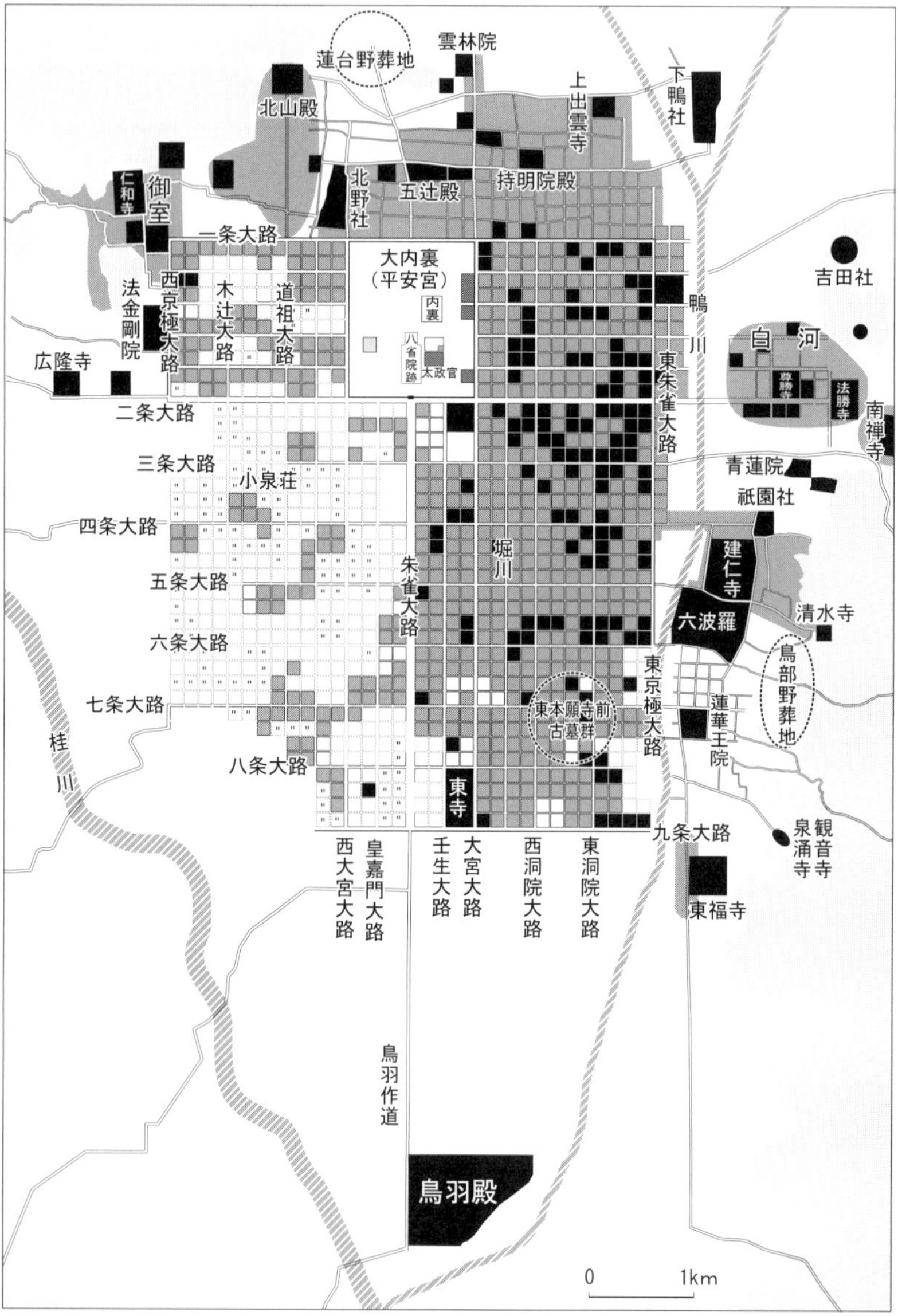

図 28　「京・鎌倉時代の平安京」復元図　山田邦和 2016a に拠る

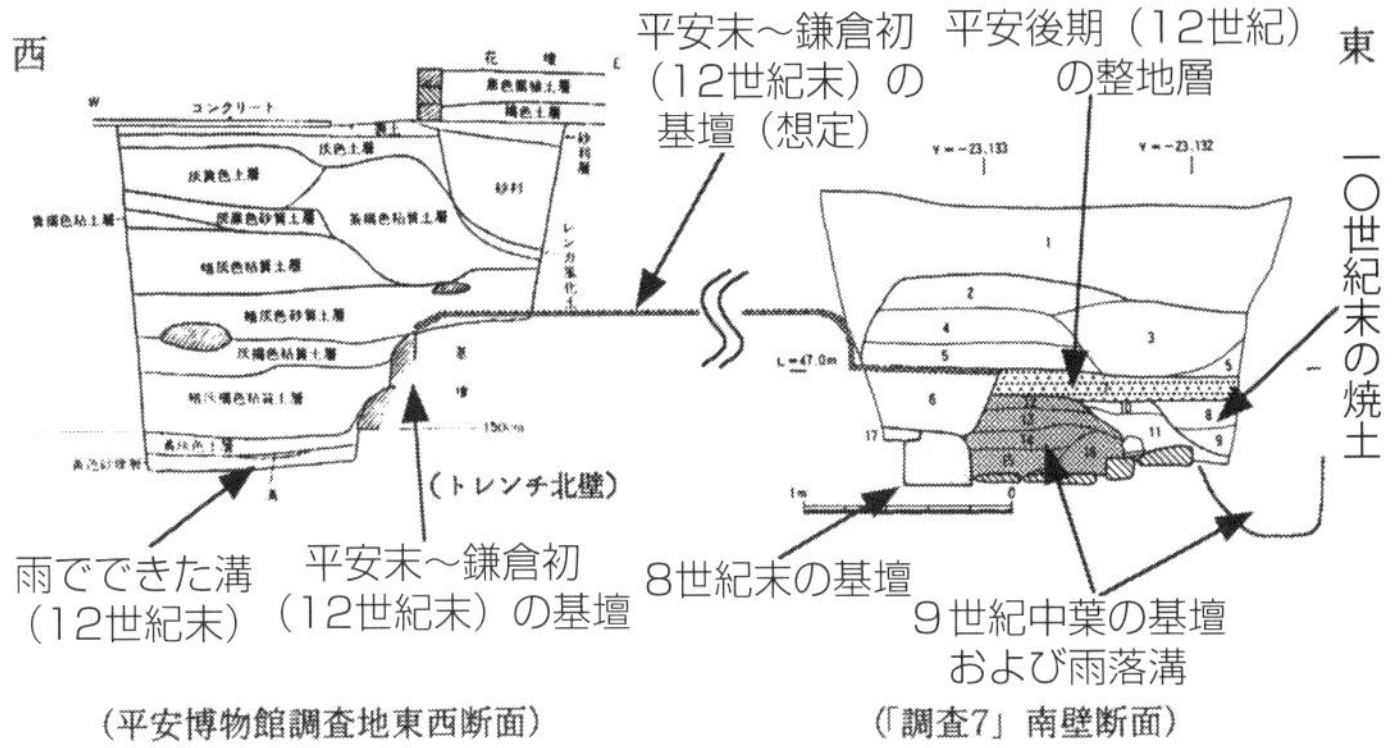

図29　平安宮内裏内郭廻廊　山田邦和2009aに拠る

は角がない状態にまで摩耗してしまっている上に、石と石もまったく噛み合っていないことである。つまり、この時の内裏の再建工事では、新規に石材を調達したのではなく、それまで使われ続けてすり減ってしまった既存の石材を寄せ集め、それらを適当に組み合わせるだけで事足れりとしたわけである。これを、資材の再利用を徹底的に進めた合理的思考の産物と考えるか、それとも手抜き工事と見るべきかの判断は難しいが、いずれにせよこうした省力化がなされたからこそ工事がスピーディに進んだということは言ってもよいであろう。

建久九年（一一九八）から承元四年（一二一〇）まで在位した土御門《つちみかど》天皇は、閑院をふだんの皇居としながらも、方違《かたたがえ》などの機会があるたびに頻繁に大内へ入っており、その回数は実に約三十回にも及んだ。またその時期には、大内裏の正門である朱雀門《すざくもん》も転倒や焼失のたびに再建を繰り返しており、大内裏重視の傾向が顕著である。土御門天皇はまだ若年であったから、こうした方針は、院政を敷いていた後鳥羽上皇の意向にもとづいたものだったのであろう。上皇は伝統的な都の中枢である大内裏の存在を際立たせることにより、自らの王権の強化をはかろうとしたのだと思う（山田邦和 二〇〇九a）。

ところが、承久元年（一二一九）七月十三日、後鳥羽上皇が突然、大内守護《しゅご》の任にあった右馬権頭《うまのごんのかみ》源頼茂《よりもち》に向けて兵を差し向けるという事件が勃発する。これは、同年一月二十七日に鎌倉の征夷大将軍源実朝《さねとも》が暗殺されて将軍職が空位になったことを受け、源頼政《よりまさ》の孫である頼茂が将軍就任への野望をあらわにして上皇の不興を買ったためと伝えられている（『愚管抄』巻六）し、また、上皇が鎌倉幕府の執権北条義時《ほうじょうよしとき》の追討を計画していることに頼茂が気づいたためであるという憶測もなされているが、真相はよくわからない。ともあれ、頼茂は大内守護の在所としていた内裏の昭陽舎《しょうようしゃ》にいたところを襲撃される。上皇からすると頼茂の殺害というよりも捕縛を命じただけではなかったかとも思われるが、ここで予想外のアクシデントが起きる。頼茂がやすやすと逮捕されるのではなく、内裏仁寿殿《じじゅうでん》に立て籠もって抵抗したあげく、殿舎に火をかけて焔の中で壮絶な自死を遂げたのである（『吾妻鏡』同年七月二十五日条）。これにより、第十七次内裏の多くの建物は、そこに納められていた累代の宝物とともに焼失してしまうのである。後鳥羽上皇の真意がどこにあったにせよ、内裏の焼失という重大事に発展してしまったのは、上皇にとって手痛い失策となってしまったことはまちがいない（桃崎有一郎 二〇二〇a）。

また、このころには平安宮八省院《はっしょういん》を再建しようとする計画（山田邦和 二〇一九）も動いており、内大臣藤原（九条）道家《みちいえ》は自分が生きているうちに大極殿を再び見ることができるのはまことにめでたいことであると書き記している（『玉蕊』建暦二年十二月十一日条）。しかし、八省院再建の実務にあたることになった播磨守《はりまのかみ》藤原忠綱《ただつな》が源頼茂の事件に連座して追放されてしまうというアクシデントが起こり、結局は八省院再建は計画倒れに終わってしまった。

平安宮内裏のほうは、頼茂の事件で焼失した翌年の承久二年（一二二〇）に入るころから再建工事が開始され、同年十月十八日には主要な建物の上棟が行われている。これが第十八次内裏である。ところが、同三年（一二二一）五月に勃発した承久の乱は後鳥羽院政の崩壊という結果に終わり、推進者を失った第十八次内裏の工事は停滞を余儀なくされる。そして、安貞元年（一二二七）四月二十二日、大内裏の東方の土御門大路と町小路の交差点付近から火事が発生、その火焔は折りからの東風に吹かれて内裏の工事現場をも飲み込んでしまった。これにより第十八次内裏は未完成のまま焼失し、ここに平安京遷都以来四百数十年にわたって受け継がれてきた平安宮内裏は永遠に姿を消してしまったのである。平安宮の八省院を烏有《うゆう》に帰した太郎焼亡（安元《あんげん》の大火）は治承元年（一一七七）四月であったから、そこから数えると奇しくもちょうど五十年目にあたるという節目の時であった。

「内野」の成立

こうして、平安宮はその主要部分である八省院や内裏を失い、多くの官衙が撤退していったことによって空閑地が目立つようになっていき、全体が「内野《うちの》」という異称で呼ばれるようになった。ただ、鎌倉幕府は在京の御家人に対して「乗車して洛中を往反せしむる事、又大内の旧跡を憚《はばか》らず、内野を以て馬場に用ふる事、旁其恐れ有るに依りて、停止《ちょうじ》す可きの由、今日仰下《おおせくだ》さる」（『吾妻鏡』天福元年五月十九日条）として、内野で馬を乗り回すことを禁止している。

この理由として内野に平安宮内裏（大内）の跡が含まれているため、それを憚るべきだとしていることは興味深い。たとえ空閑地が目立ったとしても、大内裏は王権にかかわる神聖な場所として認識されていたことを示しているからである。都市の中心部にこうした広大で特殊な意味を持つ空間が広がっていたのは、世界の他の都市では見られない京・鎌倉時代の平安京の特徴的な構造であると思う。

それに、京・鎌倉時代にあっても平安宮のすべての建物がなくなってしまったわけではない（山田邦和 二〇〇九a、髙橋昌明 二〇一五）。まず第一に、平安宮の正門である朱雀門は京・鎌倉時代中期の十三世紀中葉まで再建を繰り返し、健在ぶりを示していた（『平戸記』仁治三年十一月十三日条）。また、大内裏の築垣《ついがき》を修造する官であった「修理左右宮城使《しゅりさゆうきゅうじょうし》」は十三世紀中葉まで活動を続けていた（詫間直樹 一九八八）。朱雀門にとりつく大内裏の南辺の景観はこうして維持され続けていたのであろう。さらに、朱雀門の建物が消滅した十三世紀後半から十四世紀初頭においても、朱雀門の基壇だけは残されており、そこでは春日神社への行幸のための大祓《おおはらえ》が実施されたり（『続史愚抄』弘安九年三月二十四日条）、亀山《かめやま》法皇と宇多《うだ》上皇が後二条《ごにじょう》天皇の大嘗会《だいじょうえ》での標《ひょう》の山の巡行を見物する（『続史愚抄』正安三年十一月二十日条）など、さまざまな儀式や行事の場として使われていたのである。

また、左近衛府《さこのえふ》、左兵衛府《さひょうえふ》、外記庁《げきちょう》、典薬寮《てんやくりょう》、陰陽寮《おんようりょう》の神社などは十三世紀まで確実に存在したし、太政官庁《だいじょうかんちょう》、神祇官庁《じんぎかんちょう》、真言院《しんごんいん》にいたっては十五世紀にいたるまで存続し続けている。特に太政官庁は十三世紀前半までは大極殿に代わる天皇の即位式の舞台として重要な役割を果たしていた。

さらに、平安宮八省院は、建物が廃絶した後にあっても、十五世紀前半の後花園《ごはなぞの》天皇の時代にいたるまで、歴代の天皇の大嘗会の会場として使われていた。いうまでもなく大嘗会は、天皇即位後の最重要儀礼のひとつであった。平安時代にあっては大嘗会は、八省院の龍尾道《りゅうびどう》（龍尾壇）の南側に仮設の大嘗宮《だいじょうきゅう》を建設し、そこで行われていた。そして、京・鎌倉時代や室町時代前期までにおいても、大嘗会は必ず平安宮八省院跡において実修され続けたのである。おそらくこの時代にも八省院の建物の基壇や礎石は残っており、それがかつての八省院の建物配置を記憶するよすがとなっていたのであろう（山田邦和 二〇一九）。

新しい内裏としての閑院

安貞元年（一二二七）に第十八次内裏が未完成のまま焼失した後、それに替わるべき新しい内裏とされたのが、閑院であった（野口実 二〇〇七、野口実・長村祥知・坂口太郎 二〇二二）。この邸宅は平安時代前期に藤原冬嗣《ふゆつぐ》が創設し、藤原氏一族に伝えられていった名邸であった。閑院は平安時代後期には堀河《ほりかわ》天皇の、さらには平安時代末期から京・鎌倉時代初期にかけては高倉《たかくら》、安徳《あんとく》、後鳥羽、土御門の各天皇の里内裏《さとだいり》ともなっている。これらの天皇は閑院を皇居としつつ、儀式や方違行幸の際にだけ平安宮内裏に移るということを繰り返したのである。建保元年（一二一三）の再建では、「本は尋常の式の屋に松殿（藤原基房《もとふさ》）作らせ給ひたりけるを、この度あらためて大内に模して、紫宸《ししい》、清涼《せいりょう》、宜陽《ぎよう》、校書殿《きょうしょでん》、弓場《ゆば》、仁の座など、要須の所々たてそへられける」（『古今著聞集』巻十一）とある通り、それまでの寝殿造《しんでんづくり》から「内裏造《だいりづくり》」（平安宮内裏に倣《なら》った建物配置）に改められたのであった（太田静六 一九八七）。これが、後鳥羽《ごとば》天皇から後深草《ごふかくさ》天皇にいたる京・鎌倉時代中期までの歴代の天皇によって皇居とされた「閑院内裏《かんいんだいり》」であった。

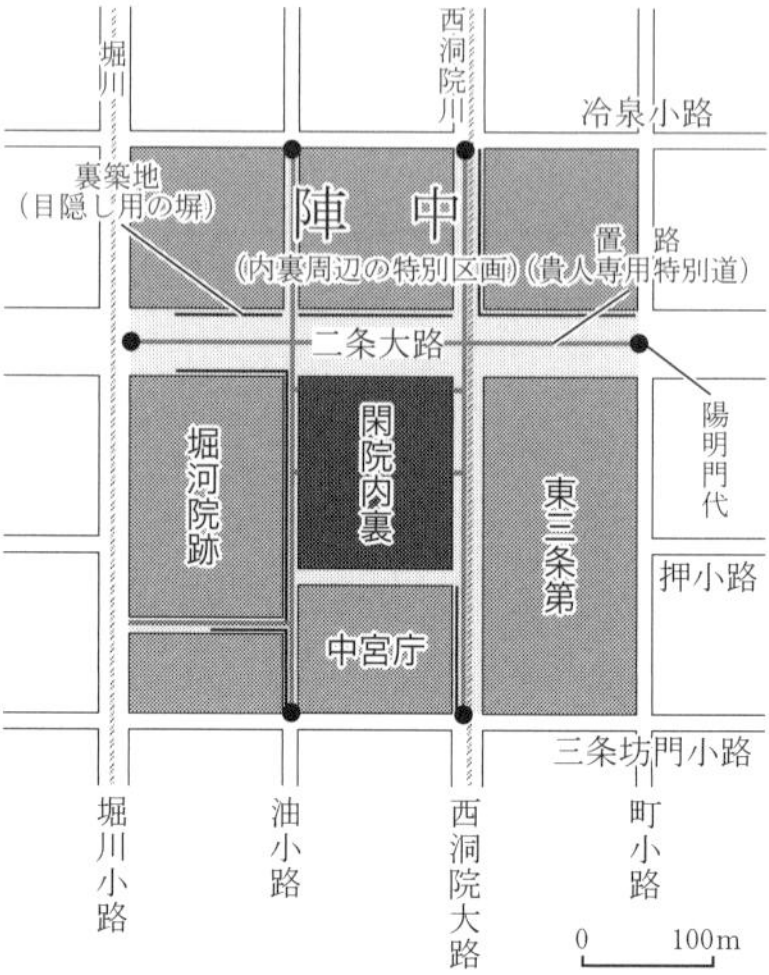

図30　閑院とその陣中　野口孝子2004に拠り作成

従来の説では閑院の規模は左京三条二坊十五・十六町の二町だと考えられてきたが、実際には一町規模の敷地を、その南側に少しだけ拡張したものであったことが知られるにいたった。つまり、北を二条《にじょう》大路、東を西洞院《にしのとういん》大路、西を油小路《あぶらのこうじ》に囲まれた左京三条二坊十六町を主とし、南だけは押小路《おしこうじ》（幅四丈）を取り込み、さらに十五町の北端に八丈分だけ食い込んでいた。すなわち、閑院内裏は東西四十丈（約一一九・四メートル）、南北五十二丈（約一五五・二メートル）の規模だったことになる。

平安時代後期の里内裏においては、その周囲の三町（約三七五メートル）四方の地が本来の大内裏の空間に擬した特別区画に指定されるのが通例であった（図30）。この区画は「陣中《じんちゅう》」と呼ばれ、また周囲から陣中に入る部分は「陣口《じんぐち》」といわれていた。閑院内裏においてはそうしたありかたがますます強化された。閑院の陣中のうち、二条大路と町小路の辻の陣口は「陽明門代」として、大内裏の陽明門に替わるものとして位置づけられた。さらに、閑院内裏の陣中の道路の中央には「置路《おきみち》」と言われる貴人専用の特別道路が設置されるとともに、閑院の周囲には「裏築地」という目隠し用の塀《へい》が設けられるなど、皇居周辺の区画を京内の特別空間として可視化することに意が注がれていたのである（野口孝子 二〇〇四、飯淵康一 二〇〇四）。

こうして閑院内裏は、安貞元年に平安宮内裏が焼失した後、正元元年（一二五九）に放火によって焼失するまでの三十二年間、名実ともに本内裏として扱われ続けたのである。

閑院内裏が焼失してから半世紀ほどの間は、本内裏が造営されることはついぞ見られなかった。この時代、皇居は「里内裏の時代」を迎えたのである。

二条富小路殿の建設

さらに、弘安十年（一二八七）の伏見《ふしみ》天皇の即位と後深草上皇の院政開始により、皇統が持明院統《じみょういんとう》と大覚寺統《だいかくじとう》に分裂する両統迭立《てつりつ》の時代に突入することになる。そうなると、里内裏や院御所はその時の天皇や院の皇統にゆかりの深い邸宅が宛てられることになり、一ヵ所に定まらなくなる。たとえば、二条富小路殿《とみのこうじどの》（左京二条四坊十三町）は持明院統に、二条高倉殿《たかくらどの》（左京三条四坊一町）や大炊御門《おおいみかどまでの》万里小路《こうじ》殿《どの》（左京二条四坊十一町）は大覚寺統に伝領され、それぞれの皇統に属する天皇や院の御所となっている。

十四世紀前半に入り、こうした状況は大きく変化する。花園《はなぞの》天皇の正和元年（一三一二）、鎌倉幕府が内裏造営のための費用を献上すると申し出てきたため、それをきっかけとして新しい本内裏の建設の機運が高まったのである。新造内裏の建設地としては累代の皇居であった閑院の跡地なども候補に挙げられたのであるが（『続史愚抄』同年六月二日条）、結局は当代の花園天皇の里内裏であった二条富小路殿を造営し直すことに決し、文保元年（一三一七）にそれは見事に完成したのであった。この新しい内裏の建物は、以前の本内裏である閑院のそれを若干縮小しただけで、ほぼそれに準じて再現した

図31　二条富小路内裏址石碑
著者撮影

ものであった。これは、二条富小路殿が特定の皇統に属する里内裏の域を脱し、新しい正式の内裏と認識されるようになったことを意味している（山田邦和 二〇一九）。花園天皇は、久しく失われていた本内裏が自分の時代に甦ったことを、大きな感激をもって日記に書き記したのであった（『花園天皇宸記《はなぞのてんのうしんき》』文保元年三月三十日条）。なお、この二条富小路殿は『花園天皇宸記』同年四月十九日条に「富小路西、二条北」とあり、そうすると左京二条四坊十二町にあったことになり、それを採用して中京区富小路《とみのこうじ》通《どおり》夷《えびす》川下ル鍛冶屋町には「二条富小路内裏《にじょうとみのこうじだいり》址」の石碑《せきひ》が立ち（図31）、またその隣接地の柳馬場通《やなぎのばんばどおり》二条上ル六丁目にはその名を伝える「富小路殿公園」が作られている。ただ、実はこの内裏を「富小路西」としたのは花園天皇の書き間違いであり、実際には二条富小路殿は富小路東、東京極《ひがしきょうごく》大路西、二条大路北、冷泉《れいぜい》小路南の左京二条四坊十三町に存在したのである（川上貢 二〇〇二）。

3　京・鎌倉時代の平安京

京・鎌倉時代の仏堂

平安時代から引き継いで、京・鎌倉時代にも平安京やその周辺には続々と仏堂が建てられていった。

右京六条一坊六町では、町の西部に一辺約一一・五メートルの方形の礎石建ちの仏堂（SB79）が存在した（図32）。建物は一旦焼失した後に再建されているが、最初の建物は三間×三間の身舎《もや》の東に庇《ひさし》と縁《えん》、南に庇が付くという構造だったらしい。周囲には石列を伴う雨落ち溝が巡る（京都市埋文研編 二〇〇二a・二〇〇八b）。その東側にも同じくらいの規模の整地（SX8）が存在しており、これも同様の仏堂の地業《じぎょう》だったかもしれない。左京九条三坊八町では、西南隅の西四行北七・八門のところに三間四面庇の礎石建ちの仏堂（建物4）が建てられている（図33）。規模は南北約一一・〇メートル、東西約一二・四メートルをはかる。礎石据付穴の下部には拳大の礫を充塡した壺地業を作り、さらに建物の下部には拳大の礫と砂を詰め込んだ湿気除きの地業までも備えるという丁寧な造作を行っている。その構造からみて仏堂と考えてよいが、遺構の周囲からの瓦の出土が少ないため、屋根は板葺や柿葺といった瓦を使わない形式のものだったと推定されている（京都市埋文研編 二〇一八a）。

鎌倉幕府の初代執権北条時政《ほうじょうときまさ》は元久二年（一二〇五）閏《うるう》七月の「牧氏の変」によって失脚して伊豆《いず》に退き、建保三年（一二一五）にそこで死去した。ただ、時政の死後、その正室であった牧《まき》の方《かた》は権《ごん》中納言《ちゅうなごん》藤原国通《くにみち》と再婚していた娘（初婚の相手は牧氏の変で誅殺された平賀〔源〕朝政《ともまさ》）を頼って上洛、人目を驚かすような派手な生活を送ることになる（野口実 二〇二二）。安貞元年（一二二七）、牧の方は亡夫時政の菩提を弔うために娘婿の国通の「有巣《ありす》河《がわ》（有栖川）家」に仏堂を建立し、多数の貴族を集めて時政の十三回忌の法要を行っている（『明月記』同年正月二十三日条）。「有栖川」という名の川は京都にはいくつか存在しているが、ここに登場する「有巣河」は北山《きたやま》に源流を持ち、船岡山《ふなおかやま》の西と南をか

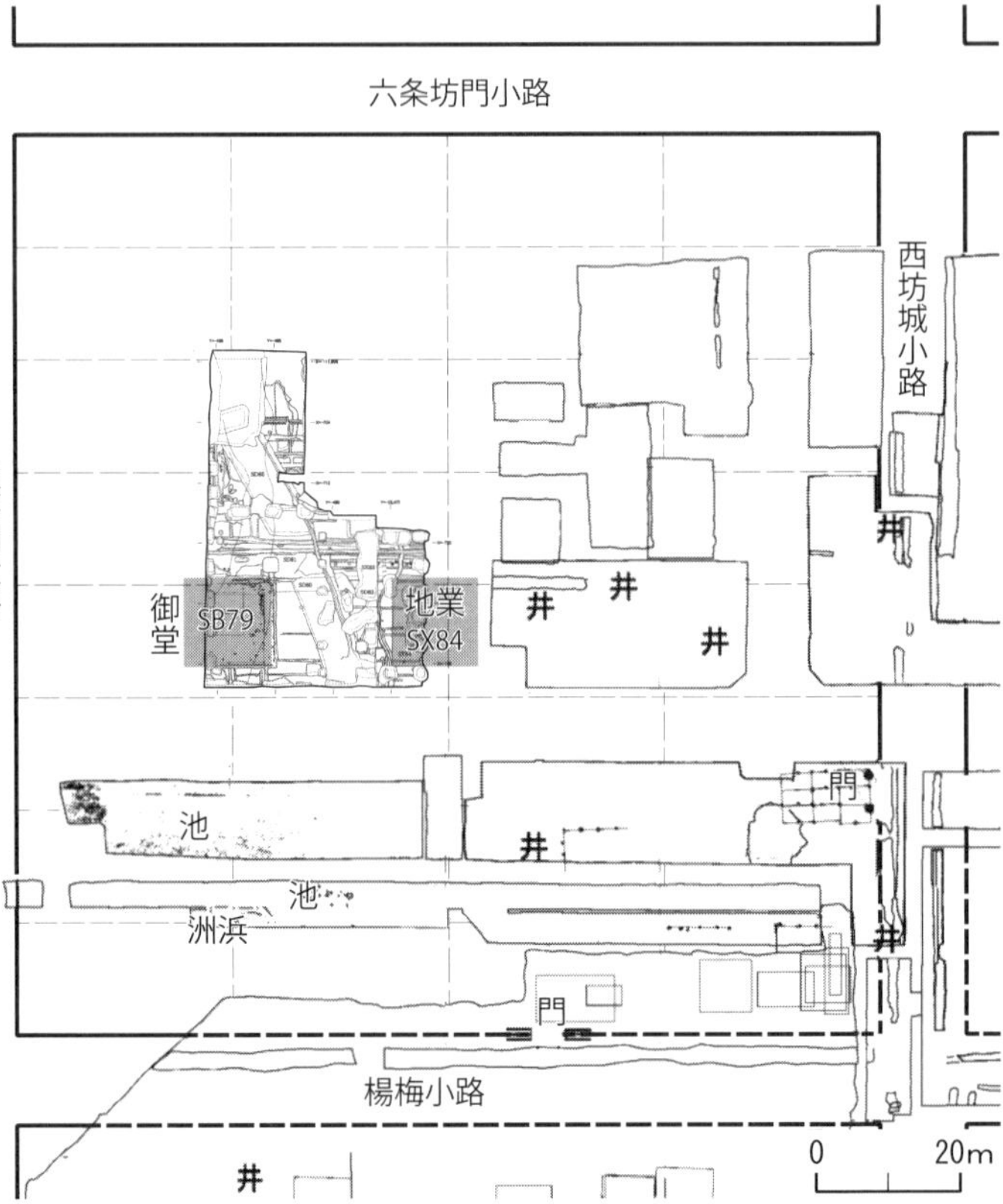

図 32　右京六条一坊六町　京都市埋文研編 2002a・2008b に拠り作成

すめ、さらに紫野《むらさきの》の賀茂《かも》斎院《さいいん》（角田文衞　一九八四）の側を流れて平安京の堀川《ほりかわ》に注ぎ込む川のことを指す可能性を考えたい。そうだとすると、国通の「有巣河家」は、平安京の北郊の紫野のあたりに存在した彼の別業だということになり、牧の方はそこに時政の堂を建てたのである。

幕府御家人と京都

京・鎌倉時代の京都の治安維持の責任を負ったのは鎌倉幕府の六波羅《ろくはら》探題《たんだい》であった。幕府は御家人に対して、皇居や院御所を警護する「京都大番役《おおばんやく》（内裏大番役、大内大番役）」や、京都の市街の警備にあたる「篝屋《かがりや》番役」といった、上洛して京都の治安維持に携わる仕事を課していた。こうした役目は「在京番役」と総称されている。それは頼朝時代には半年交代であったが、京・鎌倉時代後期には御家人の負担を減らすことを目的として、三ヵ月交代に短縮されたらしい。これこそが御家人の最重要の義務であったことは、幕府執権北条泰時《やすとき》が貞永元年（一二三二）に制定した『御成敗式目《ごせいばいしきもく》』の第三条において、諸国の守護の責務のひとつとして諸国の御家人を京都や鎌倉の大番に動員する「大番催促《おおばんさいそく》」が挙げられていることでも明らかである。在京番役は御家人が幕府の将軍に対して行う奉公のう

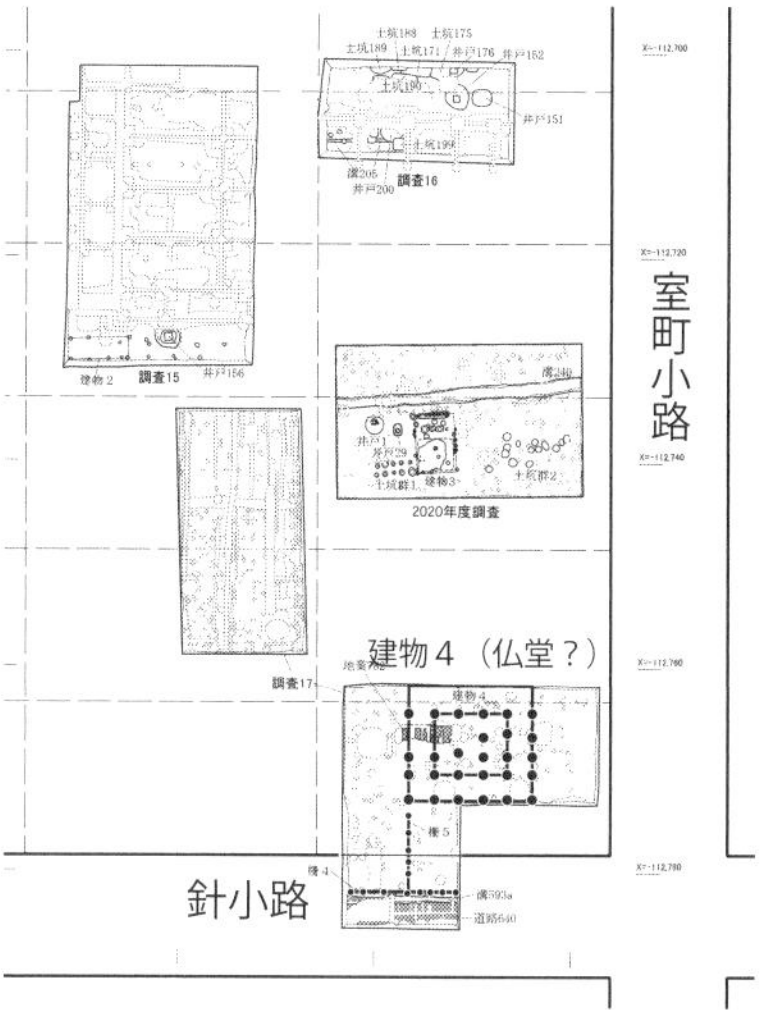

図33　左京九条三坊八町　京都市埋文研編 2018a に拠り作成

ち最も重要なものであり、これを忌避することは御家人としての身分を失い、その特権を剝奪されることを意味していた。これは、幕府の本質が王権と首都京都の守護というところに置かれていたことを考えると、けだし当然であろう。

篝屋番役は、暦仁元年（一二三八）に幕府が設けた制度であり、京都の四十八ヵ所の辻に「篝屋」を設置し、そこに上洛してきた御家人が詰め、夜間には篝火《かがりび》を焚いて治安維持にあたっていた。『一遍上人絵伝《いっぺんしょうにんえでん》』（一遍聖絵《いっぺんひじりえ》）（巻七）には外側に楯を並べた四条京極《しじょうきょうごく》（左京四条四坊十三町）の篝屋のありさまが描かれている。

御家人の不動産所有

こうした御家人たちが入れ替わり立ち替わり上洛してくるのであるから、京都の各所には彼らの宿所が営まれた。文献史料に「京地」「京住所」「京屋地」「京都敷地」「京都地」「旅宿」「宿盧《しゅくろ》」「上方屋敷」といった呼称で登場するのがそれである（木内正廣 一九七七）。たとえば、幕府の京都守護をつとめた平賀朝雅の宿盧は六角東洞院にあったし、有力御家人であった長沼宗政《ながぬまむねまさ》の京屋地は五条東洞院西南角（左京六条三坊十六町）に、また小山朝政《おやまともまさ》の上方屋敷は四条東洞院に存在している。もちろん御家人ごとに京都にやってくる頻度には差があったであろう。中には、本拠地と京都の間を頻繁に行き来したり、京都で重要な役職に就いていたり、さらには在京のほうが本拠地にいる時間よりも長くなるような御家人もいたであろうし、その場合、彼らは京都にも拠点となる屋敷を取得していたであろう。一方、そうしたつながりの薄い御家人の場合には、京都のどこかの屋敷を臨時に借用したり、土地を借りてそこに短期滞在が可能な建物を建てるといったやりかたが採られていたであろう。

地方の武士が京都に不動産を所有していた事例のひとつを紹介しよう（山田邦和 二〇一六a）。

「弘安八年沽却状」（著者所蔵）（巻頭図版1・図34）

　沽却し渡す　私領地壹所の事

五条坊門万里小路に在り〈万里小路より東、坊門《ぼうもん》より南〉

奥、南北拾五丈。口、四丈三尺内。万里小路　東より弐丈てへり

右、件の地は、遠江国中村字兵衛入道〈法名定光〉の私領なり。但し子息兵衛三郎在京の時買はせたるによりて、子息とは万寿か券には書ける也、又、万寿か類「書」カ、子息の判として候なり。然《しか》るに要用有るに依り、直銭参拾貫二百文に、永代を限り次第の証文を相副《そ》へ、三神氏女に沽却渡す所、実正なり。全以、他妨有る可からず。若《も》し不思儀の事出来の時は、請人等其沙汰に致す可すもの也、後日の為、証文の状、件《くだん》の如《ごと》し

弘安八年七月十八日

　沽主　兵衛入道定光（花押）

　請人　惟宗宗（定カ）直（花押）

京・鎌倉時代後期の十三世紀後半、遠江国の住人であった中村字兵衛入道定光《じょうこう》という人物が、京都の左京五条四坊十一町の北部（五条坊門小路の南、万里小路の東で五条坊門小路に向けて北面する）に東西四丈三尺（約一二・八メートル）、南北十四丈（約四一・八メートル）の土地を所有していた。これは、定光の息子の兵衛三郎

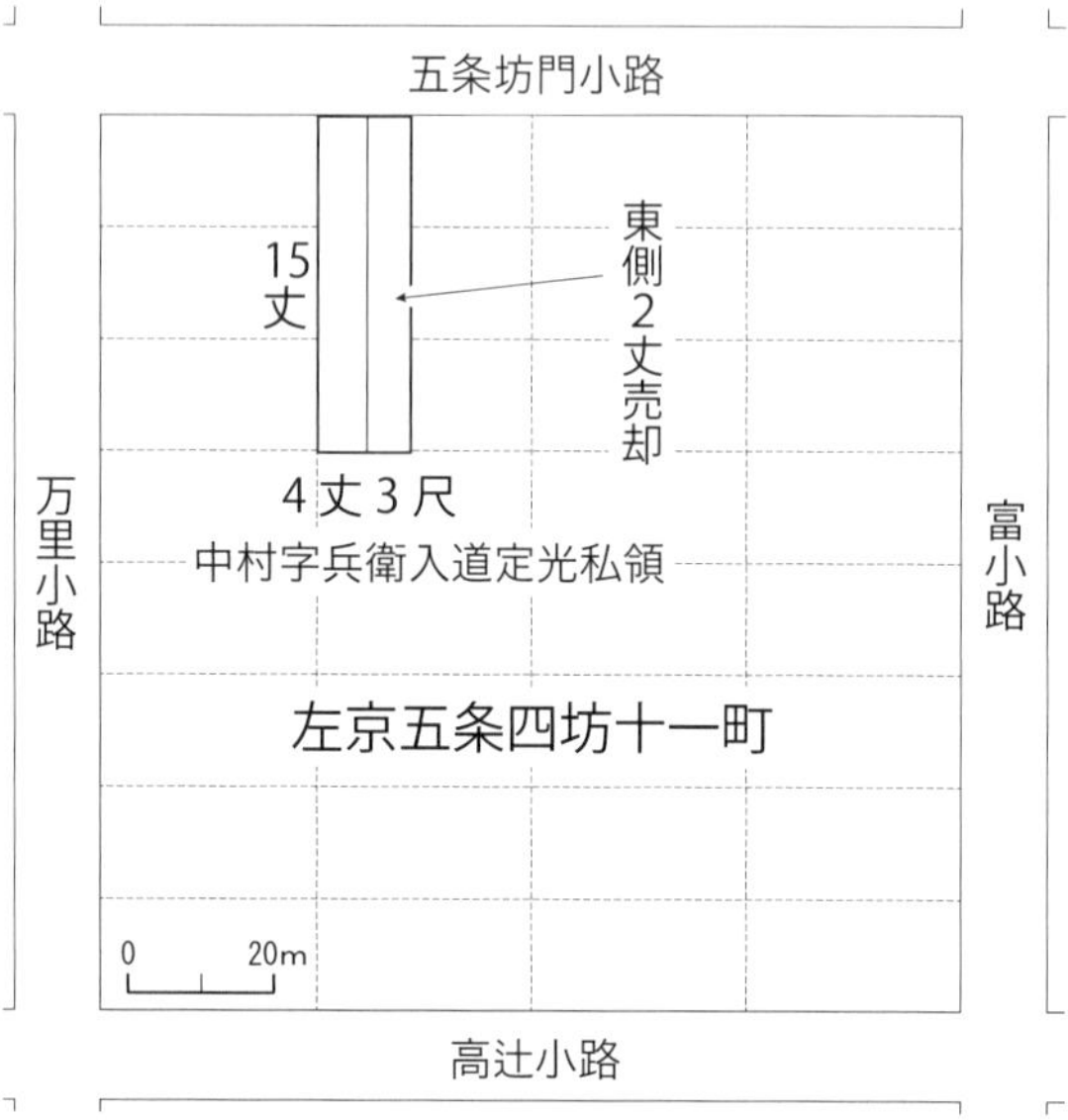

図34　弘安８年７月18日付「中村宇兵衛入道定光沽却状」の地点　著者作成

が在京していた時に取得したものであった。おそらく定光も息子の兵衛三郎も幕府の御家人であり、在京番役といった公的な責務や、その他の私的事情によってしばしば上洛しており、そのために京都に不動産が必要だったのだろう。ところが、弘安八年（一二八五）にいたると、定光にとってはこの土地の必要性が低下してきたらしい。彼は結局、この土地を東西に二分割し、東側の幅二丈分は「三神氏」の女に三十貫二百文で売却したのであった。西側の部分は定光が自家の用のために残したのだが、それは東西二丈三尺、南北十四丈というきわめて細長い短冊形の土地になったのである。ただ、当時の京都ではこうした長細い形の土地区画は決して珍しくなかったはずである。

市街地に進出する墓地

人工的に造られた巨大都市である平安京には他の地域に出自を持つ人々が大量に流入してきた。その場合、大きな問題となりうるのは、そうした都市民が亡くなった場合にどこに葬られるのかということである。元々の在地の民衆であるならば、死亡した場合にはその葬儀は所属する村落共同体が実施したであろうし、また葬られるのも地元の伝統的な墓地になるだろう。しかし、他所から移ってきた流動的な非在地系の都市民はそうした共同体を未だ作り上げておらず、そこでは当然のことながらまったく新しい葬法を採用せざるをえなかったのである。

平安時代初期にあっては平安京の都市民が死亡すると、その遺体は野山や川に無秩序に遺棄されるのが普通のことだったらしい。承和九年（八四二）、朝廷は嶋田（正確な場所は不詳）と鴨川《かもがわ》の河原に散乱していた髑髏《どくろ》を集めて焼かせているが、その総数は五千五百余頭にのぼったという（『続日本後紀』同年十月十四日・二十三日条）。ただ、都に隣接する鴨川の河原に無数の人骨が放置されているというのはさすがに景観上問題があったらしく、貞観十三年（八七一）には平安京の南西隅の外側の桂川《かつらがわ》の河原に山城国《やましろ》葛野郡《かどのぐん》と紀伊郡《きいぐん》それぞれの葬地を区画し、遺体の埋葬や遺棄はそこに限定して行うように定められている（『類聚三代格』巻十六所収「貞観十三年閏八月二十八日付太政官符」）。こうしたタイプの葬地は「佐比河原型《さいのかわらがた》葬地」と呼ばれている。さらに、葬礼すら出せないような貧しい人々の場合、平安京内の道路に遺体を遺棄するという風習が、平安時代を通じて見られていた。平安京の街路には、こうした遺体や人骨がころがっていたということになる（勝田至 二〇〇三）。

平安京が都市的に成熟するに伴い、新たな墓地・葬地が誕生した。京の近郊で、耕作地や集落が少ない「野」と呼ばれる土地が、自然に都市民の墓地・葬地とされるようになったのである。これには、嵯峨《さが》の西側の化野《あだしの》、平安京の北郊の蓮台野《れんだいの》などがあったけれども、その中でも最も重要なのは京の東郊で東山《ひがしやま》の山麓であった鳥部野《とりべの》（鳥辺野、鳥戸野）であった。そこで、こうした墓地・葬地を「鳥部野型葬地」と呼ぶことにしている（山田邦和 二〇〇九ａ）。鳥部野葬地は貴族から庶民までさまざまな人々が葬られたし、またその葬法も、整備された墓堂を作るもの、小さな墳丘を持って卒塔婆《そとば》を建てるものから、単に遺体を放置するだけのものなど、さまざまな形態がみられた。鳥部野型葬地は被葬者の範囲や階層を限定しない、まさに平安京ならではの大規模複合的葬地だったのである。

平安時代中期における鳥部野の葬地の一部は、現在の東山区五条橋東五丁目の若宮八幡宮《わかみやはちまんぐう》の西に隣接する場所での発掘調査で確認されている（五〇ページ図19）（文化財サービス編 二〇一九）。ここでは、平安時代後期の十一世紀後半から十二世紀初頭と推定される方形区画墓三基と、区画を持たない木棺墓三基が検出された。方形区画墓の最大のもの（方形区画墓１３５・木棺墓２００）は一辺約九・五㍍で、南側に凝灰岩製の笠塔婆《かさとうば》を立てている。

京・鎌倉時代においても鳥部野型葬地は継続していたけれども、その一方では、まったく新しい形の葬地・墓地が登場する。京都の市街地に墓地が食い込み、都市民の居住地のほど近いところに墓が営まれるようになったのである。そもそも、もともとの平安京では京の中に墓を作ることは『律令』の「喪葬令《そうそうりょう》」によって禁止されていた。平安京内において平安時代の墓が確認されている事例はいくつかあるけれども、やはりそれは違法もしくは脱法行為であった。しかし、さすがに十三世紀以降にはそうした規制は有名無実となり、平安京の域内でも墓はあちこちで見られるようになるのである。

こうした、都市内に食い込んだ墓地の類型のことを「七条町型墓地《ひちじょうまち》」と呼ぶことにしている（山田邦和 二〇〇九a）。七条町や八条院町《はちじょういんちょう》が存在した左京八条三坊やその周辺でこうした事例が典型的に見られるからである（図35）（辻裕司 二〇一六）。たとえば、左京八条二坊十四・十五町では十三世紀後半から十四世紀前半にかけての金属工業の鋳造遺構群が多数確認されるとともに、その隣接地では十四世紀前半から中葉にかけての木棺墓群が営まれている（京都市埋文研編 一九九九）。左京八条三坊二町では十三世紀後葉から十四世紀後葉にいたる墓地が確認されている（平安博物館考古学第三研究室編 一九八五）し、左京七条三坊十～十五町には「東本願寺前古墓群」と呼ばれる十三世紀後葉から十五世紀中葉におよぶ大墓地が作られる（京都市高速鉄道烏丸線内遺跡調査会編 一九八〇・一九八二）。七条町型墓地の被葬者は、ゆるやかな地縁によって結ばれた都市民だったと推定される。これは、鳥部野型葬地とはまったく異なった性格の墓地なのであり、京・鎌倉時代を通じてこの七条町型墓

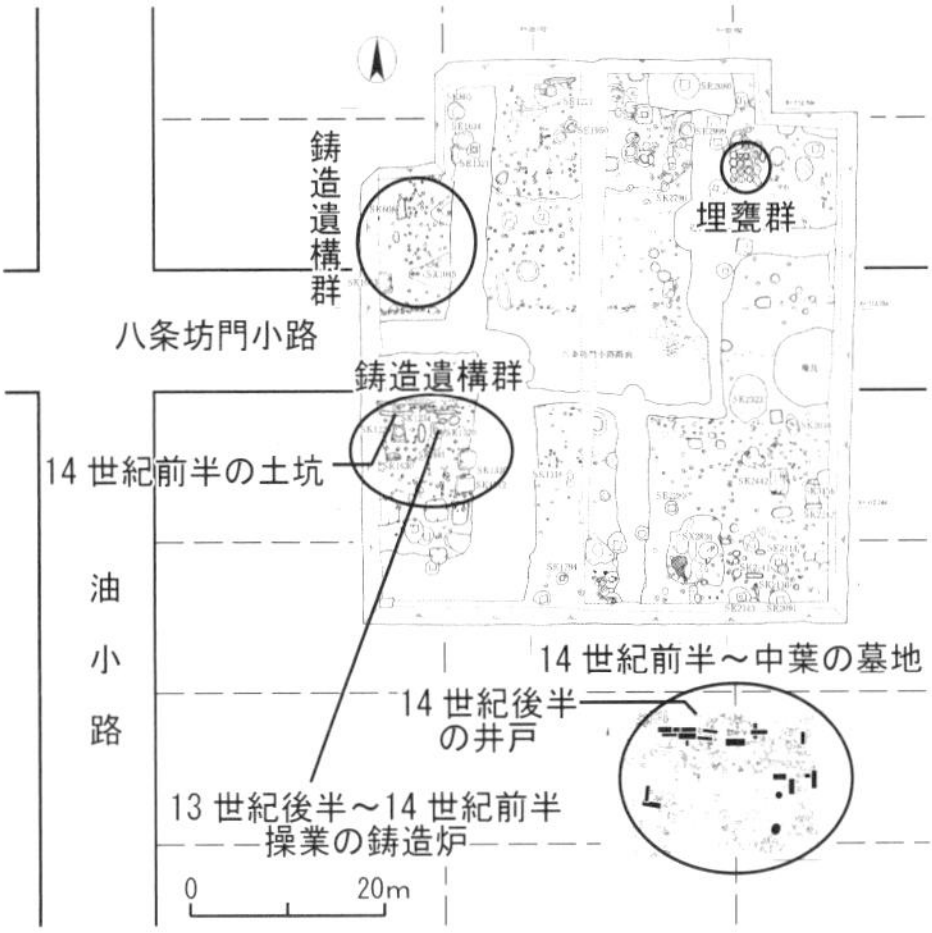

図35　左京八条二坊十四・十五町　京都市埋文研編1999に拠り作成

地は次第に京都の都市域の縁辺部に広がっていった。すなわち、七条町型墓地の登場により、京都は都市の中に墓地をとりこんだ新しい都市景観をみせるようになったのである。

京・鎌倉時代の小規模宅地

京・鎌倉時代の京都の小規模宅地の規模は、どれくらいのものであったのだろうか。これを知るためには、やはり土地売券《ばいけん》が手掛かりになる（四三ページ図14）。京・鎌倉時代初期（文治三年〔一一八七〕～嘉禄二年〔一二二六〕）の四十七点の土地売券のうち、土地の広さが判明する四十四例を見ると（秋山國三・仲村研 一九七五）、間口一・六丈、奥行三・七丈といった極小規模な土地もあるけれども、多くは間口二・五丈から十丈、奥行十丈から二十丈ほどの短冊形をしている。平安京の条坊制の「町」は四十丈四方であるから、奥行二十丈というのはちょうどその半分にまで及ぶことになる。ここで重要なのは、ここで見られる土地区画はすべて、条坊の四《しぎ》行八門制《ようはちもんせい》の「戸主《へぬし》」とは合致していないことである。また、区画のほとんどが周囲の道路に面しており、「町」の内部の奥まったところにある土地は一例のみ（図14の3－11）に限られる（山田邦和 二〇一六a）。

さらに具体的に考えるために、小規模宅地の実例がわかる地点として、左京八条一坊十六町を見てみよう（図36）。ここは東を大宮《おおみや》大路、西を櫛笥《くしげ》小路、北を七条大路、南を塩小路で囲まれた土地である。ここには平安時代後期から京・鎌倉時代の二十三点の土地売券が遺存しており、次の九ヵ所の土地の変遷がわかる（平は『平安遺文』、鎌は『鎌倉遺文』を示す）。

土地1（平三五三九号、鎌一二一九・二〇五三・三一一三号）東西三丈、南北十丈

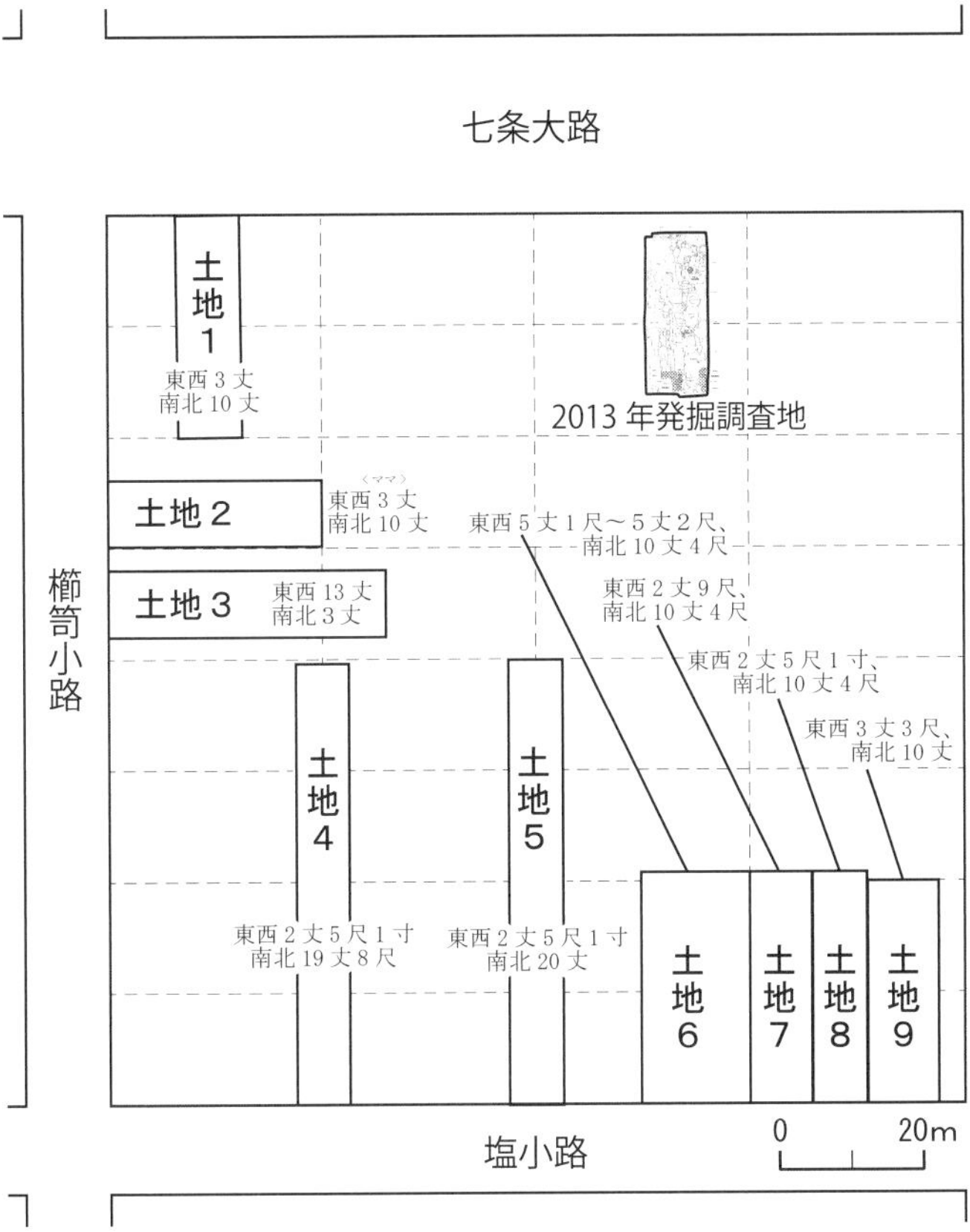

図36　土地売券による左京八条一坊十六町の土地区画　著者作成（区画の位置は概略を示す）

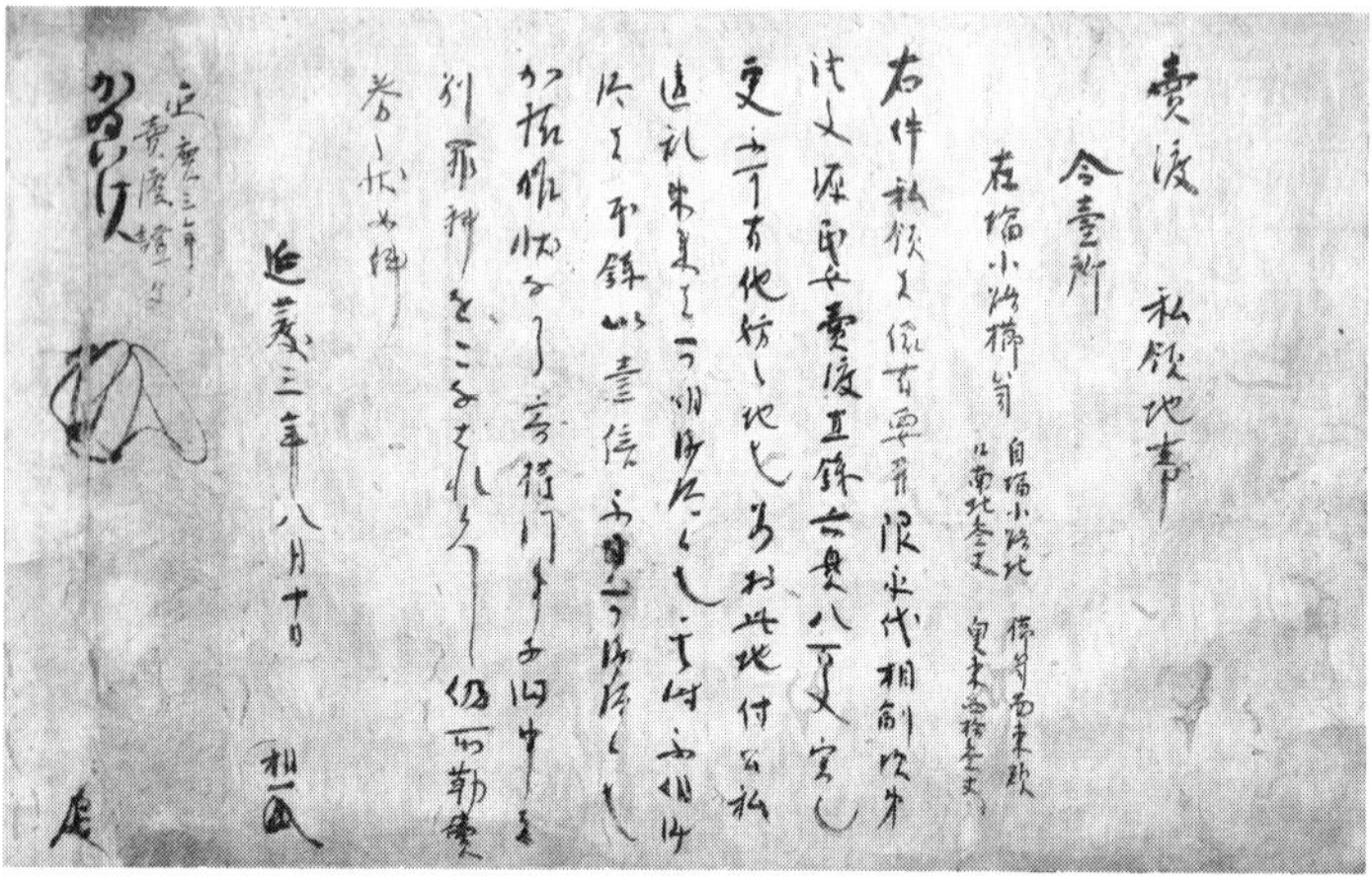

図 37　延慶 3 年 8 月 10 日付「相一私領地売券」写　著者所蔵

土地2（平三五四〇号）東西《ママ》三丈、南北《ママ》十丈
土地3（鎌二四〇四〇号）南北三丈、東西十三丈
土地4（平二〇四九・二七九〇・二九二〇・三七六七号、鎌二七五・五四二一・一〇三六・一三九一・一八一三・三〇六二号）東西二一・五一丈、南北十九・七丈
土地5（鎌三一二四・五九八〇号）東西二一・五一丈、南北二十丈
土地6（平二三七一・二三八六・三六二四号）東西五・一〜五・二丈、南北十・四丈
土地7（鎌三二五六号）東西二一・九丈、南北十・四丈
土地8（平三〇二〇号）東西二一・五一丈、南北十・四丈
土地9（鎌九八〇号）東西三・三丈、南北十丈

このうち、土地3についての史料を掲げておこう。

「相一《あいいち》私領地売券」写（著者所蔵、図37。別系統の写本は『白河本東寺百合文書』百八所収〔鎌二四〇四〇号〕）

売渡　私領地の事
　　合せて壹所

塩小路櫛笥に在り〈塩小路より北、櫛笥面の東頬。口、南北三丈。奥、東西十三丈〉
右、件の私領は、要用有るに依り、永代を限り、次第證文を相い副へ、源氏女に売渡す、直銭六貫八百文実なり。更に他妨有る可からずの地なり。此地に於いて公私に付け違乱出来は、沙汰を明らかにする可く候なり。其時、沙汰明らかならずんば、本銭壹倍を以て、不日沙汰す可し候なり。加様の作状ながら、権門の事に寄せ子細申すは、別に罪科をおこなはれ候ふべし、仍りて勒むる所、売券の状、件の如し

延慶三年八月十日

相一（花押）

すなわち、ここで登場するのは、この町の西部で塩小路よりも南、櫛笥小路よりも西で、櫛笥小路に面した東西に長い土地である。その範囲は間口（南北）が三丈（約九・〇メートル）、奥行き（東西）が十三丈（約三八・八メートル）であるから、面積は三九平方丈（約三四七平方メートル）で、これは平安京の四行八門制の一戸主の五十平方丈（約四四五平方メートル）よりもやや小さい。延慶三年（一三一〇）八月十日、所有者であった「相一」なる人物は、この土地を「源氏女」に六貫八百文で売却したのであった。売主の相一も買主の源氏女もどういう人物であったかはわからないが、そんなに高い身分ではなかったであろう。逆にいうと、京・鎌倉時代の京都では庶民であってもこれくらいの面積の宅地ならば所有できていたのである。これをはじめとして、左京八条一坊十六町の宅地はいずれも、間口は二丈から四丈程度という狭いものでありながら、奥行きは十丈から二十丈におよぶ長大な短冊形を示している。

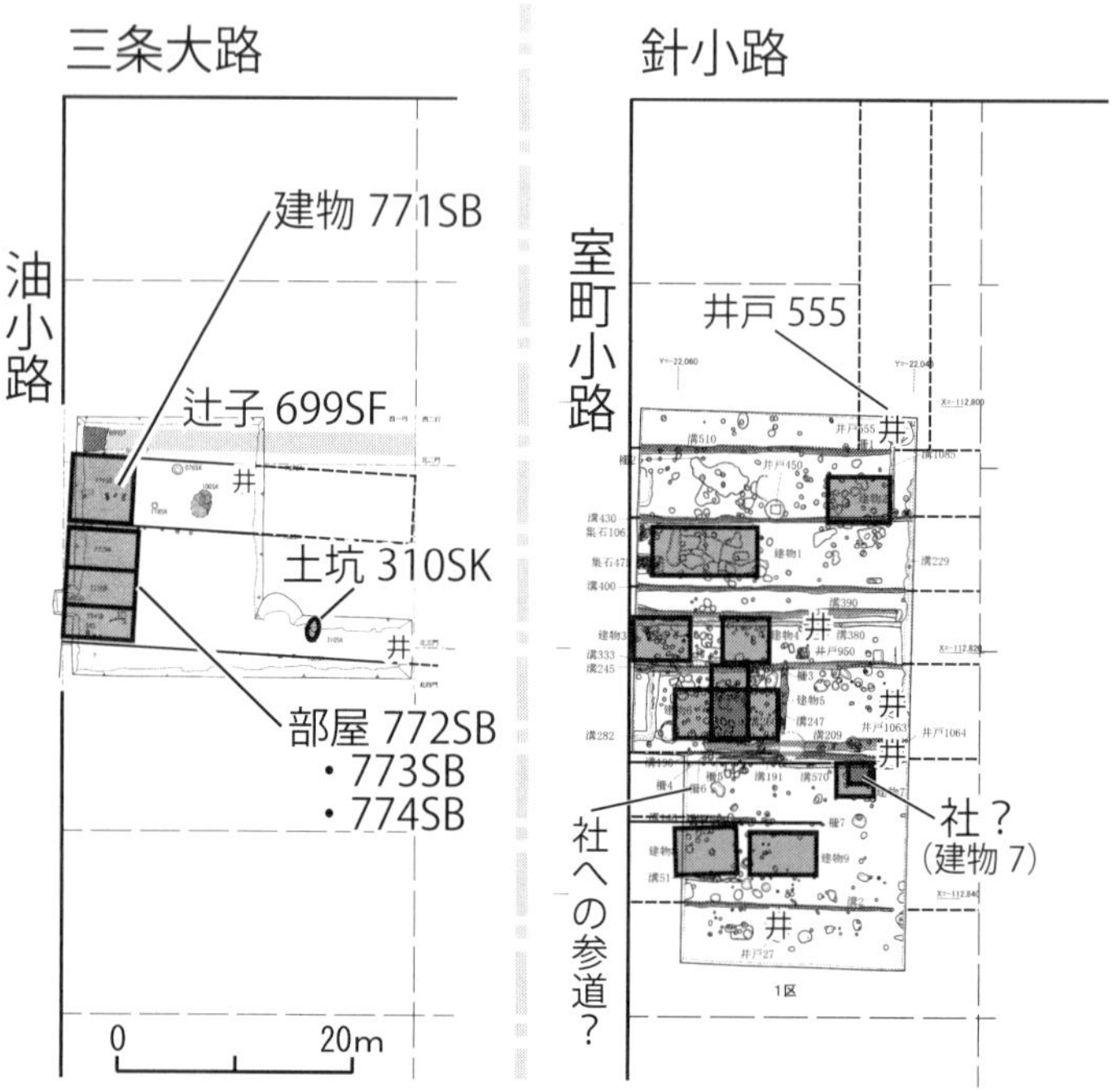

図 38　左京四条二坊十六町・左京九条三坊十町
左：左京四条二坊十六町，右：左京九条三坊十町
国際文化財編 2017，京都市埋文研編 2004a に拠り作成

左京九条三坊十町における発掘調査では、小規模な宅地が並ぶ地割りの様子が解明されている（図38右）。京・鎌倉時代前期の遺構群からは、室《むろ》町《まち》小路に面して西方向に入り口を開けた、間口六メートルほどの小規模宅地群が並ぶことがわかる。宅地同士は東西方向の溝で区画される。宅地の奥行きは不分明であるが、少なくとも十丈（約二九・八メートル）はあったはずであるし、場合によっては二十丈に及ぶこともあったであろう。それぞれの宅地の道路側のところには小規模な建物が建てられており、ま

たその裏側には井戸が設けられている。発掘区北端で検出されている井戸（井戸５５５）は北側の針小路に面する宅地に属した可能性があり、その場合はこの土地は奥行き約二八メートルほどのものであったことになる。建物の中のひとつ（建物７）は小規模ではあるが庇を持ち、通常の民家ではなく神社のような特別な建物で、そこには西側の室町小路からの参道があったようである（京都市埋文研編 二〇〇四a）。

前述した通り、建築史学では平安時代後期の『年中行事絵巻《ねんちゅうぎょうじえまき》』に描写された場面がいわゆる「棟割長屋」形式だったのかどうかが論争となったけれども、それは「棟割長屋」ではなく複数の一戸建ての建物が密集した姿であったとする説が優勢となった。ただ、左京四条二坊十六町の調査で興味深い事実が確認されている（図38左）（国際文化財編 二〇一七）。ここでは平安時代末期から京・鎌倉時代前期（十二世紀末葉〜十三世紀前葉）の時期に、西側の室町小路に面して町屋《まちや》が立ち並んでいた。平安京では宅地や建物は正方位を向くのが通例であるが、この場合はどういうわけかそれぞれの宅地の方位は東北――西南の方向に傾いている。この中に間口約九・一メートル、奥行き約七・七メートルの建物があり、その内部は三つの部屋（７７２・７７３・７７４ＳＢ）に分割されている。長屋の西側にある土坑（３１０ＳＫ）は住人の共同便所とみられる。つまり、この時代には確かに「棟割長屋」形式の建物が実在したのである。ただ、「棟割長屋」の語から一般的にイメージされるような長大な建物ではなかったし、発掘調査でこうした事例が確認されることは稀であるから、「棟割長屋」は決して一般的ではなかったのであろう。

なお、この「棟割長屋」の北側は、表に独立家屋、裏側には井戸と土坑群（ゴミ捨て穴、便所）を持つ単独の宅地である。さらにその北側には東西方向に辻子（699SF）が延びているから、発掘区の東側には辻子に面する別の宅地があったのであろう。

『ロ』の字形町並」の問題

平安京から中世京都の町並の変遷を説明する場合、「四行八門制」→「四面町」→「両側町」という流れが唱えられてきた。すなわち、平安京の原則であった、ひとつの「町《ちょう》」を三十六分割するやりかた（四行八門制）が崩れ、「町」の宅地は周囲四方向の道路に面して入り口を開くようになり（四面町）、さらには道路を挟んだ向かい側同士がひとつの共同体を構成する（両側町）にいたった、というのである。

ただ、この場合に問題なのは、四面町では「町」の中央に広い空間ができてしまい、そこは空き地になってしまったり農地と化してしまったという理解（「『ロ』の字形町並」）がしばしば見られることである（林屋辰三郎 一九六二）。確かに、四面町になると周囲の道路から遠い「町」中央部が非常に使いにくい場所になってしまったことは事実であろう。しかしそれは、「町」中央部が誰のものでもない空閑地になったことと同じ意味ではない。土地売券で知られるような長大な短冊形の地割が並ぶ限り、「町」中央部に無主の空閑地ができる余地はないからである。

それでは、中世の京都で「町」の中央部に広い空間地が存在する「『ロ』の字形町並」があったという通説的な理解はまったくの誤りなのであろうか。実はそうではない。前述の通り、「町」は原則的には奥行きの深い短冊形地割によって細分されていた。しかし、「町」の中央部に貴族邸宅や仏堂

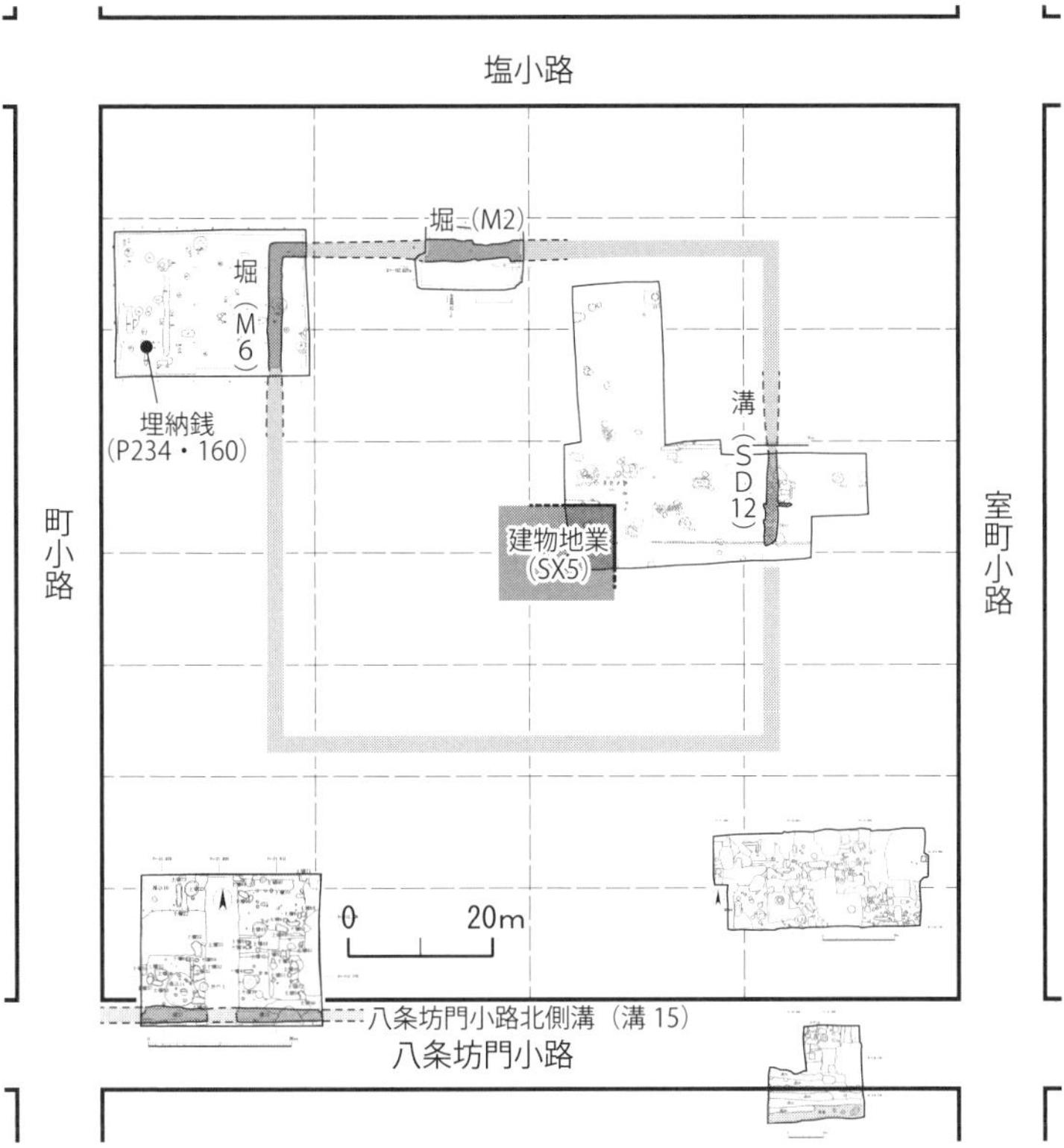

図 39　左京八条三坊七町　京都市埋文研編 1982a,
京都文化財団歴史研究室編 1988 に拠り作成

といった特別の施設が存在することはありうるのである。その実例のひとつは、後述する大量埋納銭（一二四ページ図40）が出土した左京八条三坊七町にある（図39）。同町跡で実施された複数の発掘調査地点を比べてみると、ここでは町の中央部が堀（M6・M2・SD12）で囲まれた方形区画（東西の一辺が約六八メートル）を作っていたようであり、その中央に建物地業（SX5）が存在することがわかる（京都市埋文研編 一九八二a、京都文化財団歴史研究室編 一九八八）。おそらくこの建物地業は仏堂であり、この方形区画はその境内を画する境界だったのであろう。この場合、当然のことながら一般の宅地は仏堂境内の外側である「町」の縁辺部に配置されることになる。さらに、こうした「町」の中央部に存在した仏堂や貴族邸宅が社会情勢の変化が原因で退転したり、または火災で焼失して再建されなかったりすると、「町」の中央には広い方形の空地ができることになるであろう。そうした例外的な場合にのみ、「町」の中央の空間とその周囲の小さな宅地群という景観が成立することになると考えたい。

4 八条院町・七条町とその周辺

平安京の商業空間

古代都城としての平安京の場合、工業生産のうちの大きな部分は、それぞれの役所の現業部門である「諸司厨町《しょしくりやまち》」で行われていた。これは多くが平安宮の東側の左京北半部に存在しており、そこが平安京における事実上の工業地帯となっていた。商業を見ると、左京と右京にひとつずつ設けられた東市と西市だけで行うことを原則としていた。東市と西市は、左京と右京のそれぞれ七条二坊三～六町に存在していた。さらに、平安時代中期以降には、東西両市の周囲に「外町《そとまち》」（左右両京の七条一坊十三・十四町、七条二坊二・七・十一・十二町、八条二坊一・八町）が付け加わるようになった。東西の市は半月交代で、月の前半は東市、後半は西市が開かれることになっていた。両市は扱う商品に違いがあり、布・麦・木綿・馬・馬具などは東市の、土器・牛・綿・絹・麻・味噌などは西市の専売品であると定められていた。平安時代後期にはいると西市は衰退したが、東市は京・鎌倉時代にいたっても繁栄を続けた。弘安七年（一二八四）、時宗《じしゅう》の開祖である一遍上人《いっぺんしょうにん》は京都に入り、東市において四十八日間の踊り念仏を行った。その光景は『一遍上人絵伝（一遍聖絵）』巻七に見事に描かれている。

しかし、平安京の商業地を東西両市だけに限定するという原則はいかにも不合理であり、それは平安京が都市として発展するに伴って次第にうまくいかなくなった。その間隙を埋めるために登場したのが、振り売りの行商人である。芥川龍之介の小説『羅生門』の原型のひとつとして知られる『今《こん》昔物語集《じゃくものがたりしゅう》』（「本朝世俗部」巻三十一の三十一話）「太刀帯の陣に魚を売る嫗《おうな》の語」には、春宮坊《とうぐうぼう》を護衛する帯刀《たてわき》（太刀帯）の陣に魚の干物（実は干した蛇の肉）を売りにくる女が登場する。この説話には、こうした個人営業の行商人の姿の一端が伝えられている。

七条町と八条院町

東西両市以外の平安京に生まれた新しい商業地の中で特に顕著だったのは、左京の南北道路のひとつである町《まち》小路（平安京北半では町口小路、南半では町尻小路とも呼ばれる）であった。町小路と東西道路との交差点で、「三条町」「四条町」「七条町《ひちじょうまち》」などと呼ばれた地点がそうした商業地帯となっていったのである。この中でも特に知られている商業空間は、町小路と七条大路の交差点付近を中心とした「七条町」であった。なお、この「某条町」はしばしば「某ジョウチョウ」と読まれることがあるが、それは誤りである。これは「某条大路と町小路の交差点」という意味であるから、発音は「某ジョウマチ」でなければならないのである。

平安時代末期、左京八条三坊十三町には鳥羽《とば》上皇と美福門院《びふくもんいん》藤原得子《なりこ》の間に生まれた八条院暲子《あきこ》内《ない》親王《しんのう》の御所が存在した。彼女は両親から莫大な荘園を相続しており、並ぶ者のない金満家であるとともに、政界にも隠然たる影響を与える影の実力者であった（永井晋 二〇二一）。その御所の付近には、事務局である八条院庁（同十一町）、御倉《みくら》（同十四町）が存在したし、さらにその周囲を八条院領の荘園（左京八条二坊十二町、同三坊四・六・十五町、同四坊二〜五町、同九条三坊九町のそれぞれ一部）が取り巻いていた。八条院の薨去後、これらの土地は「八条院町」と総称されるようになり、正和二年（一三一三）にいたって後宇多《ごうだ》法皇によって東寺《とうじ》に施入され、東寺領八条院町となったのであった。なお、「八条院町」とは「八条院暲子内親王領である町《ちょう》」の意味であるから、この場合の発音は「ハチジョウインマチ」ではなく「ハチジョウインチョウ」である。

商業地としての左京八条三坊とその周辺

八条院町・七条町は、いずれも平安京の左京八条三坊またはその周辺であった。この地は、その時期の京都を代表する商工業空間として発展していったのである（野口実 一九八八、野口実・長村祥知・坂口太郎 二〇二二）。『病草紙《やまいのそうし》』断簡には「肥満の女」（福岡市美術館所蔵「松永コレクション」）が描かれている。彼女は「七条わたりにかしあげ〔借上〕する女」であって、高利貸を営むことによって大した金持ちとなり、いつも満ち足りた食事をしていたため、ついには両脇を召使に支えられなければ歩けないほどの肥満体になってしまったというのである。この女性が実在したかどうかは別として、京都の七条大路のあたりの借上であればそれほどの金満家であっても不思議はないと思われていたことは確かであろう。文暦元年（一二三四）に左京七条二坊・八条二坊・八条三坊において大火災が起こるが、その時の様子を藤原定家《さだいえ》は「土倉、員数を知らず。商売充満し、海内の財貨、只《ただ》其所に在りと云々。黄金の中務《なかつかさ》、其の最と為す。翌日より皆造作すと云々、商売富有の同類、相訪ねる者、山岳を積み置くが如し」（『明月記』同年八月五日条）、つまりここには多数の土倉が軒を並べているとともに、「黄金の中務」とのあだ名で呼ばれる金持ちをはじめとする富裕な商人たちが盛んに商売を行っており、そこには目が眩むほどの財宝が満ち満ちていた、と書き記している。『春日権現験記絵《かすがごんげんけんきえ》』巻十四には、京都の市街地で大火災が起きた様子が描かれている。そこではほとんどの家屋が焼け落ちた廃墟の中に一宇の白壁塗籠《ぬりごめ》の倉が猛火にも耐えて残っており、その前に幕を吊るして家人たちが避難している。地点の限定はされていないけれども、あるいはこれも左京八条三坊またはその周辺の景観を伝えるものなのかもしれない。

こうした左京八条三坊の商業空間の存在を示す遺構のひとつが、同七町の発掘調査で発見された十四世紀前半の大量埋蔵銭である（図40）（京都文化財団歴史研究室編 一九八八a）。ここではふたつの曲物に三万一千四百十五枚余りの銅銭《どうせん》が納められていた。銭種としては、北宋《ほくそう》・南宋《なんそう》と元《げん》の銭がほとんどで、そこに若干の隋《ずい》の五銖銭《ごしゅせん》、唐銭《とうせん》、高麗銭《こうらいせん》とわが国における模鋳銭が混じっている。

京・鎌倉時代においてこのような埋蔵銭がしばしば見られたことは、常陸国《ひたちのくに》のある男が一遍を招いて供養を行ったところ、その功徳によって屋敷の溝の中に埋まっていた五十貫文もの大量の銭を得ることができた、という話（『一遍上人絵伝』巻第五）からも知ることができる（山田邦和 二〇〇九a）。こう

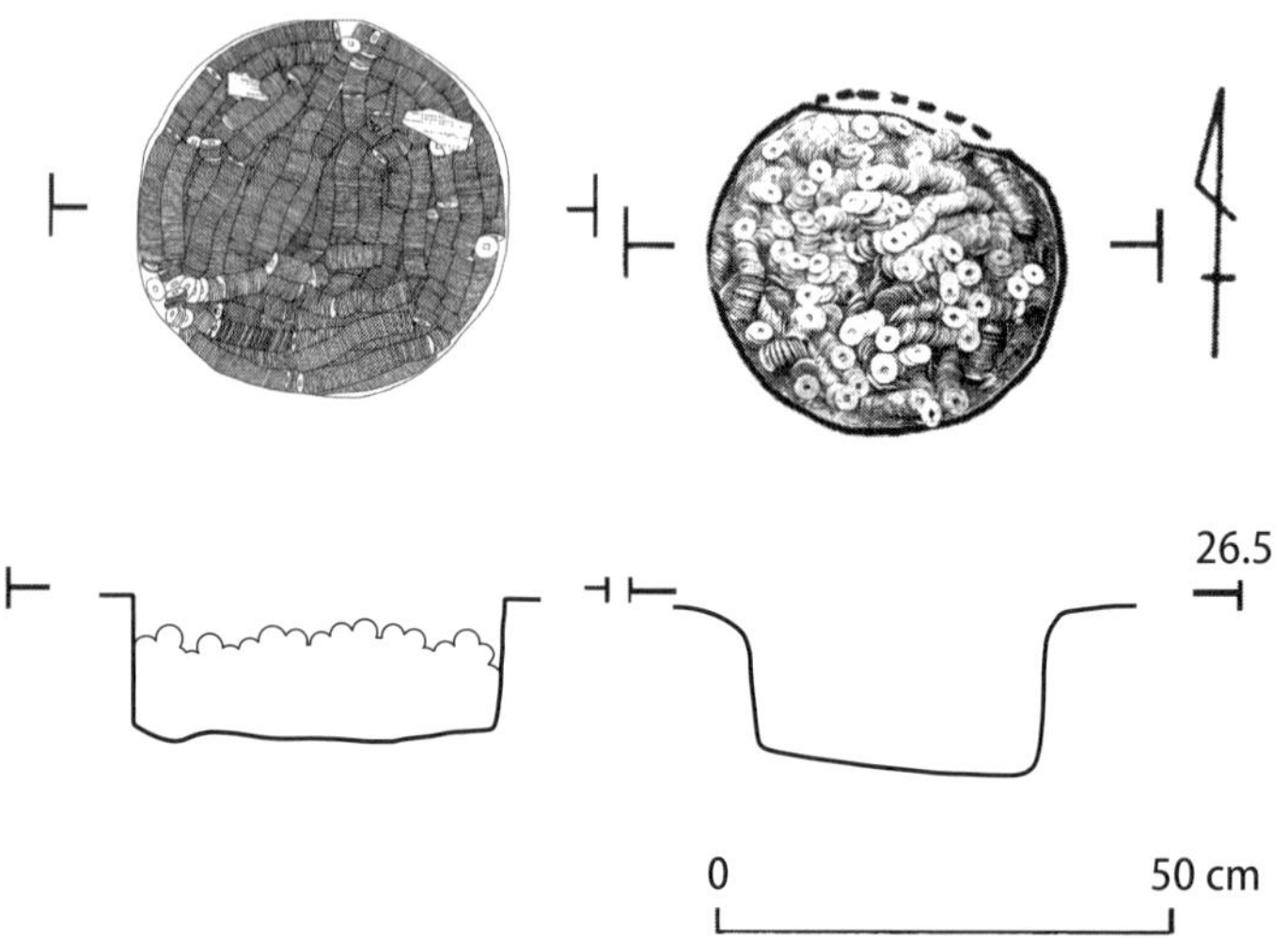

図 40　左京八条三坊七町の大量埋蔵銭　京都文化財団歴史研究室編 1988 に拠り作成

した埋蔵銭については、その土地の神仏への捧げ物であったとか、いったん神仏のものとすることによって金融に使ったという説などもある。ただ、『太平記《たいへいき》』（巻第九）には次のような話が載せられている。鎌倉幕府の六波羅探題が滅亡した際、鎌倉方の武士であった備前国《びぜんのくに》の中吉弥八が野伏《のぶし》に捕まって殺されかけたのであるが、その時に弥八は「六波羅殿の銭をかくして六千貫埋まれたる所を知つて」いると称して野伏を六波羅の焼け跡に案内し、しかし「まさしくここに埋まれたりしものを、はや人が掘つて取つたりけるぞや」と騙し、まんまと逃亡に成功した、というのである。また『源平盛衰記《げんぺいじょうすいき》』（巻第十八）によると、僧・文覚《もんがく》が神護寺《じんごじ》の修造の勧進《かんじん》を行っていた時、悪人たちがその金を狙ってきた。不穏な動きを察した文覚はわざと「神護寺造営の為に勧進用途にて金百両を買ひ、五条の天神の鳥居の左の柱の根三尺が底に埋みて候」と呟き、その言葉に騙された悪人たちは五条天神社の鳥居の下を掘ったものの徒労に終わってしまった、という。もちろんこれらのエピソードが事実だったかどうかはわからないけれども、財宝を地下に隠匿することはありうるという社会通念があったことは認めてよいだろう。大量埋蔵銭というのも、やはり一般的には戦乱を避けての隠匿とか、盗人に見つからないように備蓄していたものであると考えるのが自然だと思う。左京八条三坊七町で発見された埋蔵銭も、富裕な商人の隠し財産であったと考えたい（山田邦和 二〇〇九ａ）。

左京八条三坊の周辺には、物流の拠点となるような施設も存在したようである。左京八条三坊の南に隣接する九条三坊九町（図41）では、平安時代末期の十二世紀後半から京・鎌倉時代前期の十三世紀初頭にいたる時期に多数の掘立柱建物が建てられ、そこに多種多様な陶磁器や土器が運び込まれていることが知られている（元興寺文化財研究所編 二〇一九）。そこには日本での類例の少ない緑釉《りょくゆう》壺や鉄絵壺といった高級な輸入陶磁器が含まれるとともに、それを運ぶための容器と推定される輸入陶器の粗製壺も存在する。また、播磨《はりま》東部で生産された須恵器椀《わん》や、大阪湾沿岸地域の和泉《いずみ》型瓦器《がき》椀、大和《やまと》国《くに》の大和型瓦器椀、さらには東海地方の山茶碗《やまぢゃわん》や備前焼の椀といった各地域の製品が出土している。瓦器椀は畿内で普遍的に出土する品物であるが、どういうわけか平安京ではあまり使われることがなかった。その瓦器椀が多数出土していることは、この場所には近畿地方の各地からの人の出入りがあったことをうかがわせる。京・鎌倉時代中期から後期にいたる十三世紀初頭から同後半にはこの地点は小規模な宅地に分割されたが、輸入陶磁器の点数はますます多くなっている。すなわち、左京九条

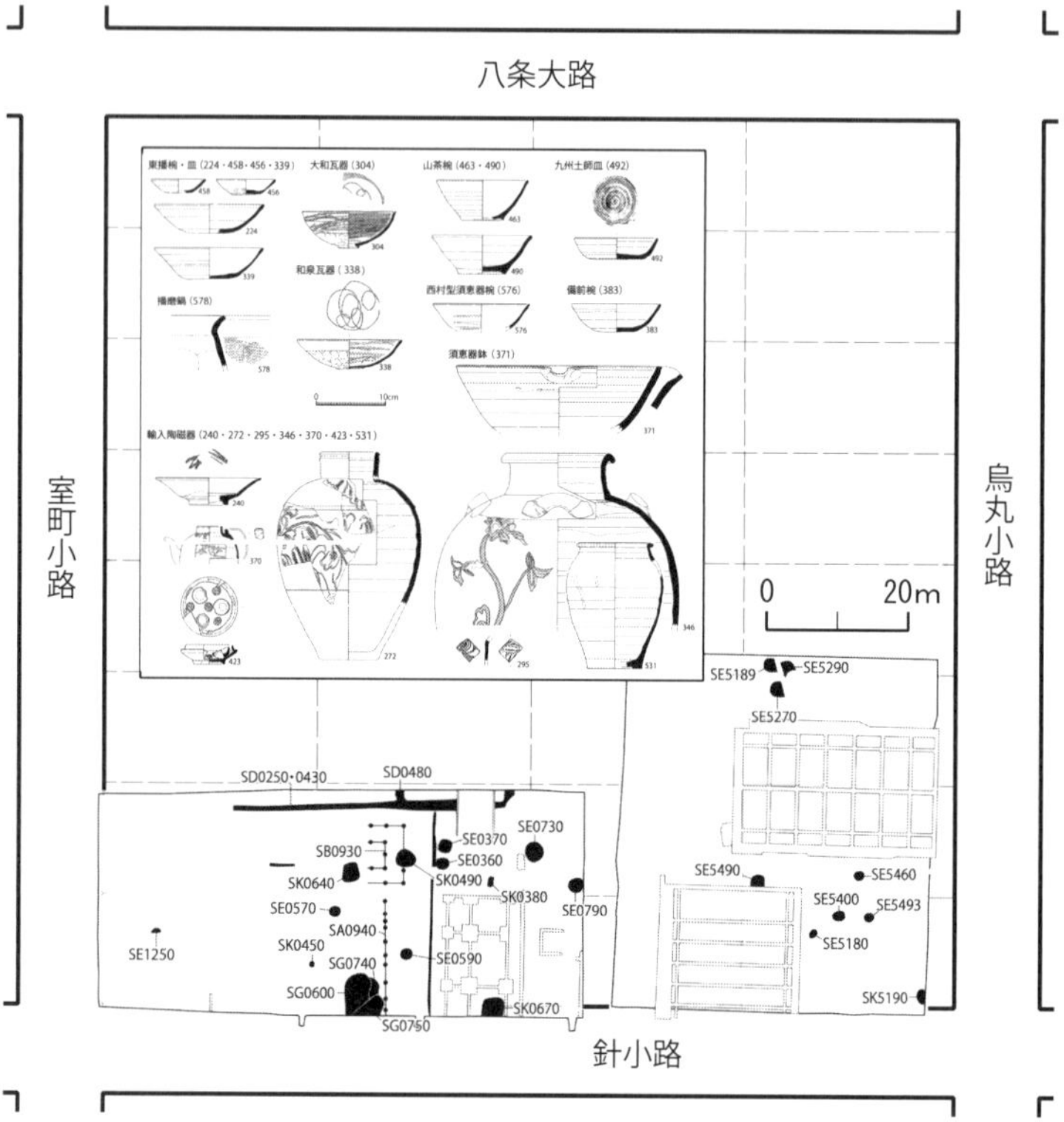

図41　左京九条三坊九町　元興寺文化財研究所編2019に拠り作成

三坊九町には後の時代の蔵屋敷に相当するような「都市内流通拠点」が存在し、それは特に播磨や大阪湾沿岸地域と結ばれ、また商品の中には高級な輸入陶磁器も含まれていたと推定されるのである。

左京八条三坊とその周辺の工業生産

左京八条三坊とその周辺には工業生産にたずさわる職人も数多く居住していた。『新猿楽《しんさるがく》記《き》』に登場する「七条以南の保長」であった金集百成《かねつめのももなり》という人物は、鍛冶、鋳物《いもの》、金銀細工といった仕事を手広く営んでいた裕福な職人であったと設定されている。また、保延六年(一一四〇)、ひとりの女が宮内権大輔藤原定信《さだのぶ》を訪れ、二巻の書を買ってくれと頼んだ。これこそが小野道風《おののみちかぜ》書の『屏風土代《びょうぶどだい》』(三の丸尚蔵館所蔵)と藤原行成《ゆきなり》書の『白氏詩巻《はくししかん》』(東京国立博物館所蔵)という逸品であり、定信は喜んでこれを購入したのであった。この女は「塩小路より北、町尻より西、町尻に面すの辻内」つまり七条町にも近い左京八条三坊一町の東半部の奥まったところに住んでおり、彼女の夫は書画や経文の表具を専門とする職人の経師《きょうじ》であった(『白氏詩巻』跋文〔『平安遺文』題跋編一五六一号〕)。

左京八条三坊は現在のJR京都駅やその周辺にあたっているから、多数の発掘調査が行われている。現在の京都駅ビルの建設に伴って調査が行われた左京八条三坊六町では、十二世紀後半に室町小路を敷設し、十三世紀にそれを小礫による舗装という形で整備している。この東側の十一町は八条院の院庁であったから、室町小路を敷設したことは八条院御所の造営に伴うこの付近の開発の一環だったのであろう。六町では、十三世紀から十四世紀前半にかけての多くの建物の跡が検出されている(図42)(京都市埋文研編 一九九六b、網伸也・山本雅和 一九九六)。十三世紀は掘立柱建物、十四世紀前半は小礎石を持つ建物が多かったらしい。十四世紀前半には、間口約三・〇メートル《メー トル》〜五・〇メートル《メー トル》、奥行約九・〇メートル《メー トル》〜五・〇メートル《メー トル》の小規模な宅地が並び、その中に小さな建物が配置されていた。この発掘区では和鏡《わきょう》、懸仏《かけぼとけ》、仏具といった金属製品の鋳型《いがた》が多量に出土しており、ここに並ぶ家がそうした製品を生産する職人たちの工房兼住居であったことは確実である(鋤柄俊夫 一九九九、同 二〇〇八)。

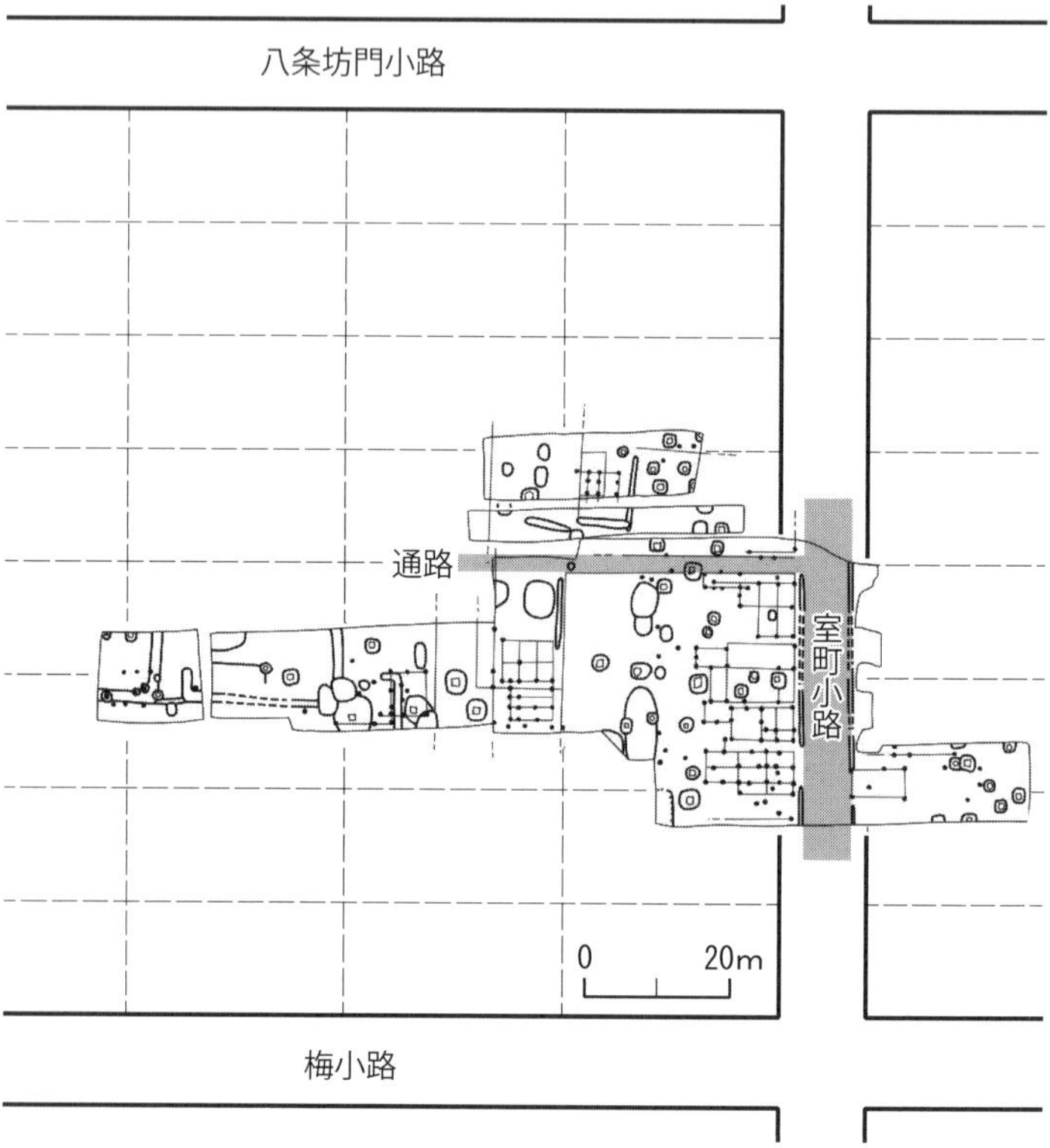

図42　左京八条三坊六町　京都市埋文研編1996b，網伸也・山本雅和1996に拠り作成

左京八条三坊六町では、町の南北中心ラインのところで、室町小路から町の中央部に入っていく幅約二・九メートルの通路も確認されている（図42）（京都市埋文研編 一九九六b）。もともとの平安京では町の真ん中に南北方向で幅一丈五尺の「小径」を通すことが原則となっていたが、一方ではその原則にこだわらない小道路が開削されることがしばしば見られるようになった。こうした小道路は後に「辻子《ずし》・図子《ずし》」と呼ばれ

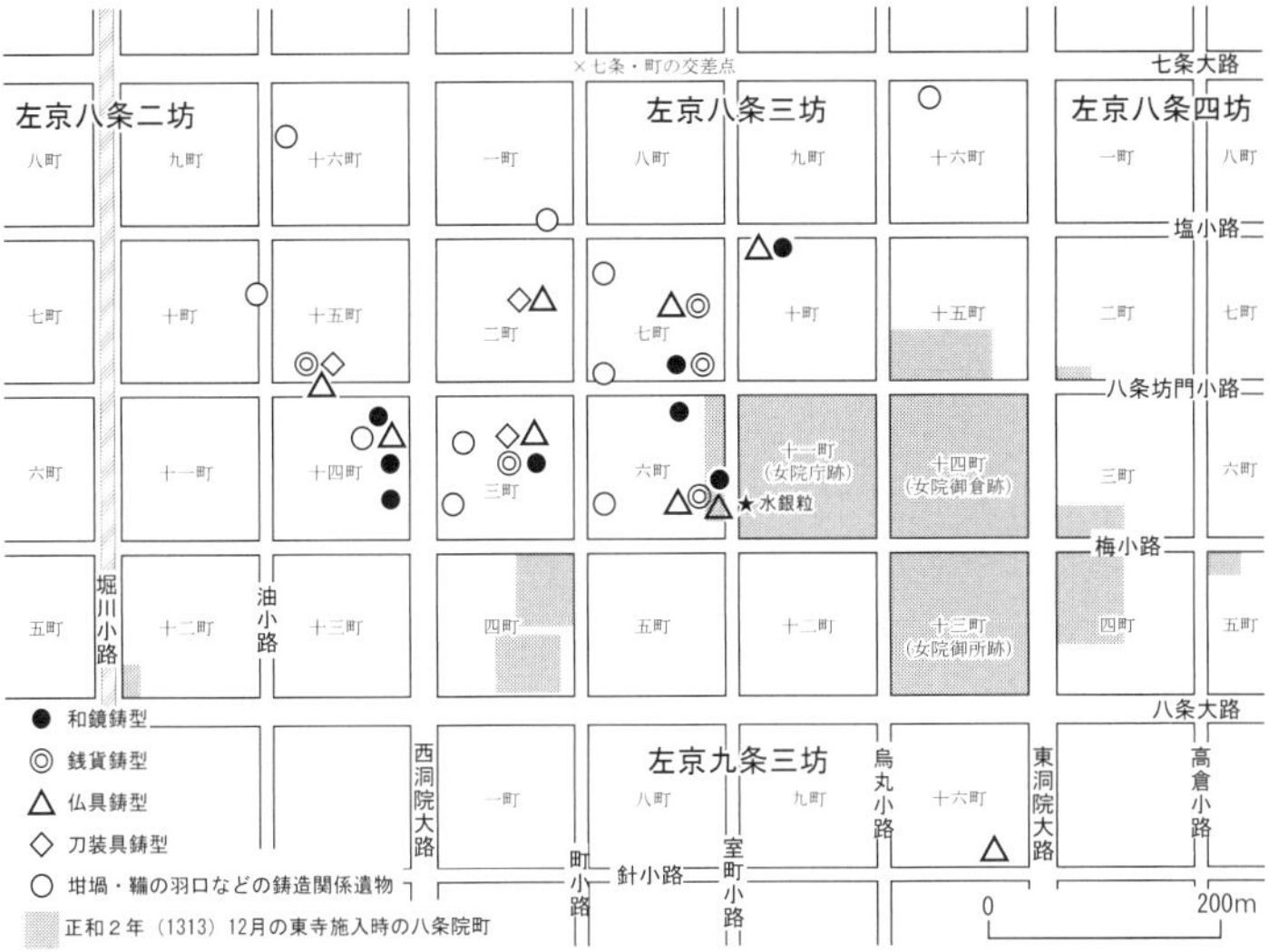

図43　左京八条三坊とその周辺　著者作成（区画の位置は概略を示す）

るようになり、現在でも京都の町のあちこちにはその名をつけた道路が見られる。こうした小道路を作ることは、町の中央の部分を使いやすくするための工夫であったといえよう。

左京八条三坊とその周辺の発掘調査では、平安時代後期から南北朝時代にかけての時期の金属工業にかかわる遺物や遺構がしばしば検出される（図43）（辻裕司　二〇一六）。こうした遺物には、鋳造に使われる鋳型、金属を溶かすための坩《る》堝《つぼ》、火を高温にするための鞴《ふいご》（出土品としては鞴の土製の羽口）などがある。鋳型には、和鏡、仏具、刀装具、銭貨など、多種多様な種類のものがみられ、この地における金属工業の多様性を知ることができる（綱伸也　一九九六）。ここで興味深いのは、地点によって出土する鋳型には偏りが見られることである。たとえば八条三坊二町では十二世紀から十三世紀にかけての刀装具の鋳型が多く、その他の種類のものは仏具のそれが少量見られるにとどまる。同三町では和鏡、銭貨、仏具、刀装具などいろいろな製品の鋳型が出土するが、それぞれの出土遺構は少しずつずれている。八条二坊十五町でも和鏡と刀装具の鋳型の出土遺構には同様の傾向がみられる（国際文化財編二〇一六、京都市埋文研編二〇〇四b）。つまり、左京八条三坊とその周辺には多くの金属工業の職人が居住して生産に励んでいたが、彼らはそれぞれに専門分野を持つスペシャリストだったのであろう。スペシャリストであるからには、彼らの作る製品は品質の高いものになることは当然である。これは、大量の人口を抱え、その中には高品質な製品を求める上流階級の人間が多数含まれており、さらには製品の質を高める技術力も兼ね備えているという、京都のような巨大都市にあってこそはじめて可能となった、高付加価値型製品の生産であったといえるだろう。

面白いのは、貞治六年（一三六七）に東寺領八条院町で、そこに住む百姓が東寺に対して訴えを起こしたことである。彼らの主張は「自分たちの耕作地は白粉焼・銅細工・染め物の紺屋などの仕事場の跡であり、そうした職人の居住した跡には作物がよく育たないから、地子の負担を減らしてほしい」というものであった。しかし、これを審理した東寺の学衆の評定は「このような職人たちが住んでいたことは事実であるが、いつもその跡の畠に作物ができないわけではない」としてこの訴えを退けている。（『東寺百合文書』ム函第四十三番「学衆方評定引付〈貞治六年自正月至六月〉」四月七日・二十四日・二十七日）。室町時代の十四世紀後半にあっても、左京八条三坊とその周辺は、かつて工業地帯であった記憶を留めていたのである。

左京八条二・三坊の模鋳銭生産

ここで注意されるのは、左京八条二坊十五町、八条三坊三・六・七町において、十三世紀後半から十四世紀中葉にかけての銭貨の鋳型が出土していることである（山本雅和 二〇〇二）。いずれも中国銭を模したもので、その手本となった銭貨は、唐の開元通宝《かいげんつうほう》を除くと多くは北宋の銭である。ただ、日本においては貨幣の生産は飛鳥時代の富本銭《ふほんせん》や無文銀銭《むもんぎんせん》、奈良時代の和同開珎《わどうかいちん》から平安時代中期の乾元大宝《けんげんたいほう》までのいわゆる「皇朝《こうちょう》十二銭」といった古代のものだけで、その後は独自の貨幣生産は近世の豊臣秀吉の大判金や江戸幕府の大判・小判・寛永通宝《かんえいつうほう》まで行われることがなかったというのが通念となっている。そこでは、日本において作られた銭貨は「私鋳銭《しちゅうせん》」つまりは偽造貨幣であると認識されてきたのである。確かに、日本で作られたこうした銭貨には質の悪いものが多く、それらは鐚銭《びたせん》とか悪銭と呼ばれて忌避される（「撰銭《えりぜに》」）ことも多かった。ただ、戦国大名はしばしば撰銭禁止令を出しているが、これは良質の銭も鐚銭も同様に扱うことを強制するということではなく、良銭と鐚銭の価値を定め交換比率を公定するという意味であった。そうした扱いをされている以上、日本製の貨幣を一律に偽造貨幣と断ずることはできないだろう。後世の史料ではあるが、『鳴海平蔵由緒書』覚（『古事類苑』泉貨部一所引）には「元祖　鳴海刑部賢勝／応永年中、足利公方勝定院義持《よしもち》公の御代、（中略）通用に足りずの故、我朝に其の後永楽銭《えいらくせん》の鋳足を仰付《おおせつ》けられ候、此の節、京都に於て銭奉行職を仕まつり候」として、室町幕府が京都における銭の生産に積極的に関与していたという伝えが記載されている。中国から輸入される銭貨の量にはおのずと限界があるから、日本の経済の発展に対して銭貨の供給が不足することはありうる。そう考えるならば、日本製の銭は偽造貨幣としての私鋳銭というよりも、いわば補助貨幣としての役割を持つ「模鋳銭」としてとらえるべきだと思う（山田邦和 二〇〇九a）。そして、こうした模鋳銭の生産は、京・鎌倉時代や室町時代の京都、室町時代の鎌倉や博多《はかた》、さらには戦国時代から桃山時代にかけての堺《さかい》や大隅国加治木《おおすみのくにかじき》のような、政治権力のお膝元であったり経済の中枢となるような都市においてこそ可能となったと考えている。

5 京・鎌倉時代の京都郊外

白河・鳥羽・法住寺殿の衰亡

平安時代後期に引き続き、京・鎌倉時代にあっても、京都の都市が郊外に向けて拡大し、衛星都市を形成していく傾向は顕著であった。ただ、もちろんそれら京都郊外の衛星都市も盛衰があった。白河（上村和直 一九九四）においては、その中核である六勝寺《ろくしょうじ》《りくしょうじ》はこの時代に入っても存続しており、高さ八一メートルの法勝寺《ほっしょうじ》八角九重塔は承元二年（一二〇八）に落雷で焼失したものの、建保二年（一二一三）には栄西《えいさい》《ようさい》の勧進によって見事に再建される。この塔は、南北朝時代の康永元年（一三四二）に周辺の民家の火災の延焼によって姿を消すまで京都の市街を睥睨していたのである。ただ、白河の全体的な衰運は隠せず、たとえば承久元年（一二一九）には白河全体で火災が起き、延勝寺《えんしょうじ》、円勝寺《えんしょうじ》、成勝寺《じょうしょうじ》、証菩提院《しょうぼだいいん》などが焼失したし、安貞元年（一二二七）には尊勝寺《そんしょうじ》の金堂《こんどう》が倒壊している。また、六勝寺に盗賊が乱入して狼藉《ろうぜき》を働くようなこともしばしば見られた。

鳥羽殿は、後鳥羽《ごとば》院政期までは後鳥羽上皇の御幸《ごこう》が見られ、歌合《うたあわせ》などが頻繁に行われた。承久三年（一二二一）五月十四日、後鳥羽上皇は鳥羽殿の城南寺《じょうなんじ》（現在の城南宮）に武士たちを集めて流鏑馬揃《やぶさめうまぞろ》えを行ったが、これがそのまま承久の乱の発火となる。ただ、乱の敗北によって後鳥羽上皇が失脚してからは鳥羽殿の存在意義は低下し、そこに建てられていた殿舎も次第に消えていくことになる。それ以降の鳥羽殿では、鳥羽・近衛《このえ》両天皇陵を護持する安楽寿院《あんらくじゅいん》や、白河《しらかわ》天皇陵のある成菩提院《じょうぼだいいん》といった寺院だけが活動を継続することになる。

法住寺殿も、後白河法皇の崩御の後は院御所としての機能は失われ、わずかに蓮華王院《れんげおういん》（三十三間《さんじゅうさんげん》堂《どう》）や後白河天皇陵法華堂《ほっけどう》だけが残されることになる。

六波羅

かつての平家の本拠地のひとつであった六波羅は、平家都落ちの際に自焼の運命をたどった。ただ、その土地は「平家没官領《もっかんりょう》」のひとつとして源頼朝に与えられた。文治元年（一一八五）に北条時政が頼朝の代官として上洛して京都守護となったが、彼の宿所は六波羅であったらしい（高橋慎一朗 一九九六）。頼朝は建久元年（一一九〇）に上洛を果たすが、この時には六波羅の平頼盛《たいらのよりもり》邸（池殿）跡に建設した「六波羅新造邸」に入っている。

承久の乱の後、六波羅には鎌倉幕府の出先機関としての六波羅探題府が置かれることとなった。六波羅探題府では、幕府の執権北条氏の一族の有力者から選ばれた二名が、六波羅の北方探題《たんだい》と南方探題となって京都に入り、両探題のなかの一人が六波羅探題府の最高責任者としての「執権探題」となっている（森幸夫 二〇〇五）。鎌倉の征夷大将軍九条（藤原）頼経《よりつね》は暦仁元年（一二三八）に上洛を果たすが、この時の京都の将軍御所も六波羅の新造邸であった。さらに初代皇族将軍の宗尊親王《むねたかしんのう》や三代目の久明親王《ひさあきらしんのう》が京都から鎌倉に下向する時、両親王はいったん六波羅に入ってから鎌倉に向かっている。これらの事実から熊谷隆之は、六波羅は鎌倉幕府の首長である鎌倉殿の京都本邸という形式が与えられていたと評価している（熊谷隆之 二〇〇四）。このように六波羅は京都における鎌倉幕府の拠点に変貌していったのである。

六波羅探題府の構造はよくわかっていない。高橋慎一朗は、西を大和大路（「車大路」）、東を珍皇寺《ちんのうじ》から南に延びる六道《ろくどう》大路、北を五条大路末（清水坂）、南を六条大路末（渋谷越）によって囲まれた範囲を探題府の中核の範囲とし、その北半部に探題北方、南半部に探題南方を想定している（高橋慎一朗 一九九六）。また、その南方の七条大路末の北側（現・京都国立博物館の西側）の発掘調査では京・鎌倉時代の南北方向の塀（SA150）と門（SB157）、その東側を区画する幅二・七メートル、深さ〇・四メートルの堀（SD140）が確認されている（京都市埋文研編 一九九四b）。これは六波羅に関連した施設の可能性があり、その場合、六波羅探題府は七条大路末またはその南側まで広がっていたことになる。

平安京北郊の発展

平安京の北郊は、後に「上京《かみぎょう》」と呼ばれるようになる地域の中心部を含んでいる。ここには平安時代前期から、天皇の離宮や貴族の別業が少しずつ営まれるようになった（高橋康夫 一九九三）。たとえば、淳和《じゅんな》天皇はここに離宮である紫野院《むらさきのいん》（雲林亭《うりんてい》）を建て、それは天皇の崩御後に雲林院という寺院に改められた。また、貞純親王《さだずみしんのう》（清和《せいわ》天皇皇子）の桃園殿は何人かの貴族に伝領された後、世尊寺《せそんじ》という寺院になった。そうした開発と同時に、平安京の南北道路が延長され、さらにはそれに直交する東西道路が開削されていった。髙橋康夫は、京・鎌倉時代の初頭には平安京北郊の道路網がすでに完成していたことを指摘している。東西道路としては、一条大路から北に、武者小路および転法輪図子《てんほうりんずし》、北小路、五辻《いつつじ》（今辻子）、毘沙門堂《びしゃもんどう》大路（西大路）、無名の道路（現・寺之内通）、安居院《あぐい》大路、無名の道路（現・鞍馬口通）が通っていたらしい。

この地域の京・鎌倉時代の様相を見ると、まず注目されるのは大報恩寺《だいほうおんじ》（千本釈迦堂《せんぼんしゃかどう》）である。この寺の開祖は出羽国雄勝郡《おがちぐん》に生まれた僧・義空《ぎくう》（求法上人、如輪上人）であった。義空は奥州藤原氏の藤原秀衡《ひでひら》の孫という伝えがある（『大報恩寺縁起記』）が、これは事実なのかどうか、よくわからない。ともあれ、彼は京都に出てきて、承久二年（一二二〇）にこの地に釈迦《しやか》如来《にょらい》像を安置する仮堂を建て、さらに安貞元年（一二二七）にいたって本堂を建て替えた。この時の本堂は現在に伝えられており、京都の市街地では最古の建造物として国宝に指定されている（図44）。

『明月記』の記主であり『小倉百人一首《おぐらひやくにんいつしゅ》』の原型の撰者としても知られる藤原定家は、晩年の約二十年間を一条京極第で過ごした（角田文衞　一九八三）。後世、定家が「京極黄門」の通称で呼ばれるようになったのも、定家邸が京極に存在したことと、彼の極官の権中納言の唐名によっている。もっと正確にいうと、定家の京極第（図45）は平安京の北郊で、東京極大路末の東で一条大路末の北に位置しており、東京極大路末（定家は「西小路」と呼んでいる）から東方向に新たに小さな道を開き、そこに面して正門である唐門《からもん》を建てていた（太田静六　一九八七）。ともあれ、平安京の北郊にはこうした貴族

図44　千本釈迦堂（大報恩寺）本堂　著者撮影

邸宅も建てられていったのである。

後鳥羽上皇は平安京の内外に多数の院御所を所有しており、その数は十八ヵ所に及んだと考えられている（上横手雅敬　一九九一）。この中で平安京北郊を考える上で重要なのは、元久元年（一二〇四）に坊門（藤原）信清《のぶきよ》によって造営された五辻殿《いつつじどの》であった。これは現在の千本通の東、五辻通の北で、東西二町、南北一町の邸宅であったらしい（一五〇ページ図49）。

油小路末の東、毘沙門堂大路の北には、天皇家の持明院統の本拠地となった持明院殿《じみょういんどの》が存在した。この邸宅は、京・鎌倉時代初期には後鳥羽上皇の同母兄（高倉《たかくら》天皇皇子）の守貞親王《もりさだしんのう》（行助法親王《ぎょうじょほっしんのう》）の御所であった。守貞親王は寿永二年（一一八三）の平家都落ちの際、乳母が平家の最高指導者のひとりである平知盛《とももり》の正室の治部卿局《じぶきょうつぼね》であったことから、異母兄の安徳《あんとく》天皇と共に平家に同道して西国に赴き、壇ノ浦の戦いでからくも命拾いをして京都に戻った。しかし、京都ではすでに弟の後鳥羽天皇が即位しており、親王が皇位に即いたり政権の中枢を担うという可能性は失われていた。やむなく親王は出家して法親王となり、妃の持明院（藤原）棟子《むねこ》（のちの北白河院）の父で親王に側近として仕えていた権中納言持明院（藤原）基家の邸宅であった持明院殿で静かな日々を送ることになる。ところが、承久の乱の結果によって後鳥羽院政が崩壊し仲恭天皇が廃位されるや、鎌倉幕府の奏請によって行助法親王の皇子の茂仁王《しげひとおう》が皇位を継承して後堀河《ごほりかわ》天皇となり、さらには法親王は太上天皇の尊号《そんごう》（後高倉院《ごたかくらいん》太上天皇）を受けて治天の君となり、院政を開始することになる。要するに、持明院殿は単なる一皇族の御所から、治天の君の拠点として天下の政治的中枢に変じたのである。これにより、持明院殿は大々的に拡張されるとともに、その周囲には貴族や武士から庶民にいたるさまざまな人たちが集まり、そこには新しい繁華な都市空間が生まれ出たのである。

持明院殿はその後も持明院統の皇族によって院御所として使用されたが、その邸内には安楽光院という仏堂が営まれていた。室町時代中期の文和二年（一三五三）に持明院殿は焼失するが、その後しばらくの間は安楽光院のみが寺院として存続することになる。さらに、安楽光院が退転した後、その敷地には光照院という別の寺院が移転してきた。光照院は現在も上京区新町通上立売上ル安楽小路町で法灯を伝えている。

図45 「此附近　藤原定家一条京極第跡」顕彰碑
著者撮影

持明院殿の敷地の範囲を川上貢は、東は柳原通（烏丸通と室町通の間）、西は現在の光照院境内の西端、南は毘沙門堂大路とし、一辺が約二町半（約三一三メートル）におよぶ広大なものであったと考えている（川上貢 二〇〇二）。ただ、いかに治天の君の院御所とはいえ、それはいささか大きすぎるような感を受ける。ここでは持明院殿の範囲は、東は室町通、西は小川通、南は毘沙門堂大路、北は現在の寺之内通の東西約二町、南北約一町として考えておきたい（図49）。

6　中世京都「巨大都市複合体《コンプレックス》」の展開

水無瀬殿

多才で精力的な帝王であった後鳥羽上皇は平安京の内外に多数の院御所を所有していたが、中でも異彩を放っていたのは水無瀬殿《みなせどの》である。水無瀬は摂津国《せっつのくに》の北東端で山城国との国境に近い場所で、側には淀川《よどがわ》が流れている。離宮と淀川とは水路で結ばれ、すぐに船に乗ることができたらしい。この離宮が特異なのは、京のある山城国ではなく、隣接する摂津国島上郡《しまかみぐん》（現・大阪府島上町）に営まれたことであった。上皇はこの水無瀬殿を非常に気に入り、承久の乱の敗北によって隠岐《おき》に流されるまでの二十一年間に七十回以上にもおよぶ頻繁な御幸を繰り返している。水無瀬殿の研究はこれまでは遅れてきたが、近年、豊田裕章や前川佳代による構造復元が進み、ようやくその景観が判明しつつある（図46）（豊田裕章 二〇一六・二〇一一、前川佳代 二〇一二・二〇二二）。豊田によると、水無瀬殿の歴史は三つの時期に分けられる。これはもとは内大臣土御門（源）通親《みちちか》

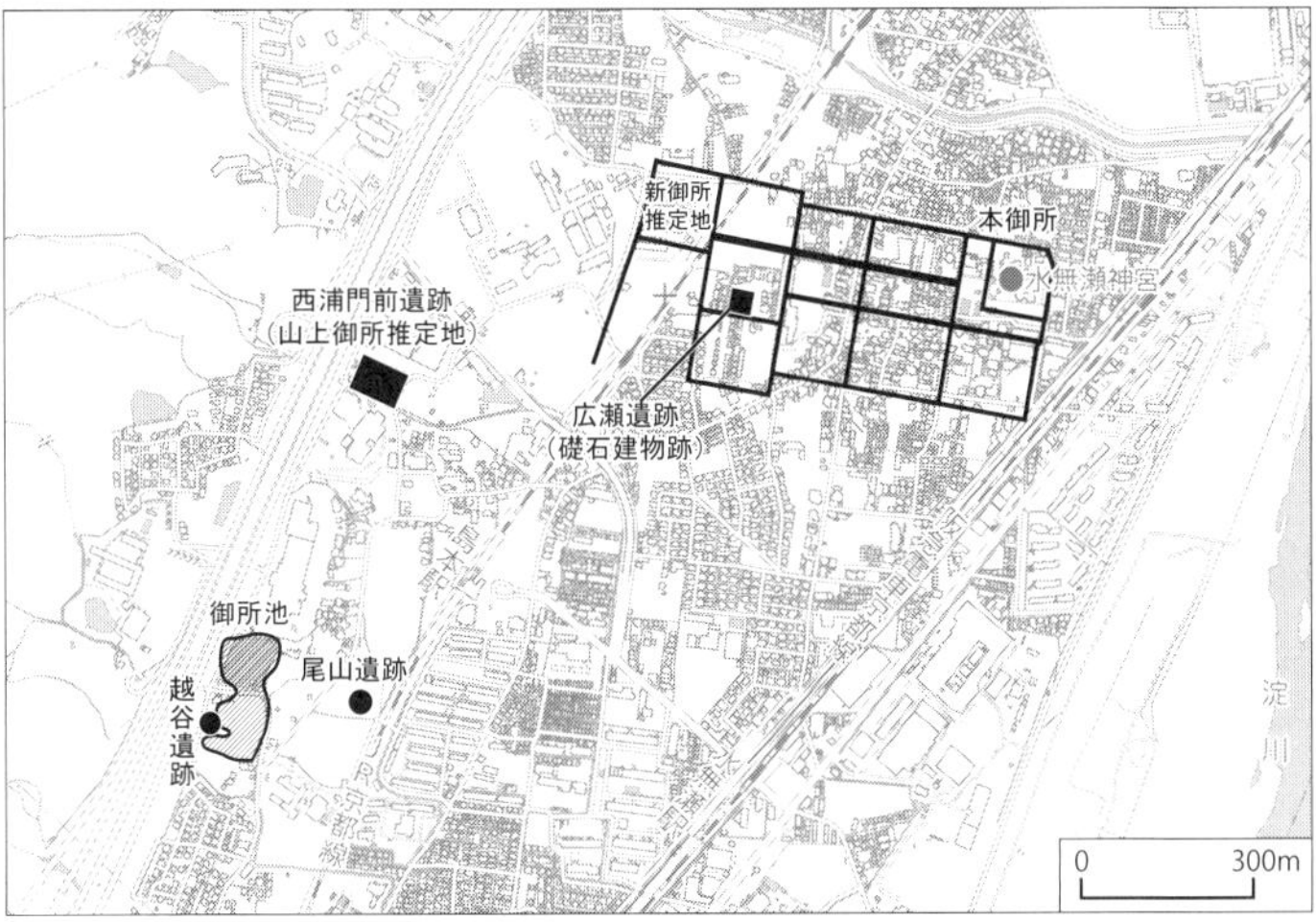

図 46　水無瀬殿復元図　豊田裕章 2011・2016,
前川佳代 2021・2022 に拠り作成

の「水成瀬山荘」であったが、正治二年（一二〇〇）に後鳥羽上皇に献上され、離宮としての水無瀬殿に改築される（第一期水無瀬殿）。この時期には特に中核施設である「本御所」の整備に力が注がれていた。元久二年（一二〇五）、上皇は水無瀬殿の大改修を行う（第二期水無瀬殿）。本御所の寝殿が作り替えられたほか、「西御所」という新たな施設の設置、馬場や馬場殿《ばばどの》の整備、蓮華寿院や春日若宮といった宗教施設の設置、さらには御所の周囲には近臣の宿所が建てられていった。ところが、建保四年（一二一六）の大洪水によって本御所の建物が流出したため、「新御所」が再建されることになった（第三期水無瀬殿）。新御所には「南御所（薗殿《そのどの》）」という別区画が附属していたし、さらに、水無瀬殿を見下ろす丘陵に「山上御所」、また、別地点には上皇の皇子のひとりであった六条宮雅《まさ》成親王《ひらしんのう》の別業もあったらしい。最終的に、承久三年（一二二一）の承久の乱の敗北によって上皇は隠岐に移ることになり、その途上で水無瀬殿に立ち寄り、それを仏堂に改めて自らの肖像画（似絵）を奉納したのである（後鳥羽院御影堂《みえいどう》）。上皇はそのまま都に還ることはできず、延応元年（一二三九）に隠岐で崩御した。上皇の遺骨だけは京都に運ばれ、大原《おおはら》の勝林院《しょうりんいん》に水無瀬殿法華堂を移築してその中に収められた。寛元元年（一二四三）には水無瀬殿の蓮華寿院の本尊や堂舎は洛西の善峰寺《よしみねでら》に移築され、水無瀬殿の跡には後鳥羽院御影堂だけが残り、そこで上皇の菩提が弔われ続けることになる。

豊田や前川による水無瀬殿の復元によると、現在の水無瀬神宮のある場所が水無瀬殿の中枢施設である「本御所」であり、その周囲には方格地割状に道路が敷設され、ひとつの都市を作っていた。「新御所」や「南御所（薗殿）」は方格地割の西端の標高の高いところに存在した。さらに西南の丘陵の裾部には西浦門前遺跡《にしうらもんぜん》があり、ここでは庭園や築地塀の遺構が確認されているが、これは山上御所の一部であったらしい。また、越谷《こしがや》遺跡には「御所池」と呼ばれる池が残り、それはさらに広い池であったことが推定される。「御所池」という呼称から、越谷遺跡は六条宮雅仁親王御所の跡であった可能性が指摘されている。また、水無瀬には「魚市《うおいち》」が移されたことが知られており（『明月記』建保五年二月二十四日条）、庶民のための商業区画が存在したことも重要であろう。

このように、近年の研究は、水無瀬が後鳥羽上皇の「院政王権都市」として着実に発展してきたことを明らかにしたのである。

亀山殿と嵯峨

承久の乱の後、鎌倉幕府は京都の朝廷の再編に乗り出す。権門体制下の軍事権門として天皇と首都京都の守護をその本質とする幕府にとって、自らとの協調体制を採る朝廷は必要不可欠の存在だったのである。そうして成立した後高倉院太上天皇の皇統は後堀河天皇に引き継がれるものの、後堀河上皇の早世と幼帝四条《しじょう》天皇が不慮の事故によって崩御するという悲運のために断絶した。朝廷を主導していた摂政九条（藤原）道家《みちいえ》は順徳上皇皇子の忠成王《ただなりおう/ただひら》（佐渡院宮《さどのいん》）の擁立をはかるものの、これはまだ佐渡で存命であった順徳上皇の復権につながるとして鎌倉幕府の執権北条泰時《ほうじょうやすとき》が反対、結局は泰時の強い意向によって故・土御門上皇の皇子であった邦仁王《くにひとおう》が即位して後嵯峨《ごさが》天皇となる（仁治三年〈一二四二〉）。後嵯峨天皇はその即位の経緯からして鎌倉幕府との関係は良好であり、これでようやく京都朝廷は安定することになる。そしてその権力はそのまま子の亀山《かめやま》天皇に引き継がれ、京都の王権は実に四十五年間にわたる繁栄の時代を迎えることができたのである。古代ヨーロッパにおける「Pax Romana（ローマの平和）」やその言葉を援用した近世日本の「パックス・トクガワーナ」の顰《ひそ》みに倣い、この時代を「後嵯峨の平和《パックス・ゴサガーナ》」と呼んでみるというのはどうだろうか。

こうした栄華を実現した後嵯峨上皇は、その権威を背景として新たな院政王権都市の建設に乗り出した。建長七年（一二五五）、上皇は京都の西郊の嵯峨に新しい離宮である亀山殿を設けたのである（大村拓生 二〇〇六、山田邦和 二〇一二）。嵯峨の地にはすでに、平安時代前期に嵯峨《さが》天皇の離宮であった嵯峨院《さがいん》を寺院に改めた大覚寺《だいかくじ》や、嵯峨天皇皇子だった源融《とおる》の別業であった栖霞観《せいかかん》を寺院にした棲霞《せいか》寺《じ》が存在した。後者は、十世紀末に僧・奝然《ちょうねん》が中国の北宋から持ち帰った釈迦如来像が安置され、それが人々の厚い信仰を集めたことにより、寺自体も「嵯峨釈迦堂《さがしゃかどう》」の通称で知られるようになる。釈迦堂の南門から南に延びて大堰川《おおいがわ》にいたる道路（現、長辻通）は嵯峨の南北の基軸道路であったが、嵯峨が都市として発展するとともに「朱雀大路《すざくおおじ》」の名称で呼ばれるようになる。朱雀大路とはもともとの平安京の中心的道路の名称であり、それに由来して、藤原道長《みちなが》が建立した法成寺《ほうじょうじ》から南に延びる道路が「東朱雀大路」と呼ばれたり、白河の南北道路のひとつが「今朱雀」の名を持つこととなった。嵯峨朱雀大路《しゅしゃか》の存在は、中世都市嵯峨が平安京に準ずるような都市として広く認められるようになった証ということができるだろう。また、釈迦堂の東側には藤原定家の小倉《おぐら》山荘や幕府御家人であった蓮生《れんじょう》入道宇都宮頼綱《うつのみやよりつな》の中院《ちゅういん》山荘があった。蓮生の山荘に飾るため、定家が『小倉百人一首』の原型を編纂したことは名高い。後嵯峨上皇による亀山殿の建設は、この嵯峨の歴史に新しいページを加えたのである。

亀山殿を中心とする院政王権都市嵯峨の構造については、幸いにも残されている十四世紀前半の「亀山殿近辺指図」（天龍寺蔵）によってその概略を知ることができる（図47上）。嵯峨朱雀大路の西側に「野宮《ののみや》大路・亀山殿惣門前路」という南北道路が作られ、その西側に亀山殿の本体が置かれた。亀山殿の南側は大堰川に接し、その対岸は嵐山《あらしやま》の絶景が広がっていた。後嵯峨上皇は嵐山に数千本の桜を植え、春には亀山殿の大堰川沿いに作った桟敷《さじき》からその風景を楽しんだという。亀山殿の庭園には大きな池が掘られ、大堰川から水車によって水が引き入れられていた。さらに、亀山殿の北半部は浄金《じょうこ》剛院《んごういん》をはじめとするいくつもの仏堂が建てられ、後嵯峨上皇や亀山上皇の仏道修行の場ともなっていた。嵯峨朱雀大路に直交して「造道」が敷設され、これが都市嵯峨の東西の基軸道路となっていた。また、亀山殿の東側には上皇の妃たちの邸宅、上皇の側近の貴族や女房、さらには離宮を守護する武士たちの宿所などが立ち並んでいた。

後嵯峨上皇の亀山殿に関して、興味深い挿話が語り継がれている。亀山殿の建設工事の際に現場の一角に古い塚《つか》があるのが見い出され、そこには無数の大きな蛇がうごめいていた。人々はこれを神の化身だとして恐れおののいたのだが、後嵯峨院政の重鎮であった太政大臣徳大寺《とくだいじ》（藤原）実基《さねもと》だけは

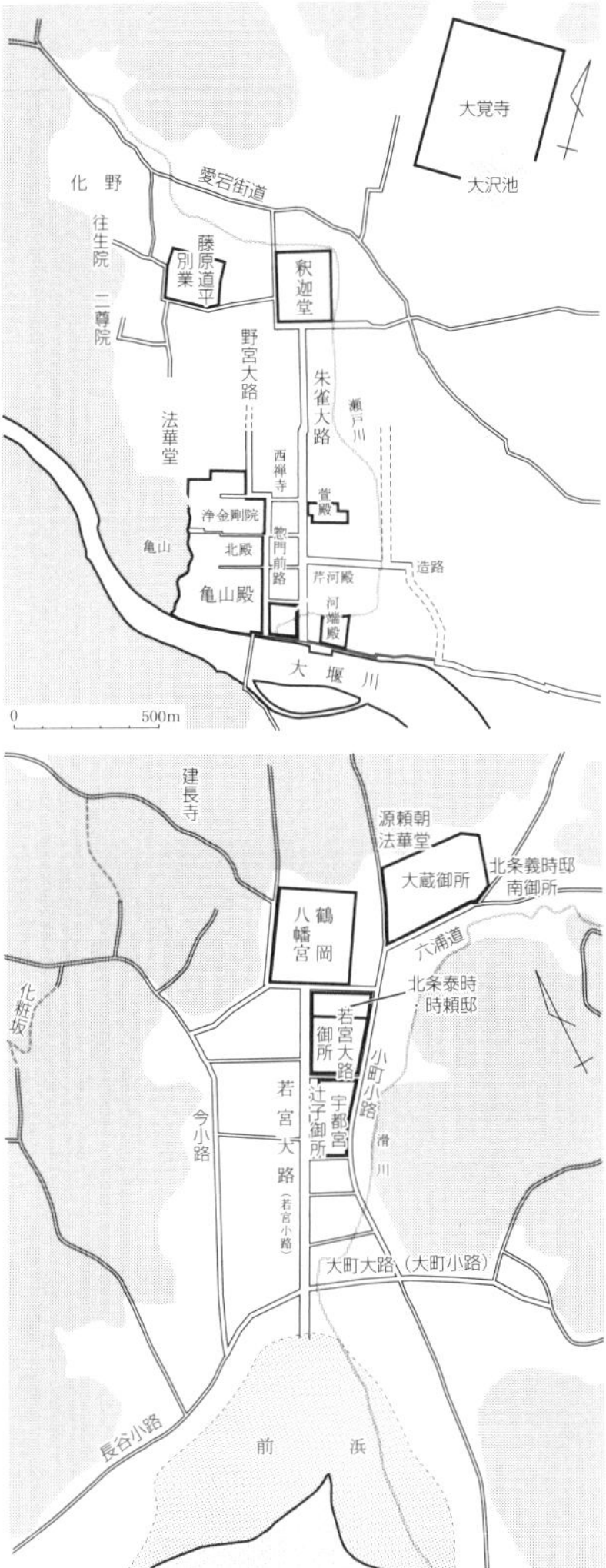

図47　中世都市嵯峨（上）と鎌倉（下）
山田邦和2012に拠る

「天皇の国（王土）にいる虫が皇居を建てるのに祟りをするはずがない」と断じて蛇を大堰川に流させ、工事はつつがなく竣工したというのである（『徒然草』第二〇七段）。永い混迷の時代を脱して「後嵯峨の平和《パックス・ゴサガーナ》」を実現した上皇の王権の揺るぎない自信を読み取ることができよう。

もうひとつ指摘しておきたいのは、こうして築かれた院政王権都市嵯峨と、東国の首都であった武家の都市鎌倉の類似である（図47）。都市の中央北端には象徴的な宗教施設（嵯峨の釈迦堂、鎌倉の鶴岡八幡宮《つるがおかはちまんぐう》）が存在する。そこから南に向かって都市基軸道路（嵯峨の朱雀大路、鎌倉の若宮大路）が真っ直ぐに延び、その先端は広い水面（嵯峨の大堰川、鎌倉の相模湾）にたどりつく。そして、基軸道路の周辺にも東西・南北に新しい道路（嵯峨の野宮大路・惣門前路・造路など、鎌倉の小町小路、今小路など）が敷設され、そこには都市の主人の邸宅（嵯峨の亀山殿、鎌倉の将軍御所）とともに、さまざまな人々の屋敷が連なっていた。嵯峨の釈迦堂山門《さんもん》から大堰川の北岸までは約一・〇キロであり、鎌倉の鶴岡八幡宮から相模湾の前浜までの距離もほぼ同じくらいであるとみてよい。つまり、嵯峨と鎌倉の都市の基本構造はまるで双生児のような類似性を示しているのである。京・鎌倉時代において、東西のふたつの政権がほぼ同形同大の都市の建設にいそしんでいたことに、都市史の妙を感じざるをえないのである（山田邦和 二〇一二）。

院政王権都市嵯峨の創設者であった後嵯峨法皇は文永九年（一二七二）に、その継承者であった亀山法皇は嘉元三年（一三〇五）に亀山殿においてそれぞれ崩御した。ふたりの法皇はどちらも亀山殿において火葬され、その遺骨は亀山殿の浄金剛院に法華堂《ほっけどう》を建ててそこに埋葬されている。亀山法皇の遺骨は南禅寺《なんぜんじ》、高野山《こうやさん》、そして後には息子の後宇多《ごうだ》天皇陵である嵯峨の蓮華峰寺《れんげぶじ》法華堂にも分骨されているが、あくまで亀山法皇の本陵は亀山殿の浄金剛院法華堂であった。ふりかえるならば、前代においても、白河・鳥羽・近衛三天皇陵は鳥羽殿の御堂や御塔、後白河天皇陵は法住寺殿の御堂がそれぞれ充てられている。院政王権都市はその主人としての天皇の永遠の眠りの場でもあった。その点で嵯峨は、鳥羽殿や法住寺殿の正統の後継者だったといえるであろう。

祇　園

鴨川の東には南禅寺、建仁寺《けんにんじ》、法観寺《ほうかんじ》（「八坂《やさか》の塔」）、清水寺《きよみずでら》、東福寺《とうふくじ》といったいくつもの大寺社が点在し、その周囲がそれぞれ特色ある都市空間を作り出していた。これは「東山中世都市群」と仮称することができよう（図48）（山田邦和 二〇一六a・二〇一六b）。

その中で最も重要なもののひとつが祇園社《ぎおんしゃ》（祇園感神院《かんじいん》）である。これは平安時代前期の九世紀後半に創建され、疫病《えきびょう》を祓う祇園御霊会《ごりようえ》を主宰することによって名声を高めた。十世紀中葉、奈良の興福《こうふく》寺《じ》と比叡山延暦寺《ひえいざんえんりゃくじ》が祇園社の支配権をめぐって争ったが、結局はこの争いは比叡山の勝利に終わった。それ以降、祇園社は京都における延暦寺の別院《べついん》となり、同寺の権威を背景として大きく勢力を伸ばすことになる（伊藤正敏 二〇〇八）。祇園社の正面は本来的には南側であるが、平安京との関係から西大門が重要視されるようになっていった。つまり平安京の四条大路の延長道路が四条橋によって鴨川を越え、そのまま「祇園西門前大路」となって祇園社へと続くのである。祇園西門前大路は平安京から祇園社への最重要の参詣路となり、四条橋の西端には祇園社の鳥居が建てられていた（『一遍上人絵伝』巻七）。弘安七年（一二八四）に時宗の開祖である一遍が入洛した際に、彼は多数の信者とともにこ

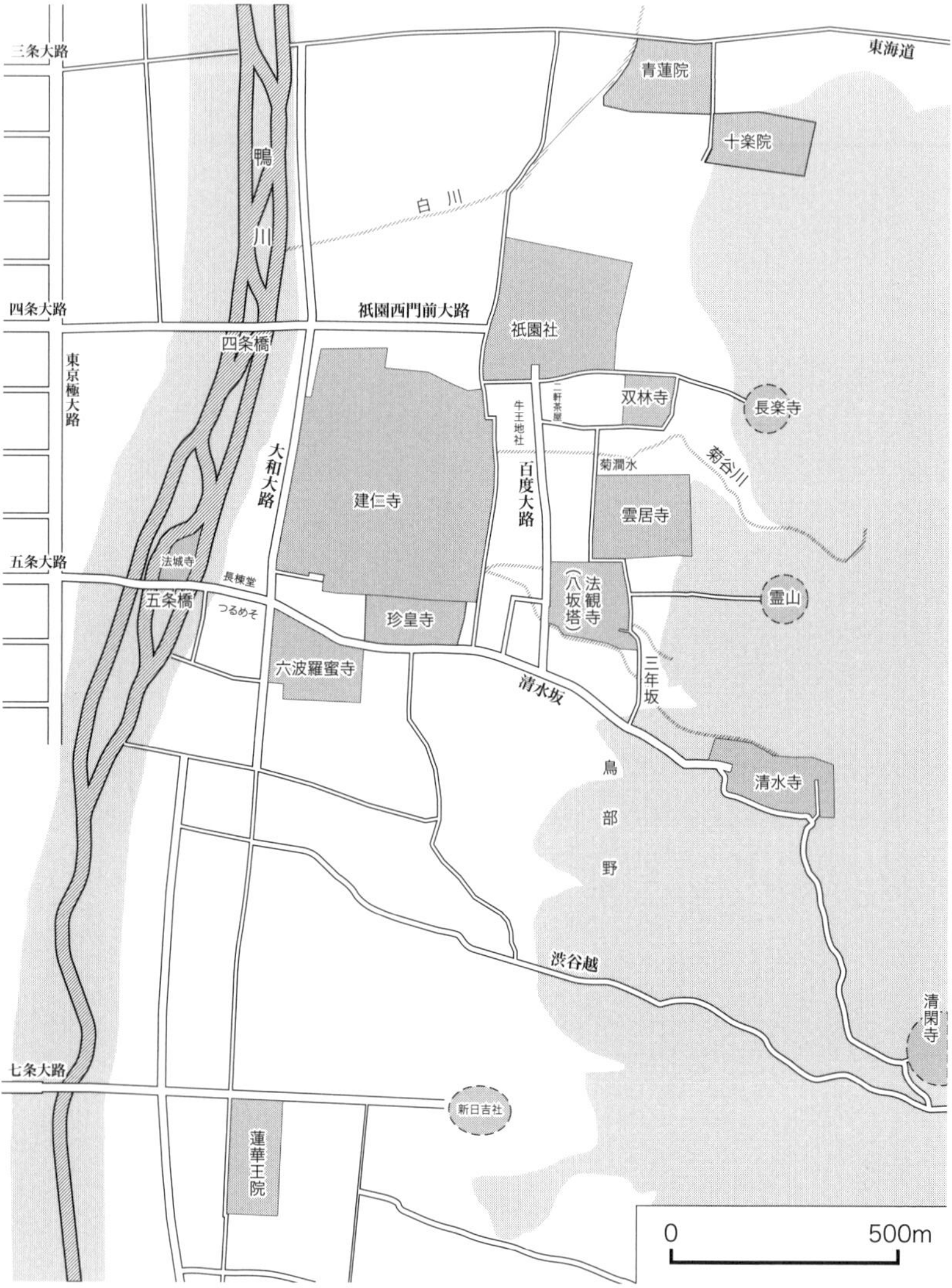

図 48 「東山中世都市群」復元図　山田邦和 2016a に拠る

の橋を渡っているが、その様子は『遊行上人縁起絵』（金光寺本、東京国立博物館本、真光寺本、光明寺本）に描かれている。祇園西門前大路の南北の地域は祇園社の門前町となっていた。寛元元年（一二四三）にこの道路沿いで大火災が起きるが、その際に焼亡した民家は数百軒にものぼった（『百錬抄』同年一月四日条）。この地区の北部にあたる東山区富永町所在遺跡では、十三世紀前半の埋納銭が発見されている（柴田実 一九三二）。これは須恵《すえ》質の甕の中に三万数千枚におよぶ大量の中国銭を入れたものであった。こうした遺物は、祇園社門前の商業空間の存在をあらわしているとみてよいだろう。

北山

京・鎌倉時代においては、平安京の西北郊の北山・衣笠地区もまた重要性を増していた。この地区の中核であったのは、西園寺《さいおんじ》（藤原）公経《きんつね》が建設した北山殿《きたやまどの》・西園寺である（鹿苑寺編 二〇〇四、鋤柄俊夫 二〇〇八、川上貢 二〇〇二）。公経は皇室とも縁の深い閑院流《かんいんりゅう》藤原氏の出身であるが、彼にとって特に幸運だったのは、その妻の一条《いちじょう》（藤原）全子《またこ》の母が源頼朝の同母妹の「坊門の姫」だったことである。頼朝はこの妹を大切にしたし、全子の父である一条（藤原）能保《よしやす》も妻の縁によって頼朝の信頼を得、鎌倉幕府の京都守護という重職を勤めることになる。こうした縁によって、全子の夫の公経もまた幕府とも強いつながりを持つことができた。これが仇となって公経は承久の乱では後鳥羽上皇によって幽閉されるという危機に陥ったこともあるが、乱の後は親幕府派貴族の代表として朝廷と幕府の間の調整役である関東申次《かんとうもうしつぎ》となり、その権力をゆるぎないものとした。

元仁元年（一二二四）、公経は衣笠山の東麓に所有していた別業の「北山殿」の中に「北山堂」を建立、それを西園寺と名付けた。これ以降、寺院としての西園寺と公経の別業としての北山殿はまったく表裏一体の存在となる。西園寺は広大な庭園と多くの仏堂からなっていた。それには、阿弥陀如来《あみだにょらい》を祀る本堂（狭義の西園寺）、薬師如来《やくしにょらい》の善積院、地蔵菩薩《じぞうぼさつ》の功徳蔵院、愛染明王《あいぜんみょうおう》の成就心院、阿弥陀如来の法水院・化水院・無量光院《むりょうこういん》、さらには妙音堂、不動堂《ふどうどう》、五大堂《ごだいどう》（長増心院）などがあった（『増鏡』第五「内野の雪」）。庭園には、高さ四十五尺（約一三・六メートル）にもおよぶ壮麗な滝が作られ、澄んだ池水や清らかな庭石が配置される様は見事であり、それを実見した藤原定家は「実無比類」と絶賛している（『明月記』嘉禄元年正月十四日条）。後に西園寺は足利義満によって接収され、彼の北山殿（現在の鹿苑寺《ろくおんじ》（通称「金閣寺」））に改造される。西園寺の大滝は、これまでは現・鹿苑寺庭園の中で高い場所にある「安民沢《あんみんたく》」という池から金閣のある「鏡湖池《きょうこち》」の方向に流れる「龍門瀑《りゅうもんばく》」の滝に比定されてきた。しかし、東洋一は龍門瀑ではとうてい四十五尺もの高さはとれないことから、この大滝は鹿苑寺不動堂の北側の崖に存在していたと推定している（一七七ページ図53）（東洋一 二〇〇二）。東によると、大滝の水は左大文字山を水源とし、鹿苑寺総門の北側にかつて存在した池に流れ込んでいたという。

鹿苑寺不動堂では、建物の奥に接して石室があり、そこに不動明王石像が祀られている。この石室の壁には多くの銘文が刻まれており、その中には康永元年・二年・四年（一三四二・四三・四五）、貞和二年（一三四六）、文和二年（一三五三）、応永十二年（一四〇五）の六つの紀年銘が含まれている（鹿苑寺編 二〇〇四）。最後の応永十二年を除くといずれも義満の北山殿以前の年代であるから、この不動堂の石室は十四世中葉の西園寺に作られたことはまちがいない。

両統迭立と衣笠・花園

「後嵯峨の平和《パックス・ゴサガーナ》」は未曾有の繁栄を誇りながらも、その影に不安定要素を潜ませていた。それは、後嵯峨法皇が自らの後継者を長男の後深草天皇ではなくその同母弟の亀山天皇と定め、以後の皇統は亀山天皇の子孫を正嫡とするという意向をもっていたことによる。これにより、後深草上皇は政権を握るどころか自分の子孫に皇位を伝えることもできず、内なる不満を鬱積させていったのである。文永十一年（一二七四）に亀山天皇が皇子の後宇多天皇に譲位して院政を開始したことをきっかけに後深草上皇の不満は爆発する。この時、後深草上皇に同情した鎌倉幕府の執権北条時宗《ときむね》が調停に乗り出し、後宇多天皇の皇太子には後深草上皇の皇子の熙仁《ひろひと》親《しん》王《のう》（のちの伏見天皇）が立てられた。これにより、皇室は後深草上皇の持明院統と亀山上皇の大覚寺統に分裂し、その後の皇位継承をめぐって暗闘をくりかえす両統迭立の時代を迎えることになる。

なお、皇室がこうした状態に陥ったことを、朝廷の権限を制限しようと意図する鎌倉幕府の謀略であり、幕府はこれを通じて皇位決定権までも掌握する絶対的権力の確立に成功した、とみる向きもあるが、それは採れない。幕府が皇位継承問題に介入し、幕府の判断が次の天皇を決定したことは事実であるけれども、幕府にとっては朝廷は邪魔者や対立者だったのではない。幕府が成立するための究極の原則は京都の王権の守護者というところにあるし、後嵯峨天皇擁立劇の時に見られたように、親幕府派の朝廷が安定することこそ幕府の望むところだったのである。皇位継承問題にしても、自派を有利にするために鎌倉幕府を頼っていたのは、京都のふたつの皇統のほうであった。むしろ幕府としては、両統からの矢継ぎ早の働きかけに困惑し、どちらに過度の肩入れをするわけずにもいかず、や

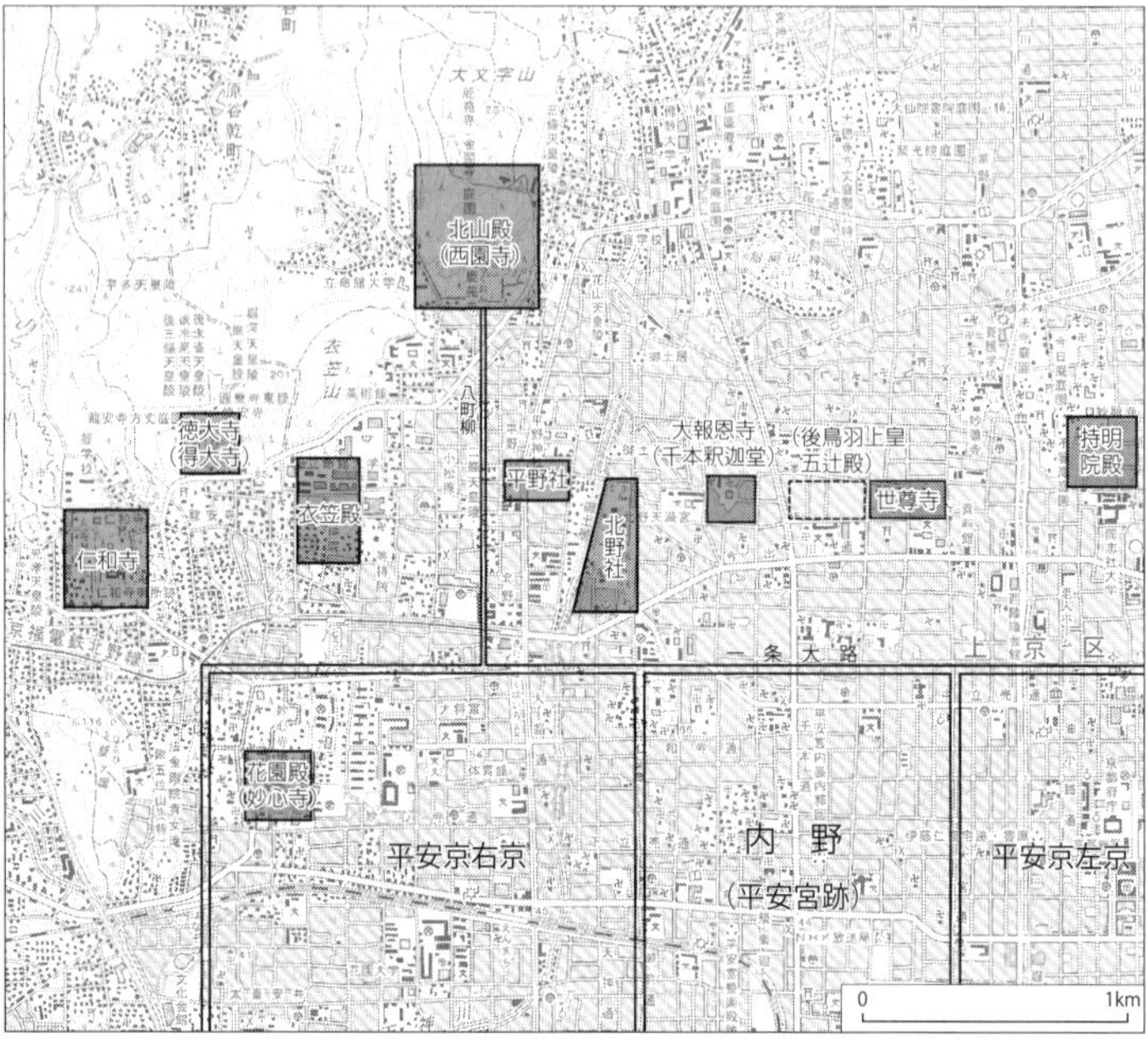

図49　京・鎌倉時代の平安京北郊復元図　山田邦和2016bに拠る

むなくその場限りの弥縫策《びほうさく》を繰り返さざるをえなかったと見るべきであろう。

西園寺・北山殿の西には、藤原氏近衛家《このえけ》の分流であった内大臣衣笠《きぬがさ》（藤原）家良《いえよし》の「衣笠殿」が存在した（図49）（山田邦和 二〇一六a）。その正確な場所は不明であるが、足利尊氏の菩提所である等持院《とうじいん》（北区等持院北町）はこの衣笠殿の土地を引き継いだ可能性が高いと思う。衣笠殿の重要性は、京・鎌倉時代後期に持明院統の上皇（後深草・伏見・後伏見・花園各上皇）や女院がここに頻繁に御幸し、さまざまな儀式を行っていることに現れている。その回数は永仁三年（一二九五）から正中二年（一三二五）までの三十年間で、実に百十四回という多数にのぼっているのである。さらに、衣笠殿の南の右京一条四坊には花園法皇の離宮である花園殿があり、それは法皇によって妙心寺《みょうしんじ》に改められている。京・鎌倉時代の衣笠や花園の地は、持明院統のための新しい都市空間に変えられていったのである。

四　南北朝動乱から室町政権へ

1　後醍醐天皇の建武政権と京都

後醍醐天皇と建武の新政

京・鎌倉時代後期の皇室の「両統迭立《りょうとうてつりつ》」は、やがて鎌倉幕府の滅亡という思いがけない結末に向けてなだれこんでいった。延慶元年（一三〇八）、大覚寺統《だいかくじとう》の後二条《ごにじょう》天皇が在位わずか七年あまりで崩御し、皇位は持明院統《じみょういんとう》の花園《はなぞの》天皇に移る。ここで問題となるのは、花園天皇の次代の天皇を両統のどちらが出すかということである。亡き後二条天皇の皇子で大覚寺統の嫡流であった邦良親王《くによししんのう》がまだ年少だったことから、持明院統は花園天皇の皇太子もまた自統から出すことによって二代にわたって皇位を独占することをもくろんだ。大覚寺統の当主であった後宇多《ごうだ》法皇はライヴァルのこうした動きを牽制するため、邦良親王の擁立を先送りし、皇太子として後二条天皇の異母弟の尊治親王を送り込んだ。同親王は文保二年（一三一八）に在位十年に達した花園天皇から譲りを受けて即位した。これが後醍醐天皇《ごだいごてんのう》である。すなわち、後醍醐天皇の登極は後二条天皇の早すぎる崩御というアクシデントの産物だったのである。しかし、後醍醐天皇の皇太子には邦良親王が立てられ、さらにその次代には持明院統の後伏見《ごふしみ》天皇皇子の量仁《かずひと》親王（のちの光厳《こうごん》天皇）という最有力な皇位継承候補者が控えていた。このままでは、後醍醐天皇が永続的な政権を築き、さらには自分の子孫に皇位を受け継がせることは不可能だったのである。

ところが、聡明であるとともに強烈な個性とあくなき権力欲の持ち主であった後醍醐天皇は、自分がわずかな期間のピンチヒッターとして終わることに満足できなかった。天皇は元亨元年（一三二一）にそれまで院政を行っていた後宇多法皇から政権の移譲を受けて親政を開始し、意欲的な政策を続々と打ち出していく。そうした中で、天皇が自らの政権を永続化させたいという夢を抱いたことも当然であろう。正中元年（一三二四）に勃発した正中《しょうちゅう》の変が、『太平記《たいへいき》』が描くような天皇による倒幕計画であったのか、それとも後醍醐天皇を引きずり落とそうとした持明院統の謀略による濡れ衣だったのか（河内祥輔 二〇〇七）については諸説があるが、いずれにせよ天皇の長期政権への望みは二重三重の大きな壁に阻まれていたのである。結局、後醍醐天皇は自分の夢を実現させるためには、両統迭立の原則でがんじがらめにされた政治体制を根本から覆さなければならないという結論にたどりついた。つまりそれは、この体制の保証役となっていた鎌倉幕府を滅ぼし、返す刀で持明院統をはじめとする朝廷内の対抗勢力を無力化し、自身の独裁政権を樹立するということと同義だったのである。

元弘元年（一三三一）、後醍醐天皇は倒幕計画を本格化させた。元弘の乱の開始である。しかしこの動きは早々に幕府の知るところとなり、後醍醐天皇は笠置山《かさぎやま》に逃亡してそこで抗戦したものの、幕府の圧倒的な軍事力の前にあえなく敗北、天皇は廃位の憂き目を見て隠岐《おき》に流されることになる。後醍醐天皇の退位を受け、京都では持明院統の量仁親王が即位して光厳天皇となった。しかしそれは乱の終結を意味するものではなかった。廃帝であるはずの後醍醐天皇は隠岐においても自らの皇位の正統性を主張し、また畿内《きない》では後醍醐天皇皇子の護良親王《もりよししんのう》（大塔宮《おおとうのみや》）が対幕府戦を指揮し、特に河内《かわち》の楠《くす》木正成《のきまさしげ》は堅固な山城に拠る籠城戦と神出鬼没のゲリラ戦によって幕府軍を翻弄する。結局、正慶二年（後醍醐天皇の元弘三年、一三三三）にいたって最有力御家人のひとりであった足利高氏《あしかがたかうじ》（のちの尊氏）が幕府を裏切って後醍醐天皇の側につき、京都の六波羅探題を攻略する。六波羅の滅亡によって首都京都の軍権を失った鎌倉幕府は、ここに「幕府」としての本質を喪失したのである。さらに、関東でも上《こう》野国《ずけのくに》の御家人であった新田義貞《にったよしさだ》が挙兵、高氏の嫡子である千寿王《せんじゅおう》（のちの足利義詮《よしあきら》）がそこに合流することによって関東各地の武士が集まって大軍勢に膨れ上がり、鎌倉めざして殺到する。そして、壮絶な鎌倉攻防戦の後、ついに同年五月二十二日に得宗北条高時《とくそうほうじょうたかとき》以下の北条氏一門が鎌倉の東勝寺《とうしょうじ》において自害し、最後の鎌倉殿であった守邦親王《もりくにしんのう》も征夷大将軍を辞して出家した。なお、同親王は三ヵ月後の八月に薨去することになるが、これは弑逆《しいぎゃく》または自害であった可能性も高いと思う。

幕府の滅亡を受け、後醍醐天皇は元弘三年（一三三三）六月五日に京都に還御《かんぎょ》し、復活の悲願を果たす。天皇はここに、幕府を拒否するとともに摂政関白さえも置かないという未曽有の天皇独裁政治、つまり建武の新政を開始したのである（山田徹 二〇二一）。

後醍醐天皇の二条富小路殿

後醍醐天皇の内裏は、前任の花園天皇のそれを引き継いだ左京二条四坊十三町の二条富小路殿《にじょうとみのこうじどの》であった。前述したように、この御所は持明院統または大覚寺統のどちらかに専有される里内裏《さとだいり》ではなく、皇統にかかわらず今上天皇が皇居とする正式の内裏だったからである（山田邦和 二〇一九）。したがってこの御所には本内裏にふさわしく、紫宸殿《ししいでん》、清涼殿《せいりようでん》、仁寿殿《じじゆうでん》をはじめとする建物群がひととおり整備されていた。ただ、建武の新政は後醍醐天皇にすべての権力を集中するものであったから、それまでの朝廷と比べても行政規模は格段に増大したし、それを処理するにはそれまでの二条富小路殿ですら充分ではなかった。そこで、二条富小路殿の既存の建物は改修されて面目を一新し、さらには新しい建物が続々と増築されていったのである。

さらに、二条富小路殿の四方の土地も接収され、そこに新しい官衙が配置されていった（図50）。それは、二条富小路殿を中心として、北は大炊御門大路《おおいみかどおおじ》、南は押小路《おしこうじ》、西は万里小路《までのこうじ》、東は鴨川《かもがわ》河原という、三町四方の空間だったと推定される。前代の本内裏であった閑院の周囲の三町四方の空間が大内裏になぞらえた「陣中」となっていたことは前述の通りであるが、建武政権の二条富小路殿にもこうした陣中が設定されたのだと考える（山田邦和 二〇二〇）。建武政権では新しい役所も開設されていったが、その中でも朝廷の大事を扱う記録所《きろくしよ》、一般訴訟を担当する雑訴決断所《ざつそけつだんしよ》は二条富小路殿の本体の中に置かれたが、その窓口業務を担当する「押小路京極役所」（『建武記』所載「陣中法条々」）。は、二条富小路殿の南側の陣中の中（左京三条四坊十六町）に設置されていたのであろう。功績のある貴族や武士への恩賞を審査する恩賞方は陣中の外側にあたる左京三条四坊十町に存在したらしい。

二条富小路殿の西側の左京三条四坊一町には「馬場殿《ばばどの》」という離宮が設けられていた（『太平記』巻

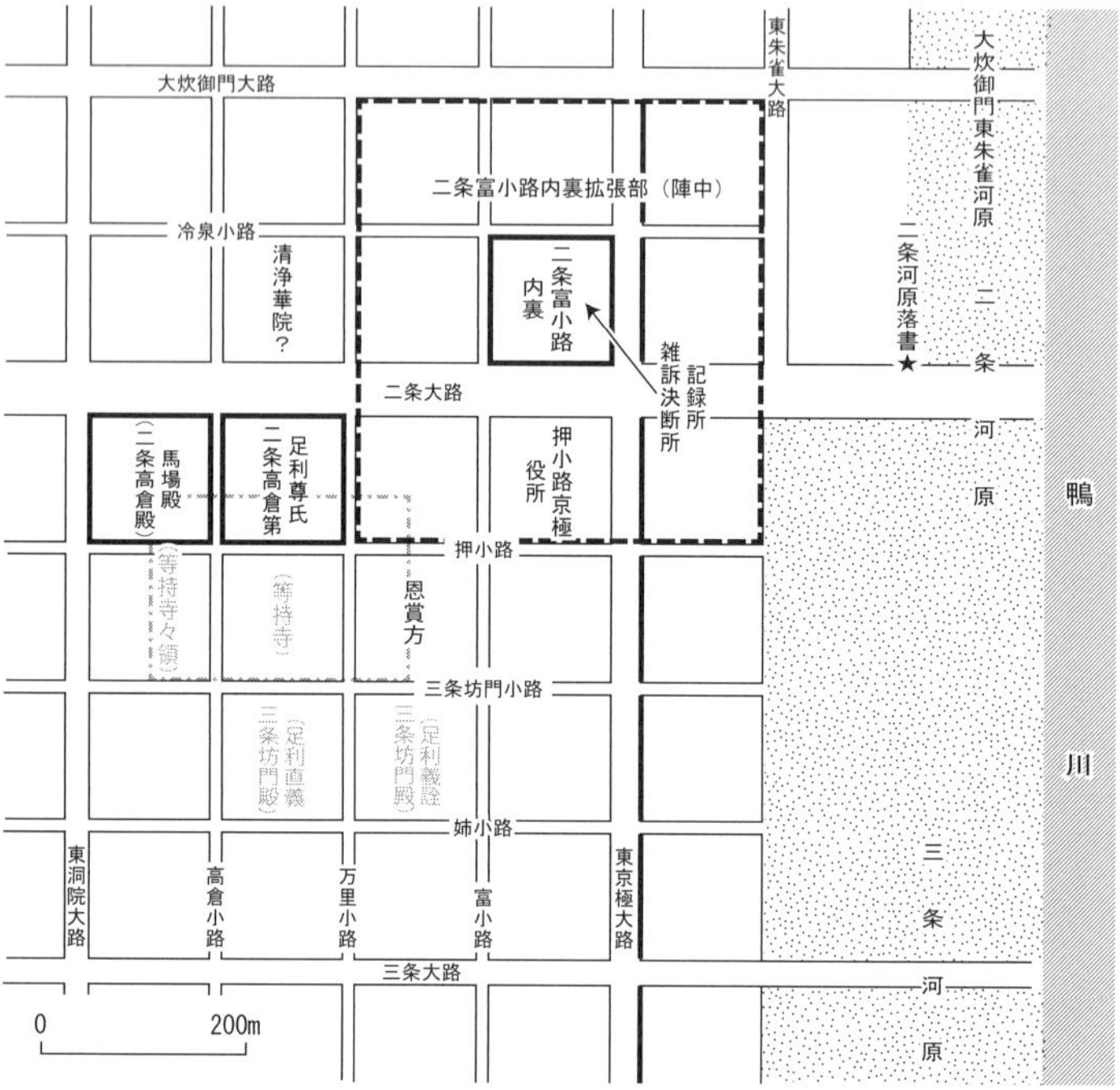

図 50　後醍醐天皇の二条富小路内裏復元図　山田邦和 2020 に拠る

第十三）。建武二年（一三三五）、後醍醐天皇皇子で征夷大将軍の顕職にあった大塔宮護良親王は、足利尊氏（高氏から改名）との暗闘のあげくに父帝の信任を失って失脚し、この馬場殿に幽閉されている（『太平記』巻第十二）。

後醍醐天皇の大内裏復興計画

このように後醍醐天皇は二条富小路殿の拡張と整備を意欲的に進めたのであるが、それですら、天皇の理想を具現化するためには充分ではなかった。ここで天皇は、大内裏の復興を発議する（山田邦和 二〇二〇）。大内裏こそは後醍醐天皇が理想とした平安時代の王権の象徴だったからである。復興に必要となる財源としては、安芸《あき》・周防《すおう》両国を料国《りょうごく》に指定してそこからの年貢を充てるとともに、全国の地頭や御家人の所領《しょりょう》の得分の二十分の一を献納するように命じた。さらに、日本では前例のない紙幣を発行し、ここから上がる利益をもこの事業に投入しようとしたという（『太平記』巻第十二）。建武二年（一三三五）六月十五日、復興の実務を担当する「造大内裏行事所」が開設されている（『匡遠記』〔『大日本史料』第六編二冊所引『建武二年六月記』〕同日条）。

ここで問題になるのは、後醍醐天皇が復興しようとしていたのは、大内裏《だいだいり》すなわち平安宮《へいあんきゅう》の全体であったのか、それとも平安宮内裏（大内《おおうち》）だけにとどまるのか、ということである。これはなかなか判断が難しい。ただ、前述した通り、後醍醐天皇の時代には平安宮八省院《はっしょういん》の建物は無くなっていたけれどもその跡地は保全されており、天皇即位の際の大嘗会《だいじょうえ》は八省院の跡地で行われていた。しかし王朝時代の天皇親政を理想として掲げていた後醍醐天皇が、大嘗会のような重要儀式が平安時代の施設の単なる跡地で行われることに満足していたはずはないだろう。天皇は必ずや、平安時代のような壮麗な大内裏に君臨する自らの姿を思い描いていたに違いない。そうすると、やはり後醍醐天皇は平安宮内裏だけではなく、大内裏全体の復興を目指していたのであろう。天皇は、その手始めとして自らの皇居となる平安宮内裏を再建し、さらにその次の段階としては八省院や朱雀門を再建して平安宮の正面観を壮麗に整え、ゆくゆくは大内裏全体の復興へとつなげていく、ということを考えていたのではないかと思う。

しかし、あまりにも壮大な後醍醐天皇の計画はついに実現にはいたらなかった。造大内裏行事所が設置されてわずか七日後の建武二年(一三三五)六月二十二日には大納言西園寺公宗《さいおんじきんむね》の天皇暗殺計画が発覚し、さらに鎌倉幕府最後の得宗北条高時の子の時行《ときゆき》が東国で挙兵する(「中先代の乱」)。そして、同年十一月、中先代の乱を鎮圧した足利尊氏が後醍醐天皇に反旗を翻すことによって建武政権は大混乱に陥り、その中で大内裏復興計画もまた幻に終わってしまうのである。さらに、延元元年(一三三六)には一旦は戦いに敗れて九州にまで逃げ延びていた尊氏が再起して京都を目指す。この迎撃に乗り出した新田義貞率いる建武政権軍は摂津国《せっつのくに》の湊川《みなとがわ》の戦いで足利軍に撃破され、主要メンバーのひとりであった楠木正成を失うという大敗北を喫する。この結果、後醍醐天皇はやむなく京都を捨てて比叡山《ひえいざん》に籠り、主を失った二条富小路殿はたちまちにして荒廃し、その姿を消してしまう。ここに、後醍醐天皇がその理想を込めた建武の新政は脆くも瓦解したのである。

2 初期室町幕府と京都

北朝の天皇の内裏

元弘元年(一三三一)八月、後醍醐天皇が元弘《げんこう》の乱によって廃位された結果、持明院統の光厳天皇が皇位を継承する。同天皇は陽徳門院媖子《ようとくもんいんひでこ》内親王(後深草《ごふかくさ》天皇皇女)の御所であった土御門東洞院殿《つちみかどひがしのとういんどの》(左京北辺四坊二町)で践祚《せんそ》し、太政官庁において即位の大礼を行った。践祚した光厳天皇はすぐに左京二条四坊十三町の二条富小路殿に遷った。前述したように、これは二条富小路殿が単独の皇統に所属する里内裏ではなく、今上天皇の皇居となる正式の内裏とみなされていたからである。ただ、鎌倉幕府の滅亡によって後醍醐天皇が復位すると、光厳天皇は即位の事実すら否定されてしまうという屈辱に陥れられる。わずかに光厳には太上天皇の尊号《そんごう》だけは認められることとなり、光厳上皇は持明院統の累代の邸宅である持明院殿を仙洞御所《せんとうごしょ》とすることになる。

後醍醐天皇に反旗を翻した足利尊氏は、延元元年（一三三六）に九州から京都に進撃する途中、光厳上皇の院宣を受けたと称して自らの戦争を正当化し、さらに京都を占領した同年八月、光厳上皇の弟の豊仁親王《とよひとしんのう》を新天皇に擁立する。親王は兄の先例を引き継いで土御門東洞院殿に遷ってそこで践祚、さらには太政官庁にて即位の大礼を挙行したのである。これが北朝第二代として数えられる光明《こうみょう》天皇である。なお、光明天皇は後醍醐天皇が建武三年（一三三六）二月二十九日に行っていた「延元」改元を無視し、従来の「建武」の元号を継続させてゆく。ただ、その時にはすでに本内裏である二条富小路殿は焼失してしまっていたから、新帝光明天皇はそれを皇居とすることはできず、土御門東洞院殿を里内裏として継続させてゆく。当時の土御門東洞院殿は、里内裏となったものの、その規模はわずかに二分の一町にすぎなかった。しかしその後、土御門東洞院殿は南北朝時代の北朝、さらには室町時代の歴代天皇の皇居となり、やがて応永九年（一四〇二）の修造によって規模も一町に拡張されて正式の内裏（「土御門《つちみかど》内裏《だいり》」）に格上げされることになる。これを聚楽《じゅらく》伏見《ふしみ》時代や江戸《えど》時代に入ってさらに整備したものが現在の京都御所なのである（藤岡通夫 一九八七）。

南北朝動乱の開始

延元元年（一三三六）五月二十七日、後醍醐天皇は迫りくる足利尊氏の軍の脅威から逃れるためにあわただしく比叡山《ひえいざん》の東坂本に行幸《ぎょうこう》した。天皇不在となった京都には五月二十九日に尊氏の弟の足利直義《ただよし》が、さらに六月十四日には尊氏本人が入ることになる。それに先立って尊氏は光厳上皇と新帝候補の豊仁親王を自陣に迎え入れていた。また、それに前後して尊氏は新政権の執事としての高《こうの》（高階）師直《もろなお》の地位を改めて確認し、また太田時連《おおたときつら》を問注所の執事に登用していた。次期天皇を擁し、首都京都を軍事的に押さえ、さらには行政機構を整備した点で、この時に尊氏を首班とする新しい幕府が成立を見たことになる。

それからしばらくは京都奪還を狙う後醍醐天皇軍と足利軍との間で戦闘が続いたが、天皇の側近の千種忠顕《ちくさただあき》や名和長年《なわながとし》が相次いで戦死するなど、戦況は天皇側に不利になる一方であった。建武三年（後醍醐天皇の延元元年、一三三六）十月に入り、後醍醐天皇はついに尊氏と和睦して京都に帰還することを決意した。ただ、尊氏との和睦が成立すると行き場所を失う新田義貞がそれに猛反発したため、天皇は密かに皇太子恒良親王《つねよししんのう》に譲位《じょうい》し、義貞が新天皇恒良ともうひとりの皇子の尊良親王《たかよししんのう》を奉じて密かに北陸に下向し、そこで勢力を挽回して京都回復戦に打って出るという戦略が採用される。この北陸朝廷が決して幻ではなかったことは、十一月十二日付の天皇恒良の綸旨《りんじ》（『白河結城家文書』）が残されていることで立証される。一方、十月十日になってついに後醍醐天皇は比叡山から京都に還御《かんぎょ》して花山院《かざんいん》（左京一条四坊三町）に迎え入れられた。ただ、京都にはすでに光明天皇が立っていたから、足利側からは後醍醐天皇はあくまで先帝として扱われ、三種の神器を新帝に譲渡することを強いられる。そして、十一月二日には後醍醐先帝には光明天皇から太上天皇の尊号が奉られるのである。

同年十一月七日、尊氏は公家法の専門家たちに対して新政権の方針案を諮問し、その答申が提出された。これが『建武式目《けんむしきもく》』である。この答申は、尊氏の政権の事実上の施政方針表明であり、これによって足利氏による新しい幕府の成立が内外に宣言されたものと評価されている。なお、尊氏が征夷大将軍の職を得たのは暦応元年（南朝の延元三年、一三三八）八月一日のことであった。同日、尊氏の弟で幕政を運営していた直義は左兵衛督《さひょうえのかみ》に任じられ、世間からは「副将軍」と称せられた（『太平記』巻第十九）。周知のように、三代将軍足利義満《よしみつ》が上京の室町頭《がしら》北小路に新たな将軍御所として「室町殿」を造営したことによって、この足利氏の幕府は後世の人々に「室町幕府」と呼ばれることになる。

『建武式目』の第一条はこの新しい幕府を鎌倉に置くべきか、それともその他の場所（京都が示唆されている）に置くべきかという問題が議論されている。『建武式目』では結局この問題に結論は出さず、尊氏の専決に委ねるという立場をとっている。このことからは、自分の幕府は本来の武家政権の本拠であった鎌倉に置きたかったという、尊氏の本心が透けて見えているといってよいだろう。ただ、現実としては、後醍醐天皇をはじめとする足利政権への対立勢力が京都奪還を狙っている限り、尊氏もおいそれと鎌倉に移るわけにはいかなかった。結局、尊氏は自らの幕府は京都に置くことを決意する。つまり足利氏の幕府とは、「京都幕府」となったのである。

一方、「上皇」後醍醐は同年十二月に京都から姿をくらまし、同月二十一日に至って大和国《やまとのくに》吉野の金峯山寺《きんぶせんじ》にその姿を現した。後醍醐天皇はそこで改めて自身の退位や光明天皇の即位を否定、さらには光明天皇から贈られた太上天皇尊号をも無視し、あくまで皇位は自分にあることを宣言する。ここに朝廷は、足利尊氏の幕府が支える京都の光厳上皇と光明天皇の北朝、吉野の後醍醐天皇の南朝、さらには新田義貞が奉じる天皇恒良の北陸朝廷の三つに分裂したのであった。なお、北陸朝廷は直後の延元二年（北朝の建武四年、一三三七）三月六日に拠点としていた金ヶ崎城（福井県敦賀市）が足利方の猛攻によって落城し、天皇恒良と尊良親王が捕縛されたことで崩壊することになる。ともあれ、これ以降の日本は、明徳三年（南朝の元中九年、一三九二）までの五十六年間の長きにわたる南北朝の動乱の時代に突入したのである。

初期室町幕府の位置

南北朝時代の前半、すなわち室町幕府創設から観応《かんのう》の擾乱《じょうらん》（北朝の貞和五年／南朝の正平四年〔一三四九〕～北朝の文和元年／南朝の正平七年〔一三五二〕）（亀田俊和二〇一七）までの幕府は、「初期室町幕府」と呼ばれている。初期室町幕府の特色は、権力が将軍尊氏ひとりに集中したのではなく、尊氏と弟の直義が権限を分割していたところにある。すなわち、将軍尊氏が所領宛行《あてがい》権や守護職の補任《ぶにん》権、さらには軍事動員権を保持する一方、直義は一般政務全般を担当していたのであった。

室町幕府の特色のひとつは、将軍御所がしばしば移転することである（田坂泰之二〇一六）。将軍御所が動くとともに、その周囲には武家の邸宅が集住し、新しい都市の姿が作り出されることになる。尊氏の京都における邸宅（細川武稔二〇一〇）は、建武政権の時期においては左京三条四坊八町、つまり北を二条大路、南を押小路、東を万里小路、西を高倉小路に囲まれた一角であり、二条高倉殿《たかくらどの》とか押小路高倉殿などと呼ばれていた。そこから東北にわずか一町しか隔たっていないところが後醍醐天皇の内裏である二条富小路殿だったから、両者はほぼ隣り合っていたことになる。これは、尊氏を重視した天皇が内裏の近隣に土地を与えたとも、尊氏が軍事力によって天皇を守護する伝統的な幕府の役割を自分が担うことを持って任じていたためにこの場所を選んだとも考えられよう。

さらにその南側の左京三条四坊六町、つまり北を三条坊門小路、南を姉小路、東を万里小路、西を高倉小路とする地が、直義の三条殿であった。また、観応の擾乱の際に直義が失脚し、その代わりとして鎌倉から尊氏の嫡男の義詮《よしあきら》が呼び寄せられて幕府の政務をとることになった際、直義は「錦小路《にしきのこう じ》堀川《ほりかわ》」の邸宅に遷り、それまでの直義邸であった三条殿には入れ代わりに義詮が入っている。

尊氏は建武三年（後醍醐天皇の延元元年、一三三六）に上洛を果たして幕府を開いたが、しばらくは将軍御所をもとの二条高倉殿（左京三条四坊八町）に定めていた（川上貢 二〇〇二）。康永三年（一三四四）に尊氏は将軍御所を「土御門東洞院」（『師守記』貞和五年三月十四日条）に移転した。この邸は「鷹司東洞院」（『大日本史料』第六編十二所載『在盛卿記』）とも呼ばれたから、おそらく左京一条四坊一町に存在したのであろう。その北側の左京北辺四坊二町には皇居である土御門東洞院殿が存在したから、尊氏の将軍御所は内裏に隣接して建てられていたわけである。尊氏はこれによって、将軍が天皇を守護するという姿勢を明確に示したことになる。

尊氏は晩年にいたって、再び将軍御所を下京に移転した。それは「二条万里小路」に所在した（『大日本史料』第六編二十一所載『建武三年以来記』）というから、もとの尊氏邸であった左京三条四坊八町の二条高倉殿を再建したものだったのであろう。尊氏が延文三年（南朝の正平十三年、一三五八）四月三十日に薨去したのは、この邸宅においてのことだった。

なお、尊氏の二条高倉殿の南側に隣接する左京三条四坊七町には、後に足利氏の菩提寺《ぼだいじ》となった等持寺《とうじじ》があった（北区等持院西町に所在する等持院はその子院《しいん》）。これはもともとは尊氏邸の一角に建てられた仏堂であったというのが通説ではあるが（川上貢 二〇〇二）、一方では等持寺は直義が創建したもので、南隣に存在した直義の三条殿の附属施設であったという説もある（細川武稔 二〇一〇）。ただ、前述の通り尊氏は二条高倉殿から土御門東洞院殿に移っているから、等持寺が当初は尊氏邸に関連して創建され、尊氏が上京に移動してからは直義邸の附属施設とみなされ、さらに尊氏が二条高倉殿に戻ってからは再び等持寺は尊氏の将軍御所と同一視されるということは矛盾しないように思う。

義詮はもとの直義の三条殿（左京三条四坊六町）をしばらくは使っていたものの、尊氏の薨去を受けて二代将軍となってからの貞治元年（一三六二）に一時的に「六角東洞院の宿所」（『師守記』同年十月二日条）に移り、さらに同三年には左京三条四坊十一町に新しい三条殿を建設し、そこに移っている（『大日本史料』第七編十二所載『在盛卿記（武将代々御在所事）』）。この邸宅はその後も歴代の足利将軍によって重視されて「下御所《しものごしょ》」と呼ばれ、しばしば将軍御所となっている。なお、義詮は貞治六年（一三六七）に自らの三条坊門殿《さんじょうぼうもんどの》の西隣、つまりもとの直義の邸宅で義詮自身も一時的に居住したことがある三条殿の跡地（左京三条四坊六町）に、自邸の鎮守として「三条坊門八幡宮」を創建した（細川武稔 二〇一〇）。現在、中京区御池通高倉東入ル亀甲町に所在する御所八幡宮《ごしょはちまんぐう》はこの後身にあたっている。

将軍御所としての室町殿

永和四年（南朝の天授四年、一三七八）三月十日、三代将軍足利義満は京都の上京に建設した新しい将軍御所に移った。この御所の西側が室町通

（室町小路末）に面していたことにより、この邸宅は室町殿と呼ばれることになった。さらに「室町殿」は足利氏の家督保持者（征夷大将軍に任じられることが通例）の称号としても使われるようになったし、後世、足利氏の幕府が「室町幕府」と名づけられることにつながっていく。

室町殿の変遷については、川上貢、髙橋康夫、野口孝子による研究がある（川上貢 二〇〇二、髙橋康夫 二〇一五、野口孝子 二〇〇五）。それによると、もともとこの付近には藤原氏西園寺家の系統の一族が所有する邸宅がいくつも存在した。そして、義満以前のこの地の北半分は西園寺家の分流である四辻《よつ》家（室町家）の「花亭《かてい》（室町亭）」、南半分は同じく西園寺家から別れた菊亭家《きくていけ》の「菊亭」と呼ばれる邸宅となっていた。菊亭は光明上皇や崇光上皇の仙洞御所として使われたこともある。一方、花亭は四辻季顕《よつつじすえあき》の時に足利義詮に譲渡されてその別業「上山荘《かみのさんそう》」となり、さらに義詮薨去後には崇光上皇が譲り受け、上皇は南隣の菊亭から移徙《わたまし》した。崇光上皇の仙洞御所となったことで、花亭は「花御所《はなのごしょ》」とも号されるようになった。なお、花亭の北側には道路（現・上立売通《かみたちうりどおり》）を隔てて日野忠光の「柳原亭《やなぎはらてい》」が存在しており、これは応安四年（一三七一）に後光厳《ごこうごん》上皇の仙洞御所に宛てられている。

義満の将軍御所である室町殿（第一次室町殿）は、この花亭と菊亭の両者を併せたものであった。室町殿が「花の御所」と通称されていたことは有名であるが、それは義満の時代に始まったことではなく、その前身邸宅がすでにそのように呼ばれていたことは銘記しておく必要がある。ただ、義満時代の室町殿にあっても史料には「北御所」「南御所」の呼称が見えることから考えると、全体が完全に融合されたわけではなく、もともとの花亭と菊亭の面影はある程度は残されていたようである。義満は晩年には嫡子義持《よしもち》に将軍職と室町殿を譲り、自らは北山殿《きたやまどの》に移った。義持は応永十五年（一四〇八）の義満の薨去後に室町殿（上御所）を放棄して下京の三条殿（下御所）に移徙したため、室町殿はしばらく荒廃することになる。

その室町殿を再興したのが、六代将軍足利義教《よしのり》である。義教は永享三年（一四三一）十二月十一日に室町殿を将軍御所とする方針を定め、翌年一月から建設工事を始めた。これを「第二次室町殿」と呼ぶことができよう。同五年（一四三三）十一月二日には新御所の庭園に使うための名石や樹木を各地から集めている。これに応じて、伏見宮貞成親王《さだふさしんのう》（のちの後崇光院《ごすこういん》太上天皇）も樹木や庭石を献じている。おそらく、義教の第二次室町殿にはそうとう豪勢な庭園が造られていたのであろう。

ところが、嘉吉元年（一四四一）六月二十四日に勃発した嘉吉《かきつ》の変により、将軍義教は播磨国《はりまのくに》守護赤松満祐《あかまつみつすけ》によって弑逆されてしまい、幕府は大混乱に陥る。義教の後継者としては、嫡男でまだ幼かった義勝《よしかつ》が擁立され、室町殿に迎え入れられて第七代将軍となる。この時に注目されるのは、義教の妻で義勝の義母であった正親町三条尹子《おおぎまちさんじょうただこ》（勝智院《しょうちいん》）のために室町殿の敷地の南部が割譲され、瑞春院《ずいしゅんいん》という寺院が創建されていることである。室町殿の本体はこうして縮小され、当然、構造にも変更が加えられたはずであるから、これを「第三次室町殿」と呼んでおきたい。

七代将軍義勝が将軍在任わずか一年で急逝した後、その同母弟である義政（当初の名は義成）が将軍職を継いだ。義政の御所としては室町殿が宛てられることが自然であったけれども、非業の死を遂げた義教や急死した義勝の不幸の記憶がつきまとったせいか、室町殿には七尺（約二・一メートル）もの背丈の女房や大入道といった妖物が徘徊していたり、邪気が充満しているという不安な噂がたち（『看聞御記』嘉吉三年八月十日・二十二日両条）、ただちにこれを将軍御所とすることができなくなる。そこで義政の御所としては、彼の養育係であった烏丸資任《からすまるすけとう》の烏丸殿が宛てられることになった。この烏丸殿は、北小路の南、武者小路の北、万里小路末の西、高倉小路末の東に存在していた。同年八月には一条室町の地に新しい将軍御所を建設しようという案もでたが、これは実現するにいたらなかった。

長禄二年（一四五八）、義政は家督相続から十七年を経てようやく時が熟したとみたのか、室町殿の再建にかかる。この第四次室町殿は寛正元年（一四六〇）に完成し、義政の移徙を迎えている。義政はここで十六年を過ごしたが、文明八年（一四七六）に失火により焼失したため、義政は小川殿に移り、さらには東山《ひがしやま》に建設した東山殿（のちの慈照寺《じしょうじ》〔通称銀閣寺〕）へと居を改めることになる。

文明五年（一四七三）、足利義尚《よしひさ》は父義政の譲りを受け、第九代将軍に就任した。彼は同十一年（一四七九）に室町殿の再建を始める。これを第五次室町殿と呼ぶことができよう。

第十代将軍となった足利義材《よしき》（のち、義稙《よしたね》）は室町殿ではなく下京の三条殿（下御所）を将軍御所としていた。しかし政情は安定せず、明応二年（一四九三）の管領細川政元《ほそかわまさもと》による将軍義材の廃位と第十一代将軍義澄《よしずみ》の擁立（明応の政変）、永正四年（一五〇七）の細川政元暗殺と細川京兆家の分裂と内訌《ないこう》（永正の錯乱）、同五年（一五〇八）の前将軍義尹《よしただ》（もとの義材、のちの義稙）の上洛と第十二代将軍としての復活、さらに管領細川高国《たかくに》が将軍義稙と対立して彼を追放し、第十三代将軍として足利義晴《よしはる》を擁立するなど、混乱が続くことになる。

大永元年（一五二一）十二月十三日に将軍に就任した義晴の主要邸宅としては、同五年に造営した「大永度御所」と天文十一年（一五四二）完成の「天文度御所」が知られている。この両者の位置については議論がある。通説では、大永度御所は「柳御所《やなぎのごしょ》」と呼ばれ、国立歴史民俗博物館甲本（町田家本）『洛中洛外図屏風』に描かれた「くはうさま（公方様）」であるとし、さらに天文度御所は室町殿であるとする（小島道裕 二〇〇九）。これに対して、義晴の大永度御所と天文度御所とは同一の邸宅で、それは相国寺の西南（室町殿より今出川を挟んだ東側）の旧・伊勢氏邸であったとする異説も提出されている（髙橋康夫 二〇二〇）。この両説のどちらを採るかは難しいけれども、後述するように室町殿跡では十六世紀代の遺構が検出されており、それはやはり義晴の天文度御所にかかわる可能性が高いと考えるので、本書では通説にしたがっておきたい。

義晴の大永度御所（「柳御所」）が国立歴史民俗博物館甲本『洛中洛外図屏風』の「公方様」だとすると、それは上京にありながら、室町殿とは別の邸宅だったことになる。柳御所は西を現・小川通、北を現・上御霊前通《かみごりょうまえどおり》、南を現・寺之内通《てらのうちどおり》に囲まれた一角で、現在の地名でいうと上京区宝鏡院東《ほうきょういんひがし》町《ちょう》の北部、本法寺前町《ほんぽうじまえちょう》の東南部、禅昌院町《ぜんしょういんちょう》のほぼ全域、妙顕寺前町《みょうけんじまえちょう》の西端部にあたっている。これは現在でいうと表千家不審庵《ふしんあん》や裏千家今日庵《こんにちあん》の敷地から妙顕寺境内の西端部に該当している。義晴の新御所としてあえてこの地が選ばれたのは、その南に隣接して幕府の最大実力者である細川氏《ほそかわし》の邸宅である細川殿が存在したことによるのであろう。なお、上京区小川通寺之内上ル本法寺前町における発掘調査では幅約一・二メートル、深さ〇・七メートルの南北方向の堀が検出されており、これが柳御所の西限の区画であったと推定されている（京都市埋文研編 二〇〇六a）。

大永七年（一五二七）から天文元年（一五三二）にかけての時期、将軍義晴は前将軍義稙の養子（第十一代将軍義澄の実子）であって養父の悲願を継いで将軍就任を狙う「堺公方」足利義維《よしつな》（今谷明 二〇〇六）との抗争に悩むことになる。実際、将軍義晴は義維の堺公方勢力に押され、享禄元年（一五二八）から六年の間は近江国《おうみのくに》に亡命せざるをえなくなるのである。天文三年（一五三四）九月、義晴は六角《ろっかく》定頼《さだより》の援助を受けて京都に帰還を果たし、同八年（一五三九）から新将軍御所として室町殿の再建をはじめることになる。これが同十一年（一五四二）に完成をみた第六次室町殿であり、室町殿としてはこれが最終のものとなったのである。上杉家本や国立歴史民俗博物館乙本（高橋家本）、東京国立博物館模本の『洛中洛外図屏風』に登場して著名な花の御所の景観は、この時のものである。

室町殿の復元

室町殿はこのように六次にわたる変化を経てきた。ただ、その規模を正確に推定するのはかなり困難であり、文献史料を駆使して室町殿の規模の変遷をあとづけた髙橋康夫と野口孝子の研究にも細部にはかなりの違いが見られる（髙橋康夫 二〇一五、野口孝子 二〇〇五）。ただ、室町殿がいつの時代においても、北は毘沙門堂大路《びしゃもんどう》（柳原小路、西大路、四辻とも言われた。現・上立売通）、西は室町通、東は今出川《いまでがわ》（現在の今出川通とは別の南北道路で、烏丸通《からすまどおり》に該当）、南は北小路（現在の今出川通）の範囲の中に収まることは確実であると考えてよい。

そこで、室町殿についての考古学の成果を見てみよう（京都市埋文研編 二〇二〇b）。室町殿跡の発掘調査で現在までに検出された主要な遺構は、図51に示した通りである。時代的には、十四世紀から十

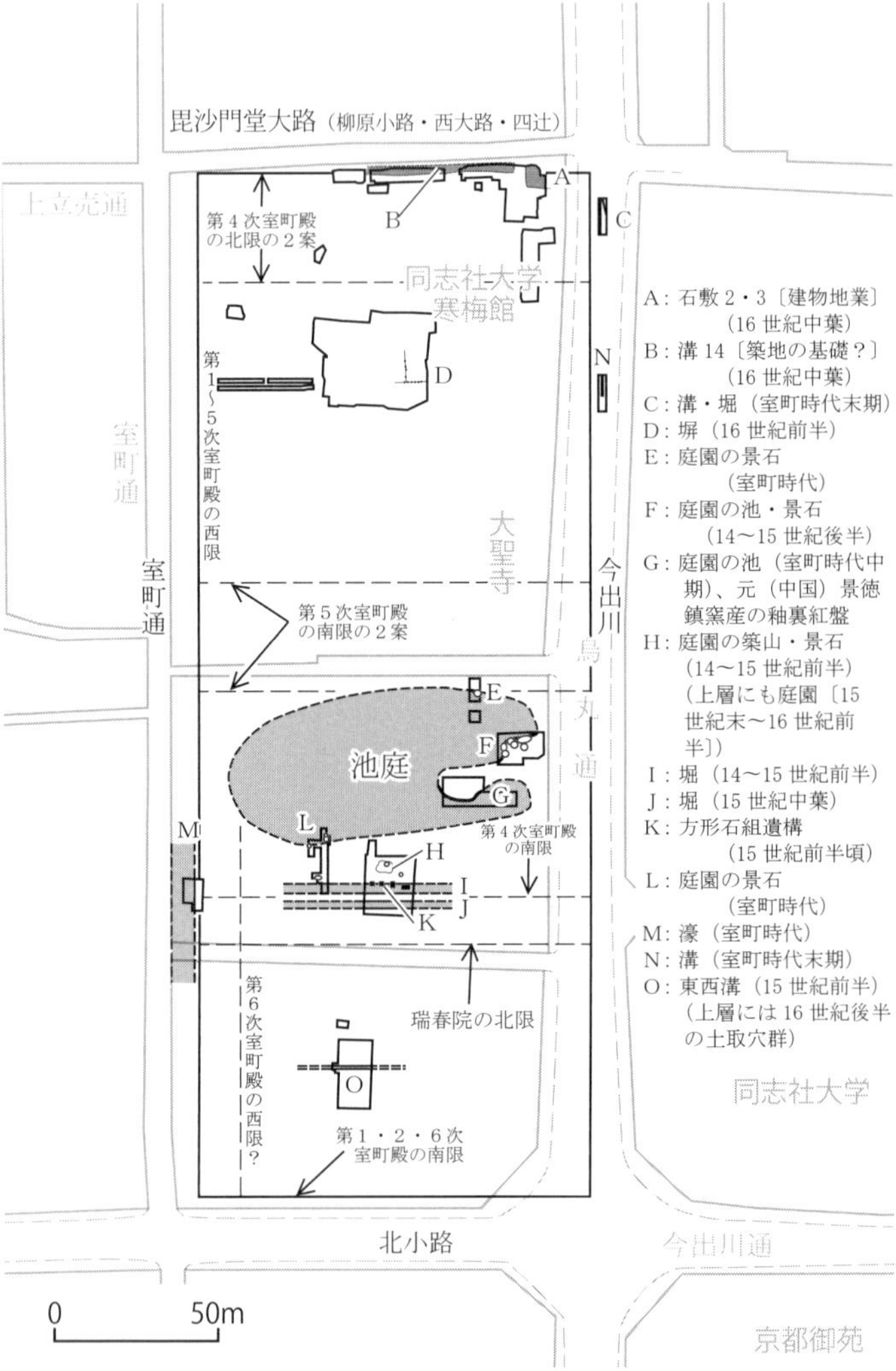
毘沙門堂大路（柳原小路・西大路・四辻）
上立売通
第４次室町殿の北限の２案
同志社大学寒梅館
第1〜5次室町殿の西限
室町通
大聖寺
今出川烏丸通
第５次室町殿の南限の２案
池庭
第４次室町殿の南限
瑞春院の北限
第6次室町殿の西限？
第１・２・６次室町殿の南限
北小路
今出川通
同志社大学
京都御苑
0
50m
A：石敷２・３〔建物地業〕（16 世紀中葉）
B：溝 14〔築地の基礎？〕（16 世紀中葉）
C：溝・堀（室町時代末期）
D：塀（16 世紀前半）
E：庭園の景石（室町時代）
F：庭園の池・景石（14〜15 世紀後半）
G：庭園の池（室町時代中期）、元（中国）景徳鎮窯産の釉裏紅盤
H：庭園の築山・景石（14〜15 世紀前半）（上層にも庭園〔15 世紀末〜16 世紀前半〕）
I：堀（14〜15 世紀前半）
J：堀（15 世紀中葉）
K：方形石組遺構（15 世紀前半頃）
L：庭園の景石（室町時代）
M：濠（室町時代）
N：溝（室町時代末期）
O：東西溝（15 世紀前半）（上層には 16 世紀後半の土取穴群）

図 51　室町殿復元図　京都市埋文研編 2020b に拠り作成

六世紀中葉にかけての各時代のものがある。この中で、十四世紀〜十五世紀前半とされている遺構が室町殿の前身であった菊亭・花亭や第一次（義満期）・第二次（義教期）、十五世紀前半が第三次（義勝期）、十五世紀中葉が第四次（義政期）、十五世紀後半が第五次（義尚期）、十六世紀中葉が第六次（義晴期）の室町殿におおむね該当していると見てよいであろう。

図51H地点で検出された十四世紀から十五世紀前半頃の庭園の築山《つきやま》や景石《けいせき》（京都市埋文研編 一九九四a）は第二次（義教期）室町殿の遺構であるとみてよいだろう。この時期の室町殿の規模については、M地点の南北方向の堀が重要である（京都市文化財保護課編 二〇一九）。検出された範囲だけでも幅は三・四メートル、深さ一・四メートルにおよぶ大規模なものである。時期は明確ではないが、第三・四次室町殿の南限と推定される溝I・Jの延長線よりもさらに南に延びていることから見ると、第一次室町殿の西側の堀であった可能性があると思う。そうすると、この堀こそが室町殿の西限だということになる。第一次室町殿の南限については、この時期の室町殿が「北小路室町亭」とも呼ばれていたことを併せて考えると、やはり北小路であったと見るのが自然であろう。また、C・Nには室町時代末期の南北溝があり、その東側は中世の今出川であったことを考えると、この南北溝が中世の全期間を通じての今出川の西限、つまり室町殿の東端ラインであったと考える。そうすると、この範囲は東西約一二四メートル、南北約三〇九メートルほどの規模となる。邸宅を区切る築地塀は当然のことながら周溝の内側に作られるから、これは第一次・第二次室町殿が東西四十丈（約一二〇メートル）、南北百丈（約三〇〇メートル）の長方形の区画になることを示しているのではなかろうか。

第三次（義勝期）・第四次（義政期）室町殿では、室町殿の南端部が割譲されて義勝・義政兄弟の母の正親町三条尹子《おおぎまちさんじょうただこ》の寺である瑞春院に宛てられた。発掘調査ではI・Jの東西堀、Kの東西に並ぶ方形遺構群が確認されている。Iが第三次、Jが第四次室町殿の南限の堀だったと考えたい。そうすると、その南側で北小路にいたるまでの部分が瑞春院の敷地だということになる。E・F・G・L（京都市埋文研編　一九八六）で確認された庭園の遺構は、第三次または第四次室町殿の南庭にあたるのであろう。Fでは池の遺構とともに巨大な景石を複雑に組み合わせた見事な滝組が検出され、話題を呼んだ（巻頭図版3）（京都市埋文研編　二〇二〇b）。

ところで、『大乗院寺社雑事記《だいじょういんじしゃぞうじき》』（文明十一年三月六日条）は第四次（義政期）・第五次（義尚期）室町殿の規模について、「室町殿ハ東西行四十丈、南北行六十丈之御地也。然而南北行四十丈ツイチ〔築地〕被仰付之。南方二十丈ニハ小屋共在之故云々」という重要な情報を伝えている。つまり、それ以前の室町殿の敷地は東西四十丈、南北六十丈であったけれども、第五次室町殿の建設をしようとすると敷地の南部の二十丈分の土地はすでに切り売りされてそこには庶民の小屋が立ち並んでいたため、当面はそれを省いて四十丈四方として整備していくことになった、というのである。Jの東西堀が第四次室町殿の南限であるという想定が正しいとするならば、そこから北に六十丈（約一八二《メートル》）を採ると、第四次室町殿の北限は毘沙門堂大路（現・上立売通）には及ばず、そこから南の区画に十丈ほど食い込んだラインだということになる。ただ、毘沙門堂大路が室町殿の北限でなくなった時期があるというのはやや不自然な感を免れず、あるいは『大乗院寺社雑事記』の「南北行六十丈」という情報自体に伝聞による過誤が含まれているのかもしれない。

第五次（義尚期）室町殿の規模は、『大乗院寺社雑事記』の同じ記事から四十丈四方であったと考えて問題なかろう。第四次室町殿で池庭（E・F・G・L）であった部分は第五次室町殿では敷地から切り離されてしまったことになる。

第六次（義晴期）室町殿の遺構としては、敷地の北端の築地塀の基礎（B）、建物地業と推定される石敷遺構（A）、T字形の塀（D）が該当するであろう。A地点の石敷遺構は、上杉家本『洛中洛外図屏風』に描かれた、室町殿北東端の御所八幡宮の建物の基礎工事にかかわるものであると推定されている（同志社大学歴史資料館編 二〇〇五、鋤柄俊夫 二〇〇八）。また、Hでは第一・二次室町殿の庭園の上層にも十五世紀末から十六世紀前半あたりの時期の庭園の遺構が存在しているといい、これは第六次室町殿のものであったと考えるのが自然であろう。Hの地点は第五次室町殿の範囲からは外れるし、第四次室町殿の範囲の場合にも南端ギリギリの位置であって庭の場所としては不自然である。おそらくは、第六次室町殿の南北長は第五次や第四次のそれよりも大きく、かつての瑞春院の敷地もとりこんで第一・二次の時の規模（南北百丈）を回復し、南端は北小路の北側まで及んでいたのではなかろうか。それは上杉家本『洛中洛外図屏風』の室町殿の描写とも矛盾しないのである。ただ、小島道裕は義晴の第六次室町殿は東側の今出川（現・烏丸通）を正面としており、それは将軍御所再建の時には西側の室町通沿いがすでに民家によって占領されていたからだ、と唱えている（小島道裕 二〇〇九）。この説を採るならば、第六次室町殿の東西幅はかつての四十丈よりも狭かったことになる。

相国寺の創建

永徳二年（一三八二）、足利義満は信頼する禅僧の春屋妙葩《しゅんおくみょうは》と義堂周信《ぎどうしゅうしん》に対し、新たな寺院を創建する意向を明らかにした。当時、義満が左大臣であったことから、春屋妙葩は大臣の唐名《とうみょう》の「相国《しょうこく》」にちなんで、この寺の名を承天相国寺《じょうてんしょうこくじ》（のち、相国承天禅寺《しょうこくじょうてんぜんじ》と改称）とすることを提案した。寺地としては室町殿の東側の広大な土地が選ばれて大規模な工事が始まり、至徳元年（一三八四）には主要伽藍が整い、仏殿の落慶供養が行われている。義満があえて室町殿に隣接した場所に相国寺を創建したのは、幕府と相国寺を表裏一体のものとして捉えていたことを意味する。これ以降、相国寺とそこに所属した僧侶は幕府の政治にも大きくかかわることになったのである。

南北朝時代の京都と鎌倉の臨済禅宗の寺院には「五山」の制があり、京都からは亀山《かめやま》法皇が自らの離宮の禅林寺殿《ぜんりんじ》を寺院に改めた南禅寺《なんぜんじ》、足利尊氏・直義兄弟が後醍醐天皇の冥福を祈るために建てた天龍寺《てんりゅうじ》、日本の臨済禅宗の開祖栄西《えいさい》《ようさい》が開山した建仁寺《けんにんじ》、京・鎌倉時代前半に権勢を誇った九条《くじょう》（藤原）道家《みちいえ》が創建した東福寺《とうふくじ》が選ばれていた。義満は相国寺を創建するやそれを京都五山に加え、南禅寺を「五山の上」として別格扱いし、さらに白河《しらかわ》法皇の六条御堂《ろくじょうみどう》の流れを汲む万寿寺《まんじゅじ》をいれて、新たな京都五山の制を確立した。つまり、五山の上の南禅寺、第一位の天龍寺、第二位の相国寺、第三位の建仁寺、第四位の東福寺、第五位の万寿寺という格付けが成立したのである。

相国寺の七重大塔

応永六年（一三九九）、義満は相国寺に七重の大塔を建立した（図52）。相国寺七重塔は相国寺の本体から東に離れた位置に塔院《とういん》とでも呼べる廻廊に囲まれた独自の区画を作り、そこに建てられていた。現在、その地には上塔之段町・下塔之段町という地名が残されているが、これは塔の消失後も現地には永く塔の基壇が残っていたことを示している。冨島義幸の復元（冨島義幸 二〇一六）によると、この塔は高さ三百六十尺（約一〇九メートル）という超巨大建築であった。現存の木造塔で一番高い東寺《とうじ》五重塔が高さ約五五メートル、白河天皇の法勝寺《ほっしょうじ》八角九重塔が高さ約八一メートル、奈良時代の東大寺《とうだいじ》七重塔が高さ約七〇メートルと推定されるから、相国寺七重塔はそれらをはるかに上回っていたのである。相国寺七重塔の基壇も一辺約三六メートルという大きなものであったという。ただ、この塔は高すぎたために雷には弱いという欠点を持っており、応永十年（一四〇三）には落雷によって焼失する。その後、しばらくは相国寺は塔が無いままに置かれたが、義満の薨去（応永十五年〔一四〇八〕）後になって塔は再建されたらしい。この再建七重塔も文明二年（一四七〇）に至ってまたしても雷によって焼失してしまっている。

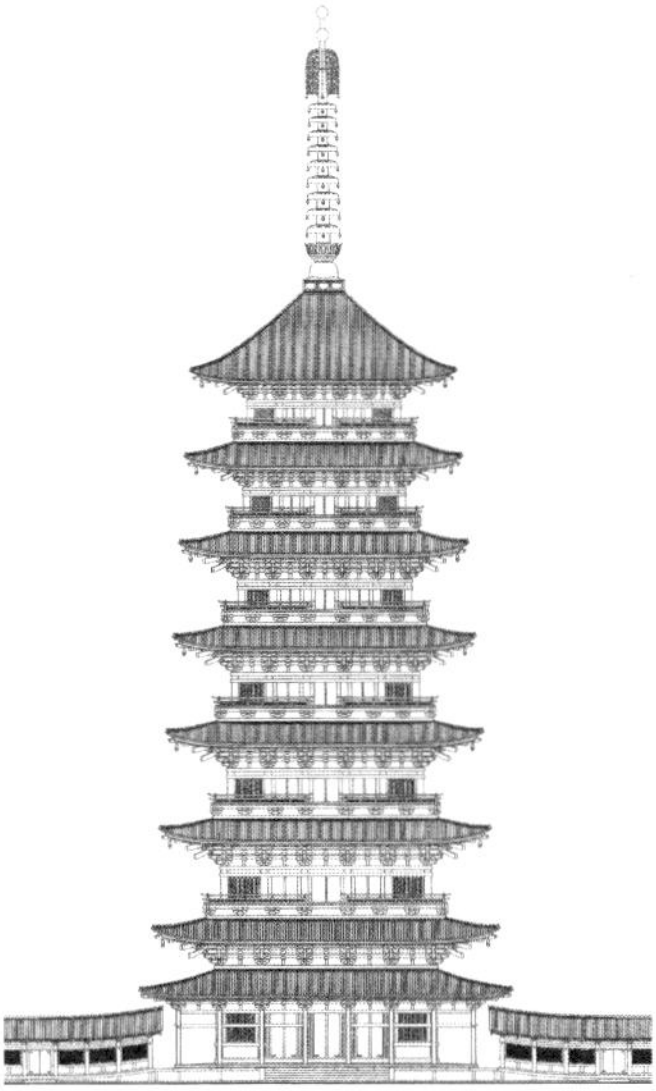
図52　相国寺七重塔復元図　冨島義幸2016に拠る

相国寺の「妙荘厳域」

髙橋康夫は、相国寺の周辺について重要な指摘をしている。相国寺の惣門から南に延びる高倉小路末と一条大路の交差点に相国寺の「法界門」が建てられ、その北側の地区が「妙荘厳域《みょうそうごんいき》」と名付けられていたというのである（髙橋康夫 二〇一五・二〇二〇）。法界門の南西の左京北辺四坊二町には土御門内裏があり、その周りの地は内裏に附属する「陣中」とされていた。陣中はあくまで観念的な概念であって実際に塀などによって区画されたわけではないし、その範囲は内裏の周囲の三町四方とするのを原則としながらも、いささか揺れ動くことがあった（桃崎有一郎 二〇一〇）。ただ、相国寺妙荘厳域と土御門内裏陣中が一条大路を挟んで隣り合っていたことは確かである。さらに相国寺の西には将軍御所である室町殿があり、そこに通じる室町小路末を南下して一条大路にいたると、その交差点にも室町殿の「惣門《そうもん》」が建てられていた。つまり、相国寺、室町殿を中核としつつ、西は室町小路末、北は毘沙門堂大路（柳原小路、西大路。現・上立売通）、南は一条大路、東は富小路末または東京極大路末にいたる範囲が、政治と宗教の中枢としての新しい都市空間となっていったのである。

3　中世京都「巨大都市複合体《コンプレックス》」の拡大

足利義満の北山殿と「北山新都心」

応永元年（一三九四）、義満は征夷大将軍の職を嫡男の義持に譲って太政大臣となる。同二年（一三九五）の出家後も、義満はなおも最高権力者として政治の実権を握り続けた。同四年（一三九七）、義満は西園寺家の別業であった北山殿・西園寺を接収して自らの邸宅としての北山殿に改造する（図53）。それ以降、同十五年（一四〇八）五月六日の薨去にいたるまで、この北山殿が義満の本拠となるのである。

義満の北山殿は各種の施設の複合体であったが、その中で中心となるのは「北御所」であった。北

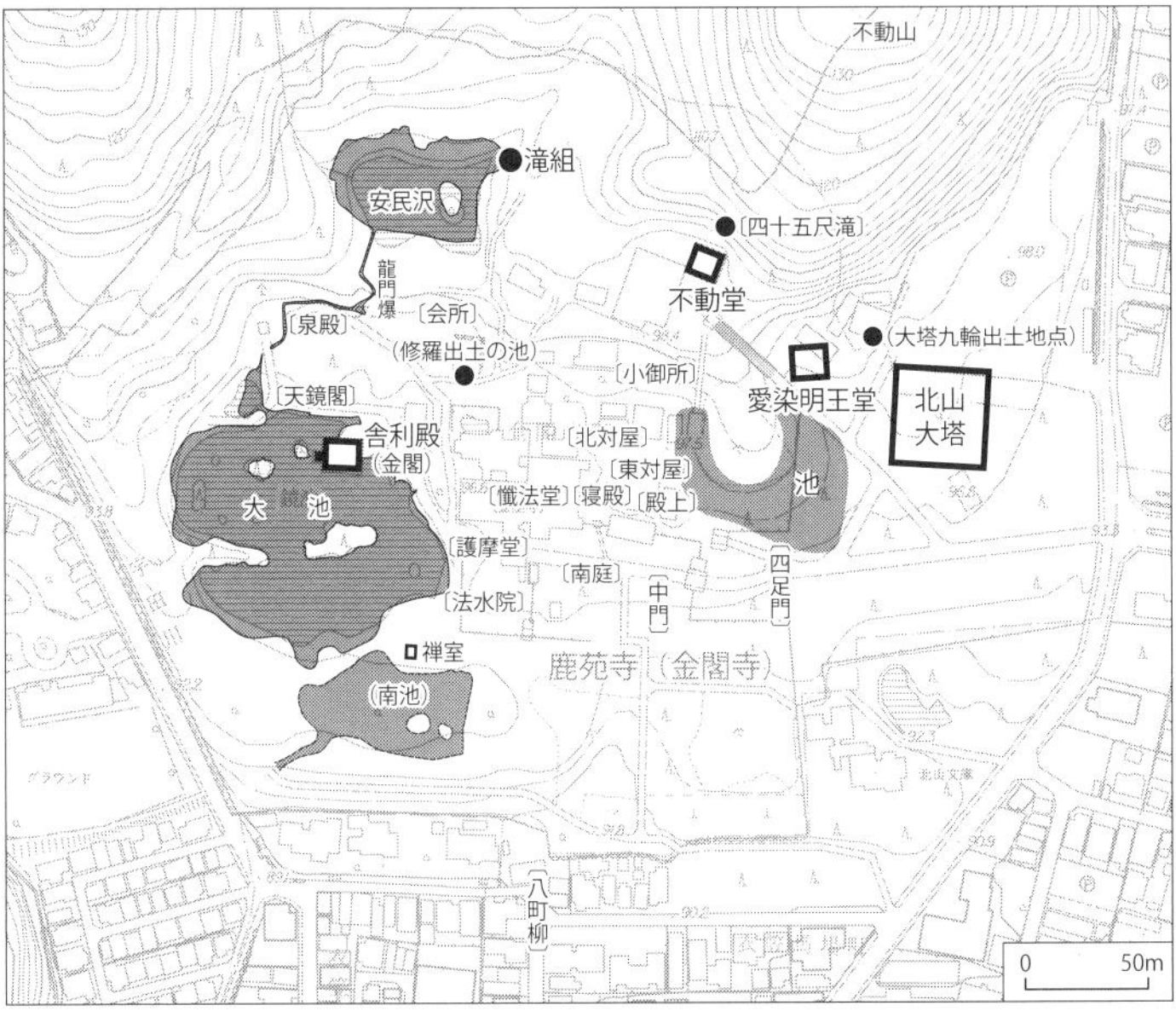

図 53　北山殿復元図　髙橋康夫 2020，前田義明 2016，東洋一 2019・2022 を参照して作成

御所は、義満の居住空間となる寝殿《しんでん》・殿上《てんじょう》、仏教の御堂である舎利殿《しゃりでん》（「金《きん》閣《かく》」）・護摩堂《ごまどう》・懺法堂《せんぼうどう》・法水院《ほうすいいん》・看雲《かんうん》亭《てい》・禅室・大塔、遊興や寄合のための施設である天鏡閣《てんきょうかく》・複数の会所《かいしょ》・泉殿《いずみどの》、といった建物から構成されていた（川上貢 二〇〇二、髙橋康夫 二〇二〇）。寝殿は「紫宸殿」とも呼ばれており、北山殿北御所の中心となる建物である。舎利殿はいうまでもなく「金閣」の通称で知られる建物で、庭園の大池（「鏡湖池」）に張り出した三層の楼閣である。金閣は昭和二十五年（一九五〇）まで遺されていたけれども、同年七月二日、寺の若い僧侶の放火という衝撃的な事件によって焼失した。現在の建物は昭和三十年（一九五五）に旧状に忠実に

再建されたものである。ただ、宮上茂隆は、現在の金閣の一・二階の中心に三階部分が積み上げられた形は天文六年（一五三七）の大修理の際に改造された姿であり、義満時代の金閣は二階が入母屋屋根となっており、三階部分は一・二階の中心よりも西にずれていたとしている。また、再建金閣は一階が白壁、二・三階が金箔押しの壁となっているけれども、宮上は二階部分に金箔が押されていた証拠はなく、おそらく二階の壁は黒漆塗りであり、金箔押しの壁は三階に限られていたと推定している（宮上茂隆 一九九二）。

金閣の北側には会所のひとつである天鏡閣があり、両者は「複道」という建築によって繋がれていた。もうひとつの会所の「二階殿（奥御会所）」は十五間もの規模を持つ大きな建築で、応永十五年（一四〇八）の後小松《ごこまつ》天皇の行幸の際にはここで宴遊が行われている。

鹿苑寺《ろくおんじ》境内に現存する池は金閣の側の「鏡湖池《きょうこち》」と、その北側の「安民択《あんみんたく》」のふたつであるが、鏡湖池の南側にはもうひとつの「南池」があったと推定されている。また、金閣の西北方にもさらに池があったことが発掘調査によって確認されており、そこには大小ふたつの木製の修羅《しゅら》が沈められていた。修羅とは大石のような重量のある資材を運搬するための橇《そり》であり、ここで発見された修羅は四代将軍義持が北山殿を解体して鹿苑寺とした際に、部材や庭石を運び出すために使ったものらしい（前田義明 二〇一六）。北山殿の庭園はいくつもの池を持つ複雑な構成を持っていたのである。

義満の北山殿は、単独の邸宅にはとどまらなかった。細川武稔《たけとし》の研究によると、北山殿を中心として東西約一キロ、南北約一・五キロにもおよぶ広大な範囲が、ひとつの都市となっていたのである（細川武

稔 二〇一〇)。北山殿の本体ともいうべき北御所の南側には、義満の夫人の北山院《きたやまいん》日野《ひの》康子《やすこ》の「南御所」や、義満の母の姉妹で後光厳《ごこうごん》天皇後宮にはいって後円融《ごえんゆう》天皇を生んだ崇賢門院《すうけんもんいん》広橋仲子《ひろはしなかこ》の御所などが配置されていた。さらに、北山殿の惣門(北区衣笠総門町の付近と推定)から南に向けて約一キロに「八町柳《はっちょうやなぎ》」と呼ばれるメインストリート(北区平野八丁柳町付近の佐井通)が延びており、その南端には大門が建てられていたという。この八町柳は、平安京《へいあんきょう》でいう朱雀大路《すざくおおじ》に相当するであろう。細川はこうして造られた義満の新都市を「北山新都心」と名付けている(図54)。

図54 「北山新都心」復元図　細川武稔 2010 に拠り作成

義満の「北山大塔」

義満の北山殿で重要なのは、ここに「北山大塔」と呼ばれる七重の巨大な塔が建立されていたことである。前述したように、義満創建になる相国寺には高さ三百六十尺(約一〇九メートル)の七重大塔がそびえていたが、これは応永十年(一四〇三)に焼失してしまった。義満はこの塔を相国寺ではなく北山殿において再建することとし、同十一年(一四〇四)には立柱の儀を行い、同十五年（一四〇八）ごろには建物のほとんどが完成間近にまで至っていたらしい。ただ、同年の義満の薨去とともに工事は停滞し、応永二十三年（一四一六）になると北山大塔は落雷のため焼失してしまうという運命をたどるのである（『看聞御記』応永二十三年正月九日条）。北山大塔は高さ三十丈（約九一メートル《メートル》）だったと伝えられており（『翰林葫蘆集』十四）、これが正確だとすると高さ三十六丈の相国寺七重大塔よりもわずかに低かったことにはなるが、それでも日本史上屈指の規模を誇る巨大建築だったことにまちがいはない。

現在の鹿苑寺境内の東部には同寺の第一駐車場があるが、その西端に一辺約四〇メートル《メートル》、高さ約二・五メートル《メートル》の古墳のようにすら感じられる巨大な正方形の土壇が現存する（図53）（京都市埋文研編 二〇一七c、京都府教育庁指導部文化財保護課編 二〇二一、京都市文化財保護課編 二〇二一a）。この構造物に早くから注目し、これこそが北山大塔の亀腹《かめばら》基壇の遺構であることを主張し続けてきたのは、東洋一《あずまよういち》であった（東洋 二〇一九・二〇二二）。この説に対しては懐疑的な意見もあったけれども、土壇の東北約二〇メートル《メートル》の地点における発掘調査で北山大塔の一部と推定される金銅製の塔相輪《そうりん》の破片が出土したこと（京都市埋文研編 二〇一五f）を考えあわせるならば、やはり東の見解の通りこの土壇は北山大塔の基壇であるとみてよいであろう。前述の通り、北山殿には世俗の住宅建築だけではなく、仏教の御堂もたくさん配置されている。北山大塔はその中でも最大のものであった。法体となっていた足利義満は、自らの本拠である北山殿には単なる住宅ではなく宗教施設としての側面をも持たせようとしたのであろう。北山大塔は、公武両政権だけではなく仏教界にも君臨しようとした義満の力を象徴する巨大建築であった。

天龍寺と寺院境内都市嵯峨

室町期の京都の「巨大都市複合体《コンプレックス》」を構成する衛星都市のうち、最大のものは嵯《さ》峨《が》であった。嵯峨は前代の京・鎌倉時代にも亀山殿《かめやまどの》や嵯峨《さが》釈迦堂《しゃかどう》を中核とする都市として発展してきたが、亀山殿が大覚寺統の院政と深いつながりを持っている施設であったため、その皇統出身ながら院政を廃して天皇親政を指向する後醍醐天皇はこれをあまり使用せず、さらに天皇が南朝を立てたことによって、嵯峨は都市としての機能を低下させることになる。

ところが、室町幕府の初代将軍である足利尊氏は、後醍醐天皇と対立した挙句についに同天皇を排除して新しい幕府を創設したものの、内心では同天皇に対する愛着を持ち続けていたらしい。暦応二年（南朝の延元四年、一三三九）八月十六日、後醍醐天皇が京都還御の悲願を果たせぬままに吉野で崩御した時、尊氏はそれを悼《いた》んで七日の間、幕政を停止している。北朝の朝廷がライヴァルである後醍醐天皇が世を去ったことにむしろ安堵し、天皇崩御に伴う恒例の廃朝《はいちょう》の措置をすぐには採らなかったことに比べると、尊氏のこの態度は際立っているといわなければなるまい。

さらに、暦応三年（南朝の興国元年、一三四〇）にいたり、尊氏と弟の直義は後醍醐天皇の冥福を祈るために京都に新しい寺院を建立することとした。後醍醐天皇の怨霊を恐れたということもあったのかもしれないが、やはりこれは同天皇に対する尊氏の思慕のなせるわざであったとみておきたい。新寺は、後醍醐天皇の大覚寺統にゆかりの深い地ということで、嵯峨の亀山殿の跡地に建てられることとなった。この新しい寺は当初は暦応寺と命名されたのであるが、元号と同じ寺号とすることには抵抗

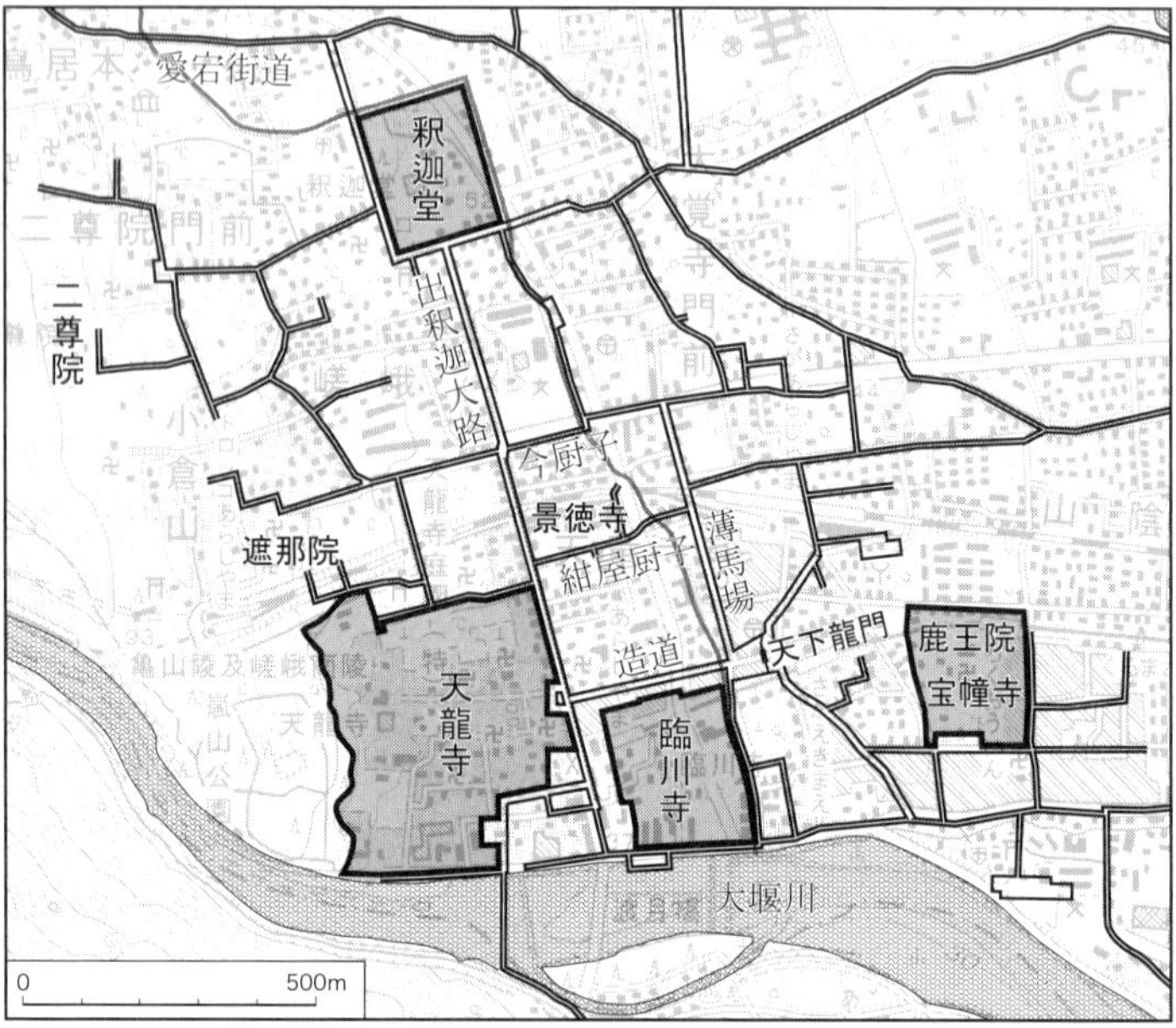

図55　室町時代の中世都市嵯峨復元図　山田邦和2012に拠る

があったらしく、同四年（一三四一）七月二十二日には光厳上皇の院宣によって「霊亀《れいき》山天龍資聖禅寺《ざんてんりゅうしせいぜんじ》」と改名されることになった。京都の五山の第一位に位置づけられる天龍寺がこれである。

中世都市嵯峨の復元

南北朝時代および室町時代前期の都市嵯峨の様相を伝える史料として、天龍寺蔵の「山城国臨川寺《りんせんじ》領大井郷界畔《おおいごうかいはん》絵図《えず》」（十四世紀中葉）と「応永鈞命絵図《おうえいきんめいえず》」（十五世紀前半）がある。ここには、天龍寺の創建によってその周囲に同寺の塔頭《たっちゅう》や関連の施設や庶民の宅地が集まり、嵯峨が中世都市として大きな発展を遂げている様相が描かれている。いま、「応永鈞命絵図」によって室町時代前期の嵯峨を復元してみよう（図55）（山田邦和 二〇一二）。嵯峨の基軸道路は、前代から変更はなく、釈迦堂の総門から南の大堰《おおい》川《がわ》へと延びる道（現・長辻通《ながつじ》）であった。この道は京・鎌倉時代には嵯峨の「朱雀大路《すざくおおじ》《しゅしゃか》」と呼ばれていたが、室町時代になるとその読み方は残しながらも、釈迦堂に通じる道ということで「出釈迦《しゅしゃか》大路」と言われるようになった。その西側に接して天龍寺が建てられていた。天龍寺惣門から東に延びる造路《つくりみち》が嵯峨の東西の基軸道路となる。造路は天龍寺から約三〇〇メートルで小さな広場となっており、そこから東は「Y」字形に二本の道に分かれている。その広場には「天下龍門」という門が建てられていた。これは、広域の天龍寺境内の門であるとともに、都市嵯峨全体のシンボル・ゲートであったということができよう。天龍寺の東には、もうひとつの大寺院である臨川寺が存在する。これは亀山殿の別殿であった河端殿《かわばたどの》を後醍醐天皇が寺院に変えて夢《む》窓疎《そうそ》石《せき》に賜ったものである。京・鎌倉時代の嵯峨では、現・丸太町通以北で釈迦堂以南の部分についてはまだ都市の整備が十分ではなかったが、室町時代にはその地も繁華な都市空間に変じている。

興味深いのは、京・鎌倉時代の嵯峨の基本方位は、嵯峨朱雀大路が示しているように、正方位から西に振っている（N十五度E）。しかし、天龍寺の伽藍中軸線は正東西となっている。つまり、天龍寺の造営にあたって、都市嵯峨の基本方位は正方位に修正されたことが知られるのである。

「応永鈞命絵図」を見ると、嵯峨には天龍寺、臨川寺、釈迦堂、大覚寺《だいかくじ》といった大寺院をはじめ、百以上の小寺院が存在したことが描かれている。京・鎌倉時代の嵯峨は院政王権都市であったのに対して、室町時代の嵯峨は一大宗教都市（寺院境内都市）であったといえよう。その面積は、大覚寺までも含めると少なくとも一七〇万平方㍍《メートル》に及んでいたと推定される。隔絶した巨大都市である京都の洛中を別とすると、同時代の日本においてはこれは十分に大都市の部類にはいるはずである。さらに、「応永鈞命絵図」には寺院の他に、実に百四十七ヵ所にのぼる「在家」つまり庶民の家を描いている。おそらく「在家」と書かれたところには一軒ではなく数軒の民家が存在していたであろうし、そうすると嵯峨には少なくとも数百軒、多く見積もったならば千軒に及ぶような多数の民家があったことになる。「山城国臨川寺領大井郷界畔絵図」には「紺屋厨子《こうやずし》」という小道が描かれているから、それら民家の住民の中には寺院の僧侶を顧客とする紺屋（藍染屋《あいぞめや》）のような商売を営んでいた者もいたのであろう。また、十七軒の酒屋や多数の土倉が存在したことも知られている。天下龍門の北側では、発掘調査によって十四世紀中頃の大規模な酒屋の跡が確認されている（一九八ページ図63）（国際文化財編 二〇一九）。

寺院境内都市嵯峨の人口は正確には算定できないけれども、寺院の僧侶やその関係者だけでも二千人は優に越えていたであろうし、千軒近い「在家」の住民やその他の人々までも含めるならば、総人口は少なくとも八千人、多ければ一万人を越えるほどに膨れ上がっていたことであろう。嵯峨は、中世京都の「巨大都市複合体《コンプレックス》」（図56）の一画を占める重要な大都市だったのである。

足利義政の東山殿

室町幕府八代将軍であった足利義政は、文明五年（一四七三）に嫡子の義尚に将軍職を譲った。ただ、新将軍義尚が幼少だったこともあり、しばらくの間は義政が政治の実権を握り続けることとになる。

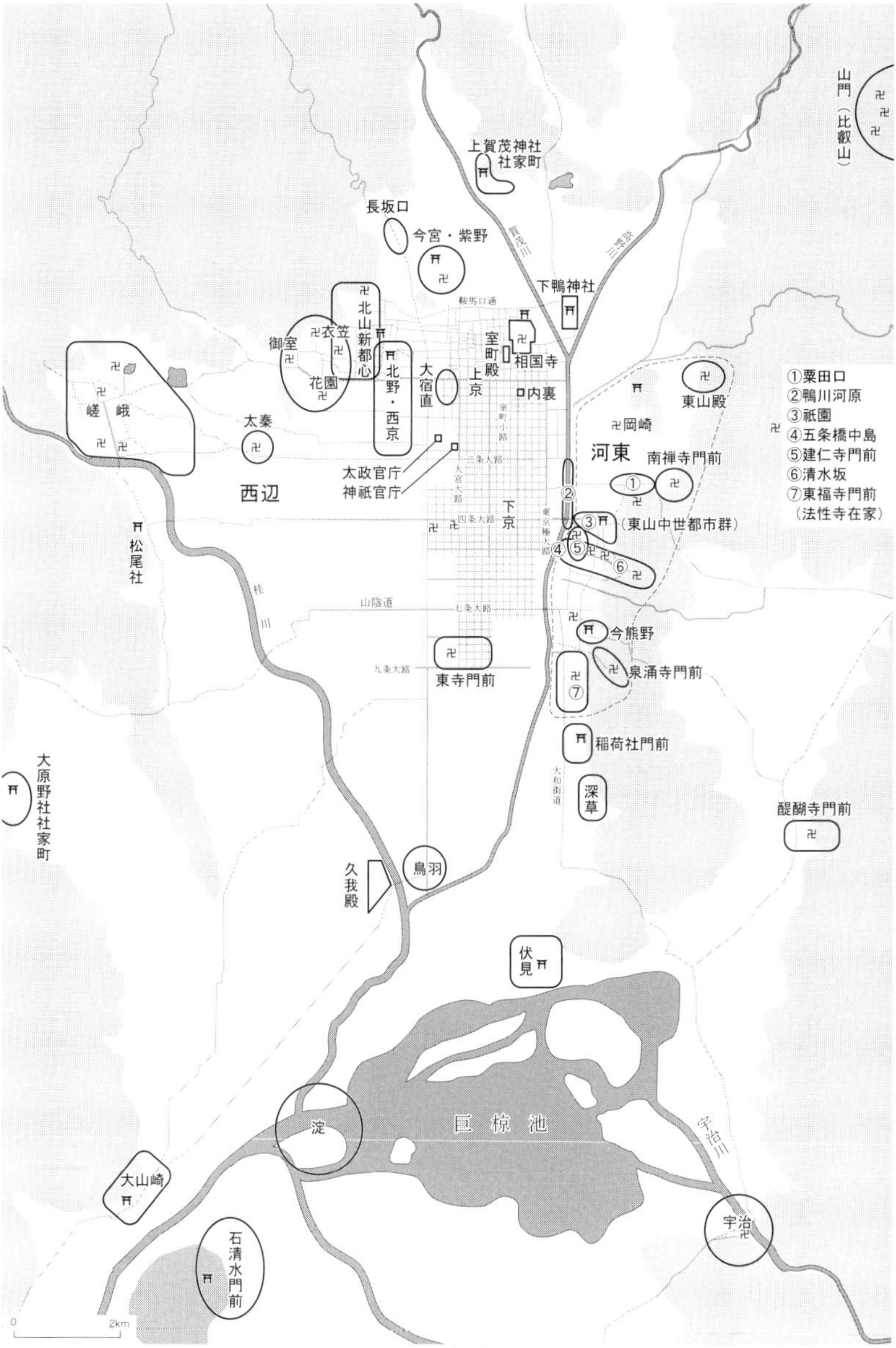

図 56　中世京都の「巨大都市複合体《コンプレックス》」 山田邦和 2012 に拠り作成

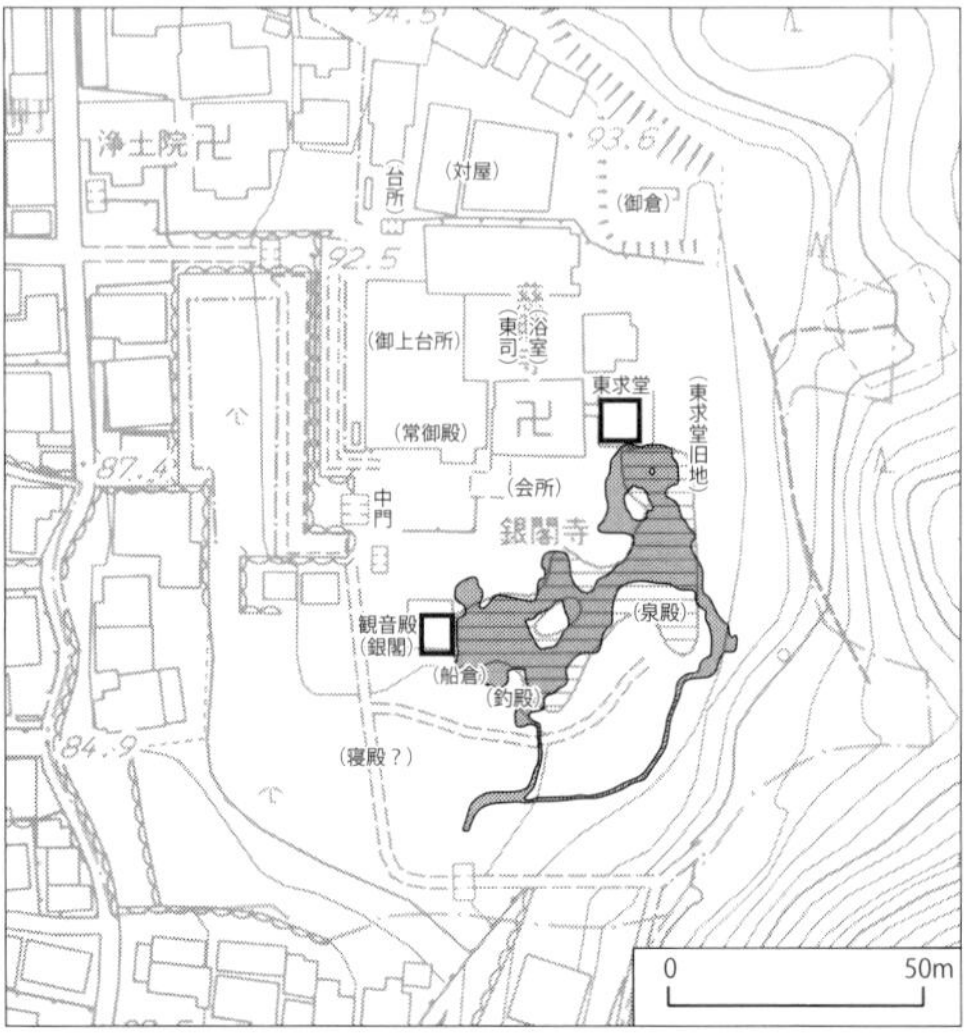

図57　東山殿復元図　宮上茂隆 1992・2016，百瀬正恒 2016 を参照して作成

文明十四年（一四八二）、義政は京都の東郊の山麓にあった浄土寺《じょうどじ》の敷地の過半を接収し、そこに新しい邸宅を建設した。これが東山《ひがしや》殿《まどの》（東山山荘）である。義政が洛中の上京を離れてこうした山荘を新しい本拠としたのは、祖父である義満が北山殿を建設した故事に倣ったためであろう。延徳二年（一四九〇）の義政の薨去後にはこの邸宅は臨済禅の寺院に改められ、「東山慈《とうざんじ》照寺《しょうじ》」となった。

東山殿（図57）（宮上茂隆 一九九二・二〇一六、百瀬正恒 二〇一六、木岡敬雄 二〇一六）は、「錦《きん》鏡池《きょうち》」という池をもつ庭園を中心に構成されていた。池の西南端に面して観音殿があるが、これは義満の北山殿の後身である鹿苑寺の舎利殿の通称「金閣」に倣って、いつしか「銀閣《ぎんかく》」と呼ばれるようになった。これにより、慈照寺も「銀閣寺」の通称で呼ばれているのは周知の通りである。宮上茂隆によると、「銀閣」はもともとは義政の母の日野《ひの》（裏松）重子《しげこ》の邸宅であった一条高倉の高倉殿の庭園にあった建物を移築して改造したものであったという。池の北側には義政時代の建物である東求堂《とうぐどう》（国宝）が現存する。ただ、東求堂は義政の時期にはもう少し東側の山裾の場所にあったと推定されている。そのほか、中心建物である会所、義政の居所となる常御殿《つねごてん》、池を観賞する泉殿といった主要建物群が庭園の北西部の平坦面に配置され、さらにそれを取り囲んで御上台所《だいどころ》、台所、浴室、東司《とうす》、御倉《おくら》といった附属建物が建てられていたらしい。

義政の東山殿は単なる前将軍の別業というにはとどまらず、その周囲には義政に従属するさまざまな人々が暮らしていた。つまり、東山殿の周囲には一定の都市空間が附設されていたのである。義満の北山殿を中心とした都市空間が「北山新都心」と名付けられていることに倣うならば、義政の東山殿とその周辺も「東山新都心」と呼ぶことができるであろう。もっとも、東山殿の規模は北山殿に比べるとはるかに小さいから、「東山新都心」もそれに相応した小さなものであったように思う。

4　室町時代の京都の邸宅・宅地

「構」を持つ大邸宅

室町時代の京都は、平安京左京のほぼ全域とその北側の「上京」、さらにはその周辺の市街地からなっていた。このことは考古学的調査によって検出された遺構の分布によって立証されている（辻裕司 一九九八）。そしてそこには、民衆の小規模宅地に加えて、貴族、上級武士、富裕な商人や職人の大邸宅が多数分布していたはずである。

発掘調査によって、左京三条三坊十三町には町の東北部の四分の一町を占める邸宅が存在していたことが判明している（図58）（京都市埋文研編 一九九五a・二〇一七a、京都市文化財保護課編 二〇一八）。十四世紀または十五世紀初頭には遣水と滝を敷設した池が設けられているし、その池の埋土からは十二世紀から十四世紀にかけての高級な輸入陶磁器が出土しているから、京・鎌倉時代にもすでにここは規模の大きな邸宅であり、それが室町時代にまで引き継がれていたことになる。輸入陶磁器の中には、元《げん》の時代（十四世紀）の磁州窯で生産された白地《しろじ》鉄絵《てつえ》山水図枕《さんすいずまくら》という日本では稀少な製品も含まれているから、居住者はかなりの上流階級の人物だったとみてよいだろう。注目されるのは、十五世紀前半に庭園の池が改築される（池876—2）とともに、邸宅の周囲を取り囲む堀が掘られたことである。西側の堀で測るならば、それは幅約六・〇メートル、深さ約一・五メートルという大規模なものだった。東側の堀は平安京の東洞院大路の路面をかなり侵食している。十五世紀後葉には池が埋め立てられているから、この邸宅は応仁・文明の乱によって廃絶したらしい。

戦国時代の京都では、都市全体を囲む防御施設である「惣構《そうがまえ》」が造られるようになったが、南北朝時代や室町時代には未だ惣構はなかったはずである。しかし、ひとつの邸宅を囲繞する「構」であれば、南北朝・室町時代の段階ですでに出現していた。同志社大学新町《しんまち》校地内遺跡（上京区上立売通新町西入ル西大路町）でも、邸宅を囲む構の一部と推定される幅約三メートル、深さ約一・五メートルの南北朝時代の堀が確認されている（同志社大学校地学術調査委員会編 一九七四、同 一九七八）。時期は降るけれども、国立歴史民俗博物館甲本（町田家本）『洛中洛外図屏風』には藤原氏花山院家《かざんいんけ》の邸宅である「花山院」（左京一条四坊三町）が描かれており、それを見ると邸宅の周囲には水堀を巡らせていたことが知られる。左京三条三坊十三町の遺構も、こうした構を持つ邸宅のひとつに数えることができよう。

小規模宅地

室町時代の京都の小規模宅地の区画を知ることのできる事例を挙げてみよう。左京五条三坊八町では、間口約八・五メートル、奥行き約五〇・〇メートルという長大な区画が確認されている（図59左上）（古代学協会編 一九九七、京都市埋文研編 一九九四b）。左京四条三坊四町では、奥行きは不明ながら、三メートルほどの間口の狭隘な区画の町屋《まちや》が四条通に沿って並んでいたらしい（図59右上）（京都市埋文研編 二〇一六）。左京二条四坊十町では、発掘調査の成果から、春日《かすが》小路に北面する間口約一八メートル、奥行き五〇〜六〇メートルの宅地や、万里小路に西面する間口約一一メートル、奥行き約二〇メートルおよび約四〇メートルといった宅地がおぼろげながら浮かんでくる（図60）（京都市埋文研編 二〇〇一）。

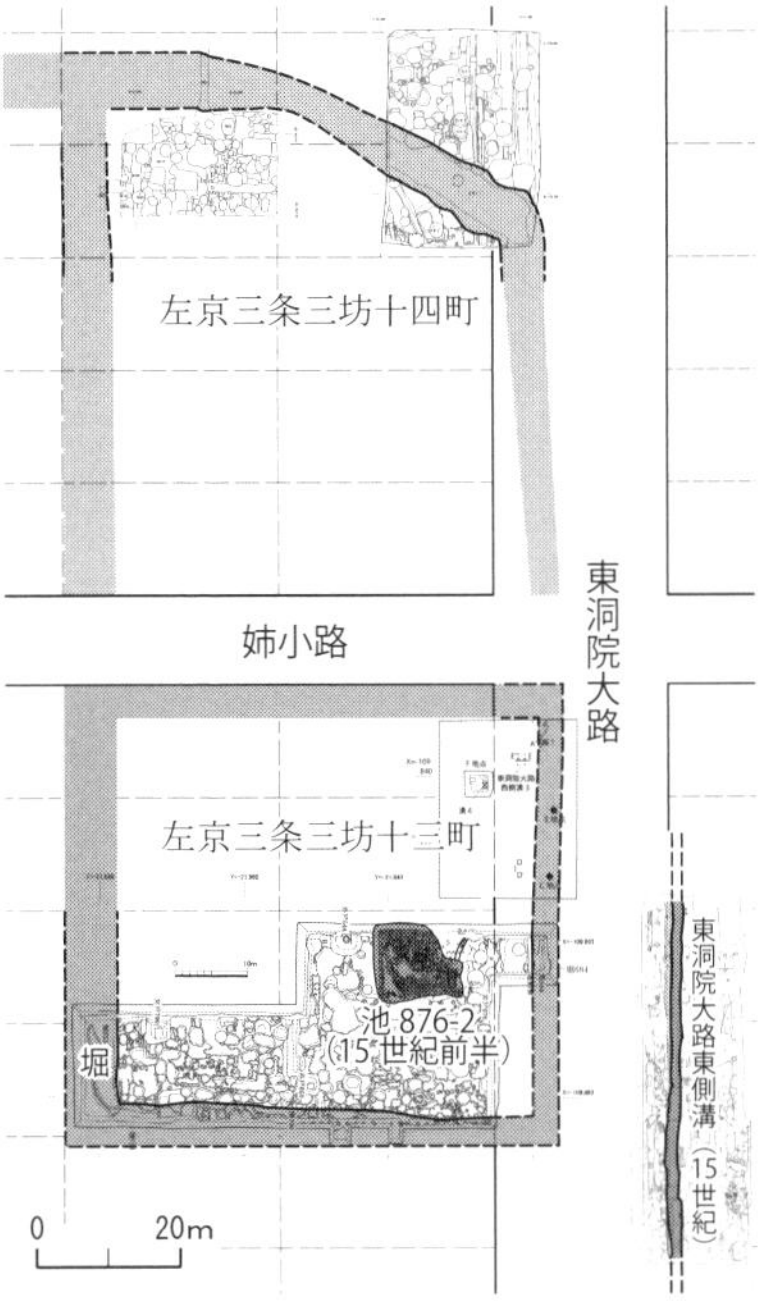

図 58　左京三条三坊十三・十四町　京都市埋文研編 1995a・2017a，京都市文化財保護課編 2018 に拠り作成

左京八条三坊三町でも、発掘調査の成果からは、東西南北の溝によって細かく分割されたいくつもの宅地割が見える（図59下）。ここでは、溝895・1168・1178・1199で囲まれた土地区画

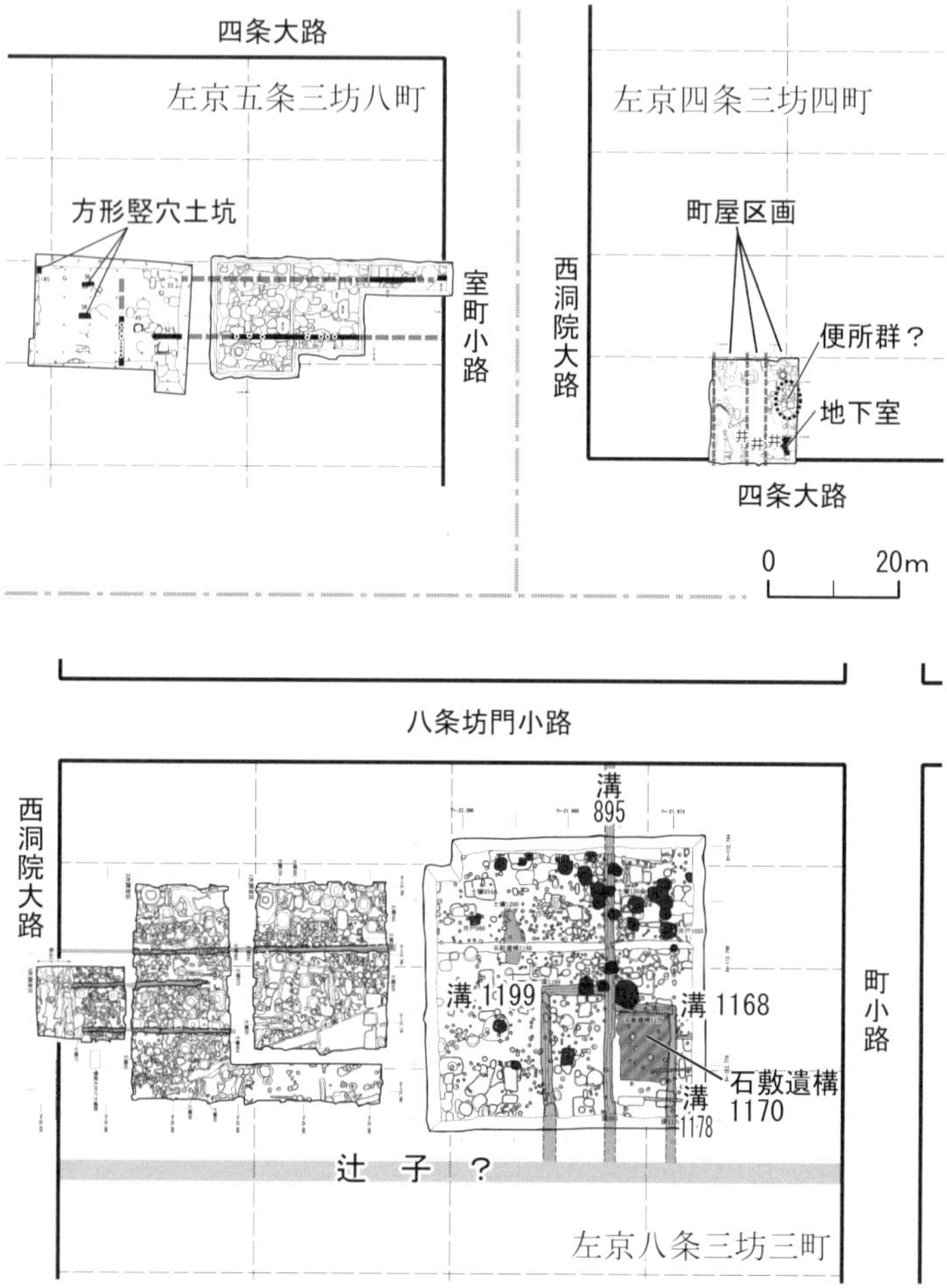

図 59　室町時代の町屋

左上：左京五条三坊八町，右上：左京四条三坊四町，下：左京八条三坊三町

左上＝古代学協会編 1997，京都市埋文研編 1994b，右上＝京都市埋文研編 2016，下＝京都市埋文研編 1996b・1999 に拠り作成

があるが、これらは周囲の道路には面することにならないから、町の中央を東西に走る辻子の存在を想定してみたい。仮にこれが正しいとするならば、溝1168・1178と溝895の南半で囲まれた区画は間口約八・五メートル、奥行き約一三メートルで、その北半部に建物の基礎の可能性がある石敷遺構が存在する。また、溝1199と溝895の南半で囲まれた区画は、間口約九・七メートル、奥行き約二五メートルだということになる。さらに、西側の西洞院大路に面したところにも、鎌倉時代から室町時代前期にまたがる多数の遺構が密集しているが、その中にはいくつもの東西溝があり、それによって区画された東西に極端に長い短冊形の地割が浮かび上がってくる（京都市埋文研編　一九九六b・一九九九）。要するに、室町時代の京都の小規模宅地は、京・鎌倉時代のそれと同様、長大な短冊形を呈していたわけである。

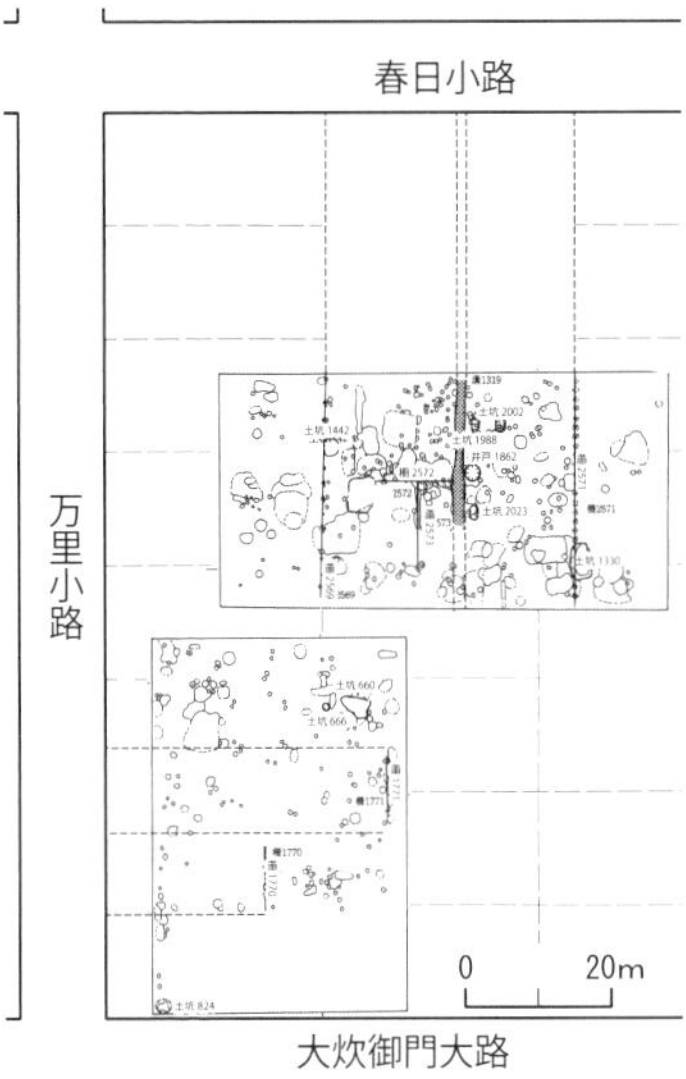

図60　左京二条四坊十町　京都市埋文研編 2001 に拠り作成

なお、「町」の中央部については、左京九条二坊三町の事例も重要である。これは東寺の門前町の一角であり、応永十一年（一四〇四）「京都《きょうと》妙見寺《みょうけんじ》地子《じし》法住寺《ほうじゅうじ》押妨《おうぼう》図《ず》」（東寺百号文書『廿一口《にじゅういっく》年預《ねんよ》記《き》』所載）によって土地区画の概略が判明する（図61）。さらに、そこで「散所《さんじょ》在所」とされている部分が発掘調査されている（京都市埋文研編　一九九四a）。検出された室町時代前期の

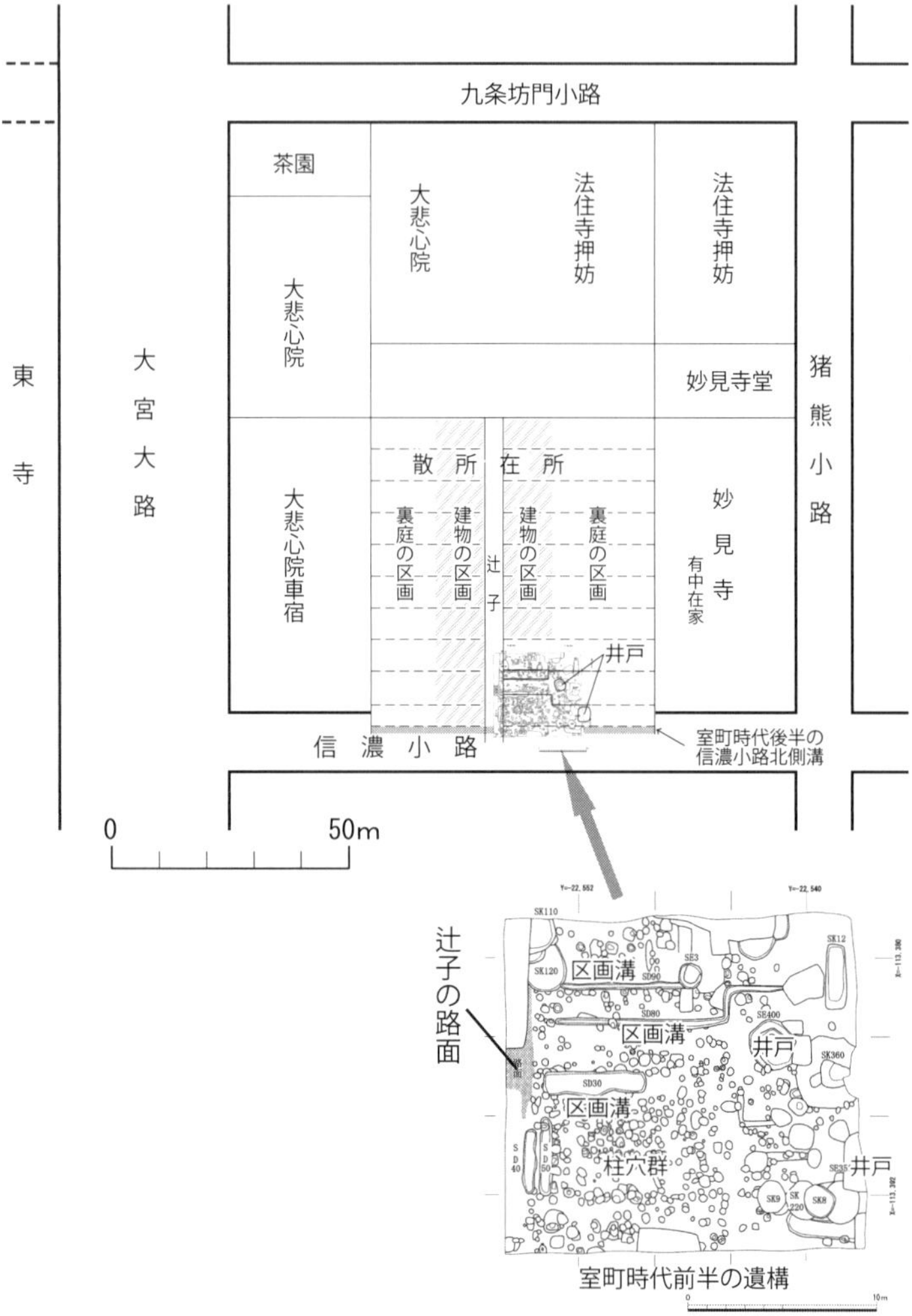

図61　左京九条二坊三町　東寺百号文書「京都妙見寺地子法住寺押坊図」・京都市埋文研編1994aに拠り作成

遺構を見ると、「散所在所」の中央部には南北方向の辻子が通り、それに面して東西方向の短冊形の小規模な宅地が並んでいる。辻子に面した部分に小さな建物が立ち並び、その背後には裏庭があってそこに井戸が設置され、それは数軒の家で共同利用していたとみてよいだろう。このように、「町」の中央部の使いづらい部分であっても、そこに辻子を設けることによって積極的に開発がなされていったのである。

河原者の集落「余部」

中世の鴨川の河原には、「河原者」と呼ばれた人々が住んでいた。彼らは一般の市民からは賤視されながらも、皮革加工をはじめとする独自の生業にたずさわっていた。その中で、鴨川の西岸で四条橋の南にあたる四条河原《しじょうがわら》にあった河原者の集落は余部《あまべ》、余部屋敷、天部などと呼ばれていた（源城政好 二〇〇六）。下坂守は、十六世紀に描かれた複数の絵画史料を分析して、この余部屋敷の景観を復元している（下坂守 二〇一〇）。下坂によると、ここでは藍を水で布に揉み込む「生葉染め」という技法で布染めをする「青屋《あおや》」が存在していたのだという。考古学的には、左京五条四坊十六町の東側（下京区寺町通四条下る貞安前之町）の発掘調査によって、この余部屋敷の青屋の遺構が確認されている（五八ページ図22）。調査地区の北側に数件の町屋が東西に並んでおり、南側にはそれぞれの町屋に附属する井戸が存在する。そして、その南側には広場があり、そこが藍染めをした布の干場に使われていたらしい（イビソク関西支店編 二〇一四）。

5　室町時代京都の産業

土倉・借上

室町時代の京都における代表的な産業のひとつとして、土倉《どそう》・借上《かしあげ》（高利貸し）が挙げられるであろう。高利貸しは巨額の利益が見込める商売であり、それにたずさわる人々はいずれも巨万の富を蓄える富裕な産業家となっていったのである。京・鎌倉時代末期の正和四年（一三一五）には日吉社の神輿や神宝《じんぽう》・装束《しょうぞく》を新造するための費用として、比叡山傘下の土倉には一軒あたり七百五十疋で合計二十一万疋、検非違使庁管轄の土倉には一軒あたり千疋で合計五万五千疋の銭の納入が求められている（『公衡公記』正和四年四月二十五日条）。これで計算すると、その時期の京都には比叡山と検非違使庁の傘下だけで三百三十五軒（内訳は、比叡山二百八十軒、検非違使庁五十五軒）もの多数の土倉が存在したわけである（京都市編 一九八一）。

土倉・借上の存在を考古学的に証明する遺構としては、やはり土蔵《どぞう》を挙げるべきであろう。もちろん土蔵のすべてが土倉・借上に伴うものとはいえないけれども、高利貸しは現金を貸す代わりとして担保を預かっており、それを安全に保管しておくためには堅固な構造の土蔵が必須なのであり、それが遺構として残される可能性は高いはずである。こうした蔵については、山本雅和の研究がある（山本雅和 二〇〇二）。それに基づき、いくつかの事例を見てみよう。

左京四条四坊二町（高倉小学校構内遺跡）（京都市埋文研編 一九九六）では、室町時代にはその東北部の四分の一町を占めた大きな屋敷が存在していたらしい。邸の一番奥にあたるところで、河原石を土壇状に敷いた東西約一二・〇メートル、南北七・五メートル以上の方形の遺構（礫敷遺構600）が検出されている。また、左京五条四坊二町（洛央小学校構内遺跡）（京都市埋文研編 一九九五b）では、室町時代前半には町の東側を占める邸の存在が推定され、その最奥部において河原石を用いた南北約七・〇メートル以上、東西約四・〇メートル以上の方形の遺構（土坑186）が確認されている（二〇九ページ図70）。このどちらの事例も堅固に河原石を敷き詰めていることから、重量のある建物の基礎の地業であったことはまちがいない。周囲からの瓦の出土量は少なく、屋根は瓦葺きではなかったと考えられている。こうした建物は土蔵であり、それを有した屋敷は土倉・借上であった可能性はきわめて高いと思う。

酒屋

高利貸しと並んで大きな利益を挙げることができる商売として、酒屋がある。酒屋の権利はそれを握る権門にとって重要な利権となっていたのであり、それは酒造に必須の麴の生産を独占するという形で現れた。京・鎌倉時代までは京都の酒屋は朝廷の造酒司《ぞうしゅし》《みきのつかさ》が管掌するところであったが、その支配権は次第に緩み（『平戸記』仁治元年閏十月十七日条）、それに代わって室町時代には北野《きたの》社の神人《じにん》による西京《にしのきょう》（平安京右京北部）の北野麴座が麴生産の独占権を武器として京都の酒屋に支配を及ぼすことになる。京都の酒屋の総数は、応永二十六年（一四一九）には三百四十七軒（『北野天満宮文書』同年九月十二日）、同三十三年（一四二六）には二百二十九軒以上という多数にのぼっていたという（『北野天満宮文書』同年二月十六日）。ただ、酒屋の中には北野麴座の支配に服することを拒む者もあり、同二十六年（一四一九）にはついに北野神人は将軍足利義持《あしかがよしもち》に訴え、自らに敵対する酒屋の破却という強硬手段に及んだのであった（『北野天満宮文書』同二十六年九月十二日）。

こうした酒屋の存在を物語る遺構が、多数の大型甕を埋めた倉の跡である。戦国時代に来日した宣教師ルイス・フロイスは、ヨーロッパと日本の酒の保管法を比較し、「われらの葡萄酒の樽は、かたく密封され、地面の割板の上に置かれる。日本人は、その酒を、大口の壺に入れ、封はせずに、その口のところまで地中に埋めておく」（松田毅一・ヨリッセン 一九八三）と述べている。左京五条三坊九町では、十四世紀中葉と十五世紀後半の二時期の酒倉の跡が検出されている（図62上）（京都市埋文研編 二〇〇八c）。前者では、南側の綾小路に面して建物があり、その奥に地下式倉庫が設けられていた。そして、この建物空間を奥へ広げて酒倉が建設されたものと推定されている。酒倉には東西六列、南北六列にわたって常滑焼《とこなめやき》の甕が埋納されていた。さらに、十四世紀の酒屋が廃絶した後、十五世紀後半になってここには新たな酒屋が店を構えたとみえ、発掘区の南部にはその時期の埋甕の抜き取り痕が東西二列以上、南北六列にわたって残されている。蜷川家《にながわけ》文書《もんじょ》「酒屋土倉注文」（『大日本古文書』家わけ第二十一「蜷川家文書之二」）には下京の酒屋のひとつとして「綾小路烏丸西北頰」に「澤村又次郎」がいたことを記しており、十五世紀後半の遺構群はこの酒屋に関連している可能性がある。

左京六条三坊五町（京都市埋文研編 二〇〇五b）では、十四世紀前半から後半にかけて、北側の楊梅《ようばい》《やまもも》小路に面した間口約三〇メートルの酒屋が存在した（図62下）。そこには東西約一五メートル、南北約一六メートルの範囲が大きな酒倉（甕群1）となっており、そこには東西十六列、南北十九列で合計三百四十基の多数の常滑焼の甕が埋められていた。また、その北西部には東西約三・八メートル、南北五・五メートルの小規模な酒倉（甕群2）があり、そこには南北六列、東西四～六列の埋甕が存在した。大きな酒倉の西側には柱穴群や井戸が存在しており、そこは酒造りのための作業場であったと想定されている。『北野天満宮文書』（応永二十六年十月二日）には「楊梅室町西南頬之倉」が登場し、それがこの酒屋にあたる可能性が指摘

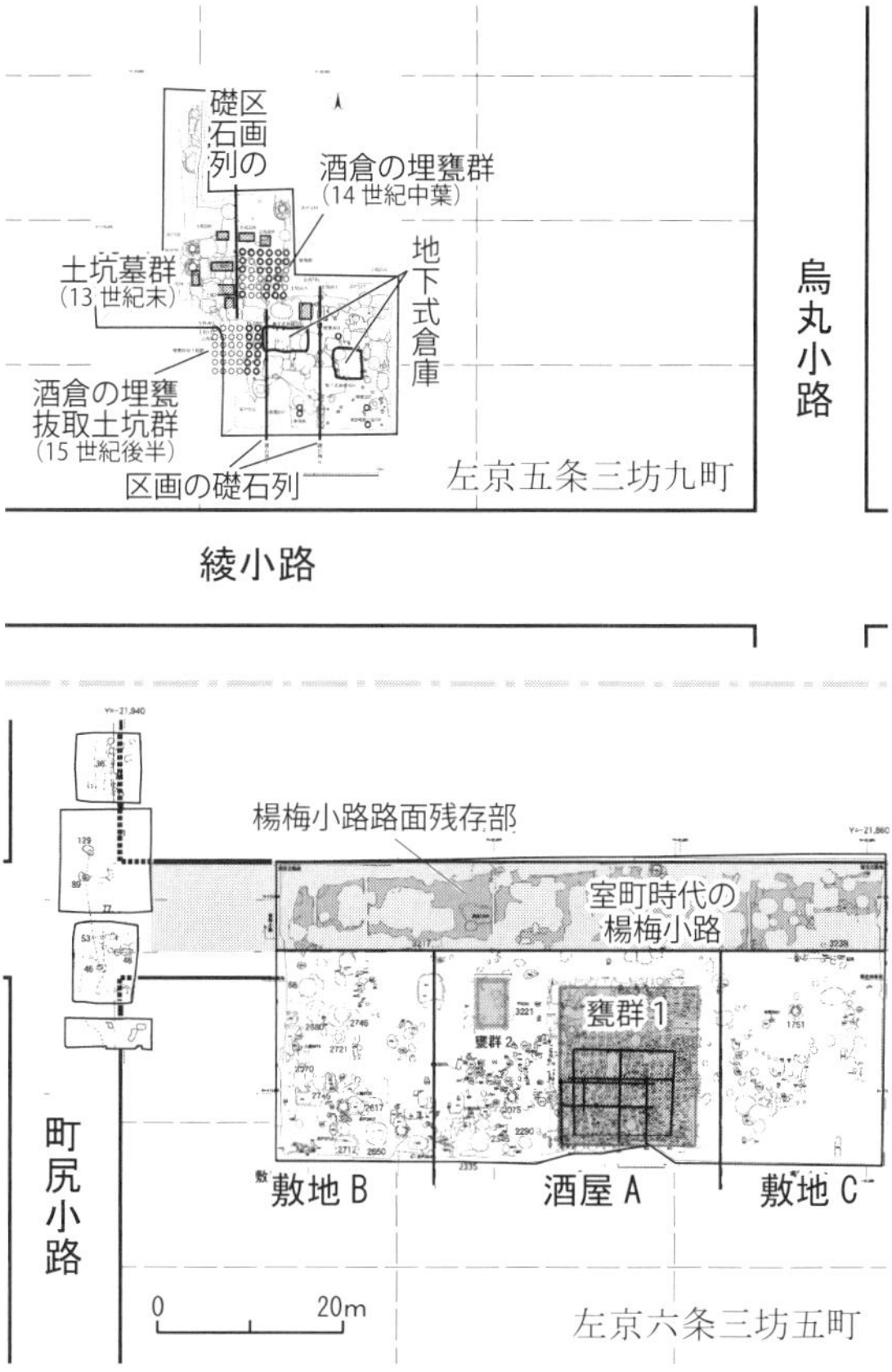

図 62　室町時代の洛中の酒屋
上：左京五条三坊九町，下：左京六条三坊五町
上＝都市埋文研編 2008c，下＝京都市埋文研編 2005b に拠り作成

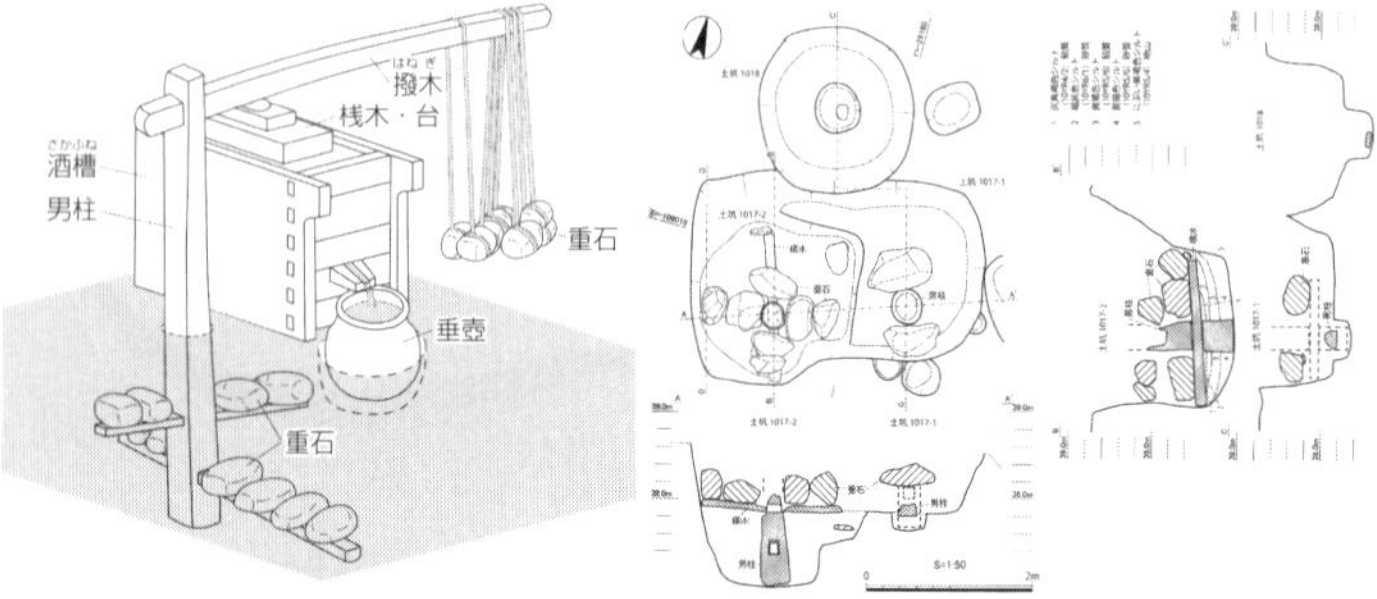

図 63　中世都市嵯峨における酒屋の遺構　国際文化財編 2019 に拠る

されている。なお、この酒屋は十五世紀中葉の応仁・文明の乱の頃には廃絶したらしい。

興味深いのは、左京五条三坊九町と六条三坊五町の酒倉跡の埋甕には、抜き取られていたり、人為的に壊されていたり、さらには底部に穴が開けられているものが多いことである。酒造りの利権をめぐってくりかえされた権門と酒屋との抗争の中で、酒倉が破壊されたことを示しているのであろう。

酒屋の跡は京都西郊の嵯峨においても確認されている（国際文化財編 二〇一九）。位置は中世都市嵯峨のメイン・ゲートである「天下龍門」の北側にあたっており、十四世紀中葉から十五世紀中葉まで操業が続けられたと推定される。これは、後の聚楽伏見時代から江戸時代初期にかけての豪商である角倉了以《すみのくらりょうい》を生む「角倉吉田」家の酒屋（河内将芳 二〇〇〇）の一角だったのではないだろうか。酒倉は東西に二棟が想定され、いずれも備前焼の大甕（容量はおよそ一石〈約二〇〇リットル〉）を埋めている。埋甕の数は東の倉で東西九列、南北十四列の合計百二十六基、西の倉で東西六列、南北九列の合計五十四基で、総数は百八十基に及ぶと推定されている。ただし、大甕の多くは人為的に抜き取られているか破壊されており、この酒屋は土一揆や戦乱によって破壊されたのであろう。注目されるのは、二ヵ所から酒の搾り施設（土坑1017・1018、同5071・5101）が検出されていることである（図63）。この搾り施設は、酒を搾るための撥木《ばち》を支える「男柱」を据える土坑と、搾った酒を受ける「垂壺《たれつぼ》」を置く土坑からなる。上部構造としては、男柱の側に酒槽が設置されていたはずである。このような酒の搾り施設は、洛中の酒屋でも同様に設置されていたことであろう。

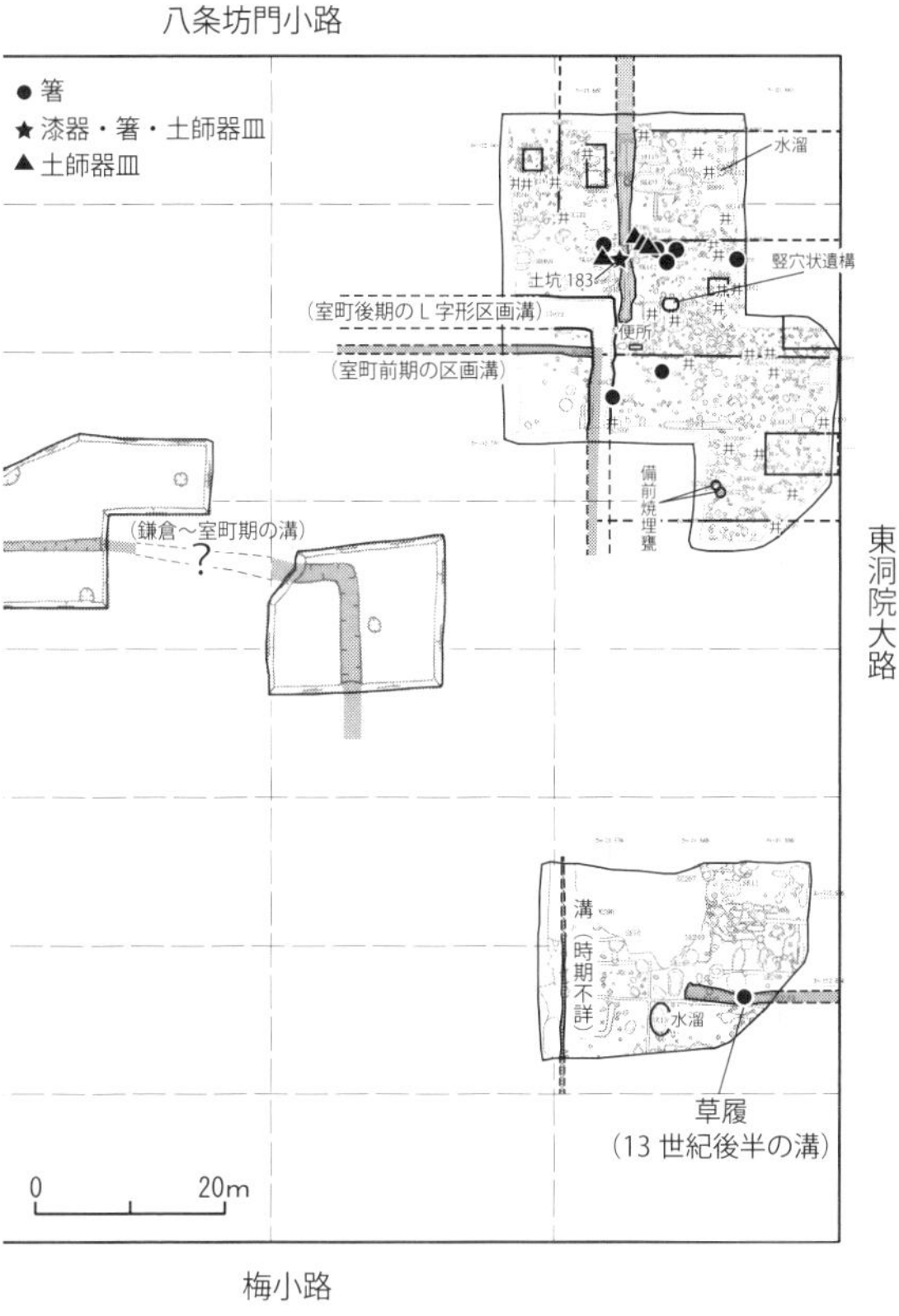

図64　左京八条三坊十四町　上村和直 2002 に拠り作成

そのほかの産業

左京八条二坊九町では、十五世紀の大量の砥石《といし》の

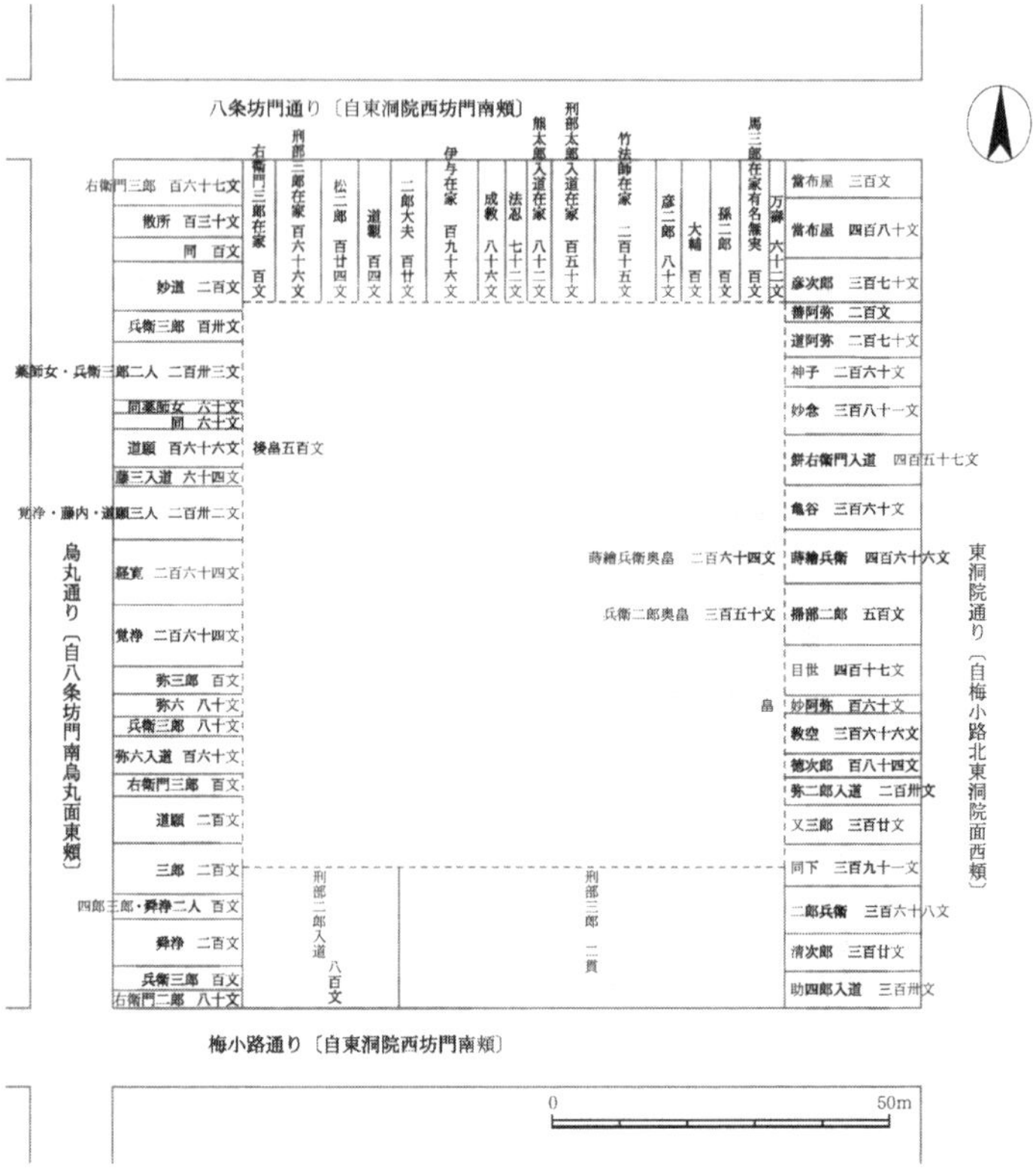

図65　左京八条三坊十四町（東寺領八条院町）の宅地配置　上村和直2002に拠る

未製品や端材が出土している。その数は、破片で数えると五百点余りという多数にのぼっている。これは、砥石の生産工房が存在したことを示すとみて誤りないであろう（京都平安文化財編　二〇二〇）。

八条院町・七条町の周辺では、漆器や箸の出土が目立つ地点がある。左京八条三坊十四町の東北部においては、溝と塀によって細かく区切られた複数の宅地がある（図64）。その中から、十一ヵ所の遺物埋納土坑が検出された（上村和直 二〇〇二）。特に、土坑183と名付けられた遺構は、底に檜《ひのき》の葉を敷いてから百十二点もの漆器椀《わん》・漆器皿を敷き詰め、その上にぎっしりと箸を詰め込み、最上層には大量の土師器《はじき》皿を入れ込んでいる（巻頭図版2）。時期は室町時代初期の十四世紀中葉であろう。こうした埋納遺構の存在は、この付近に漆器や箸の生産に携わった職人か、またはそうした製品を売買する商人が住んでいたことを如実に示している。

この左京八条三坊十四町は、京・鎌倉時代末期から室町時代にかけて東寺領八条院町の一部であった。この町については元応元年（一三一九）、建武元年（一三三四）、同五年、延文二年（一三五七）、文和四年（一三五五）、貞治元年（一三六二）、至徳四年（一三八七）、応永十年（一四〇三）の年貢に関する記録が『東寺百合文書《とうじひゃくごうもんじょ》』『教王護国寺文書《きょうおうごこくじもんじょ》』の中に残されており、それによってこの町の各時期における居住者を知ることができる（図65）（百瀬正恒 一九九六、上村和直 二〇〇二）。発掘調査の成果を見ても、宅地群の裏側にはL字形の区画溝が存在しており、町の中央部はその溝によって囲まれた広い空間を形作っていたらしい。これは一一八〜一二〇ページで解説したのと同様であり、町の中央部には貴族邸宅や仏堂といった特別の施設、またはその跡にあたる空間が存在しており、一般の宅地群はその周囲を取り巻いていたのであろう。それは、文献史料による復元とも合致しているのである。

五　戦国時代の京都

1　乱世の都

戦国時代の開始

十五世紀中葉の京都は、足利《あしかが》将軍家や有力大名家の内訌《ないこう》によって揺れ動いた。特に激しかったのは管領家のひとつである畠山《はたけやま》氏の分裂であり、畠山持国《もちくに》の後継の家督の座をめぐって甥の政長《まさなが》と庶子の義就《よしなり》のふたりが互いに一歩も譲らぬ抗争を繰り広げていたのである。応仁元年（一四六七）一月十八日、政長は義就《よしひろ》に対抗するため上御霊《かみごりょう》（御霊神社）の森において挙兵し、ここに十一年におよぶ応仁・文明の大乱の火ぶたが切られる。文明九年（一四七七）に乱が終息した後も政情は安定せず、九代将軍義尚《よしひさ》（のち義熙《よしひろ》）は長享元年（一四八七）に近江守護《おうみしゅご》六角行高《ろっかくゆきたか》（のち高頼《たかより》）追討の親征を実施するが成果を上げられず、延徳元年（一四八九）に前線の陣中で二十五歳の若さで薨去してしまう。さらに、それを継いだ十代将軍義材《よしき》（のち、将軍再任により十二代義稙《よしたね》）は管領細川政元《ほそかわまさもと》と対立、明応二年（一四九三）の「明応の政変」によって将軍職を剝奪されるにいたる。

一方、同じ明応二年の東国では、もと室町幕府の奉公衆であって駿河《するが》の今川《いまがわ》氏に仕えていた伊勢盛時《いせもりとき》

（長氏《ながうじ》、宗瑞《そうずい》とも。後世、「北条早雲《ほうじょうそううん》」と呼ばれる）が伊豆国《いずのくに》に攻め入り、堀越公方足利茶々丸《ちゃちゃまる》を追放して戦国大名への第一歩を踏み出した。こうした流れの中で室町幕府の全国統治の実効性が失われ、各地の軍閥が自立への道をたどったことをもって、戦国時代が開始したとみなされている。

戦国時代の上京と下京

政治史的な視点からすると、「下克上《げこくじょう》」の風潮が顕著になる十五世紀末葉に時代の画期を見いだすということになるのであろうが、京都の都市史という観点からは、やはり十五世紀中葉から後葉の応仁・文明の大乱の影響が大きかった。京都の中央部における市街戦が行われたことにより、都市としての京都が大きな打撃を受けたことはまちがいないからである。

ただ、応仁・文明の大乱によって京都は完全に荒廃し、戦国期を通じて閑古鳥が鳴き続けていたようなイメージがしばしば語られるが、それは正しいとはいえない。応仁・文明の大乱の被害は主として政治機能の中心地であった京都市街地北部（上京）と、戦争の混乱に応じた略奪の対象とされた著名寺社等に集中しており、そうした部分も乱の収束後には急速に復興が進められていた。さらに、応仁・文明の大乱にあっても商工業者の集住地であった市街地南部（下京）は比較的損害を免れており（吉村亨　一九九四）、そこは引き続いての繁栄を享受していたのである。たとえば、下京の一角にあたる左京四条四坊二町の西南部の発掘調査（京都市埋文研編　二〇〇九ａ）では合計九百基におよぶ多数の遺構が検出されているが、遺構数がピークに達するのは応仁・文明の大乱の時期を含む西暦一四四〇年ごろから一五〇〇年ごろである（図66）。そこでは調査地全体の実に全体の二割強にあたる百九十二

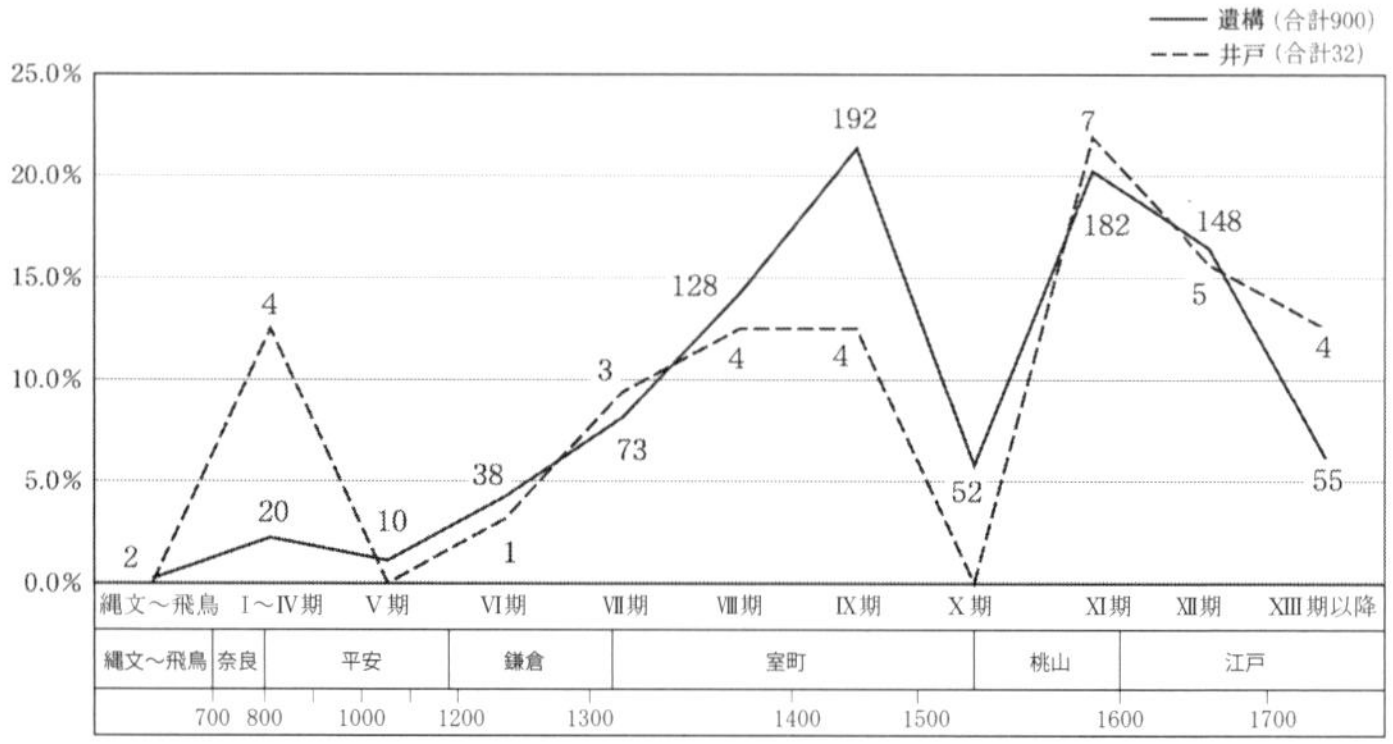

図66 左京四条四坊二町西南部の遺構密度変遷 京都市埋文研編 2009a に拠り作成

基という多数の遺構が確認されており、乱による被害が大きかったと認めることはできない。この地点で遺構数が激減するのは次の十六世紀に入ってからなのであり、それは応仁・文明の大乱ではなく、天文五年（一五三六）に比叡《ひえい》山延暦寺《ざんえんりやくじ》が京都市中の法華宗《ほっけしゅう》寺院群を壊滅させた天文法華《てんぶんほっけ》の乱（今谷明 一九八九）の影響とみなされるのである。

ただ、応仁・文明の大乱を境にして、京都の都市構造が大きく変貌したことは事実であろう。室町時代までの京都の市街地は、平安京《へいあんきょう》の左京域を主体としつつその周囲に広がっていたのであるが、戦国時代になると「上京」と「下京」という稠密な中枢市街地が成立する。永正十二年（一五一五）の「造酒正《みきのかみ》投銭御算用状之事」、つまり京都の酒屋（酒造業）に対して朝廷の造酒正の職を世襲していた押小路《おしこうじ》氏（中原氏）が酒麴役を課税した台帳が残されているのであるが、これに登場する酒屋の分布を図示すると図67のようになる（山田邦和 二〇〇九a）。もちろんここから漏れる酒屋もあったであろうが（河内将芳 二〇〇〇）、主要な酒屋

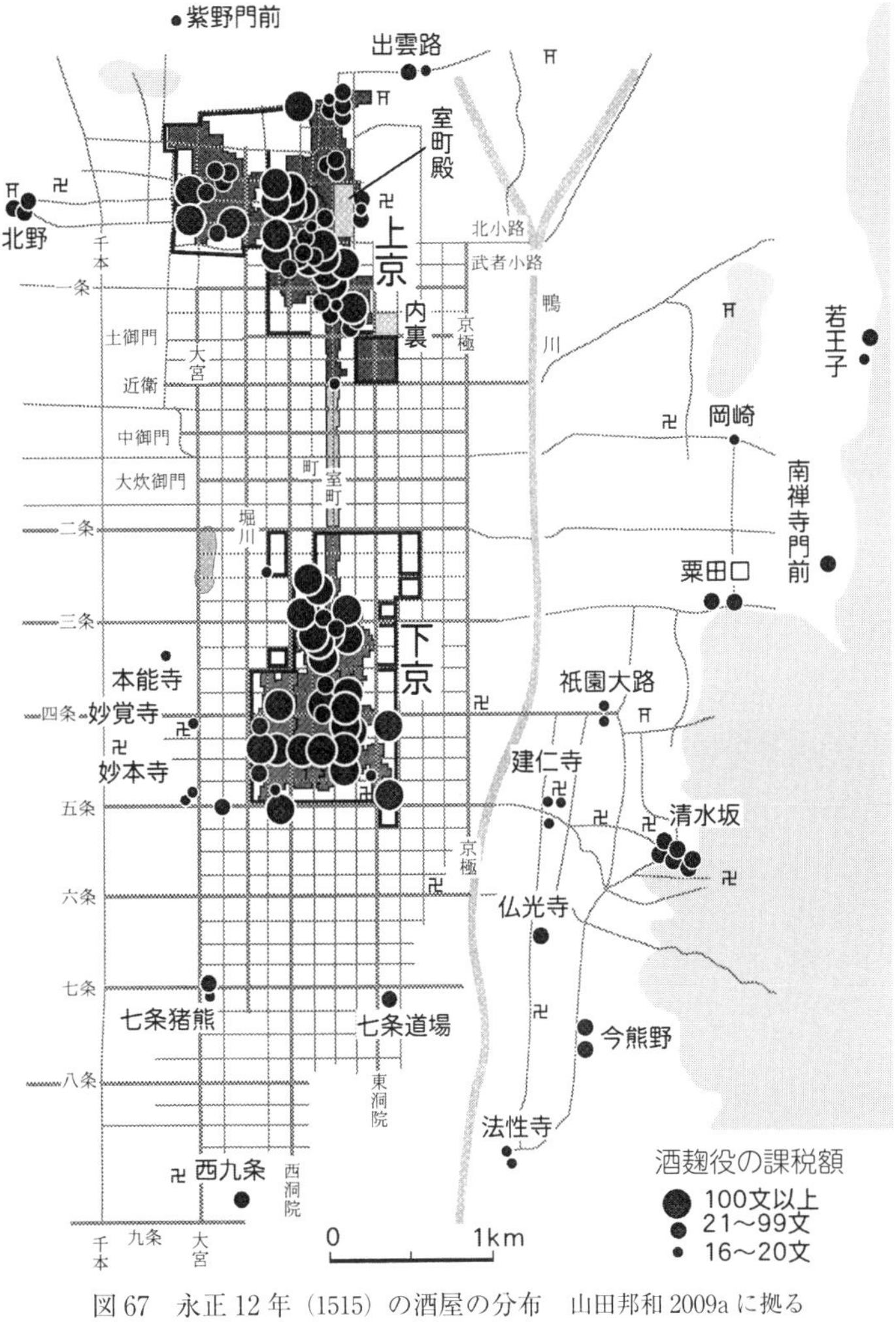

図67　永正12年（1515）の酒屋の分布　山田邦和2009aに拠る

は上京と下京に密集しているし、中でも大規模な酒屋はこの両地域に偏在することはまちがいないであろう。確かに、上京と下京は京都の中枢的市街地として成長してきたのである。

上京・下京の「惣構」

戦国期に成立した上京と下京の特質のひとつは、都市の全体が堀や釘貫《くぎぬき》（塀《へい》）と木戸《きど》からなる防御施設つまり「惣構《そうがまえ》」によって囲まれていたことである。前述の通り、京都では南北朝時代以降の時代において、邸宅を堀で囲んで防備を固めるというやりかたが現れていた。それが戦国期にはいると、都市全部を囲む「惣構」に発展してゆくのである。

戦国期京都の惣構については、高橋康夫の研究成果がよく知られている（高橋康夫　一九八三）。高橋は上杉本《うえすぎぼん》『洛中洛外図屏風《らくちゅうらくがいずびょうぶ》』などの史料を検討し、そこに散見する惣構の描写を地図に落とし込むことによって、精緻な戦国期京都復元図を完成させたのである。この高橋の図は、現在もこの時代の京都の都市史研究の基礎として使われ続けている。図68に示した復元図にも、基本的には高橋の説に従って惣構を描いておいた。

高橋が想定した戦国期京都の惣構の遺構は、京都市内の各所の発掘調査によって実際に確認されている。左京一条三坊九町では、町のほぼ中央部において戦国時代から聚楽伏見時代と推定されるL字形の堀が検出された（図69右）（京都市埋文研編　一九八九・一九九六a）。左京五条四坊二町では、幅約八・〇メートル、検出の深さ約二・〇メートルの南北方向の堀が、約四八メートルにわたって検出された（図70）（京都市埋文研編　一九九五b）。これは下京の惣構の東南端に近い部分と推定される。興味深いのは、この堀が町の中央部でやや屈曲していることであり、それは現在の下京区西前町と仏光寺西町の町境にほぼ一致して

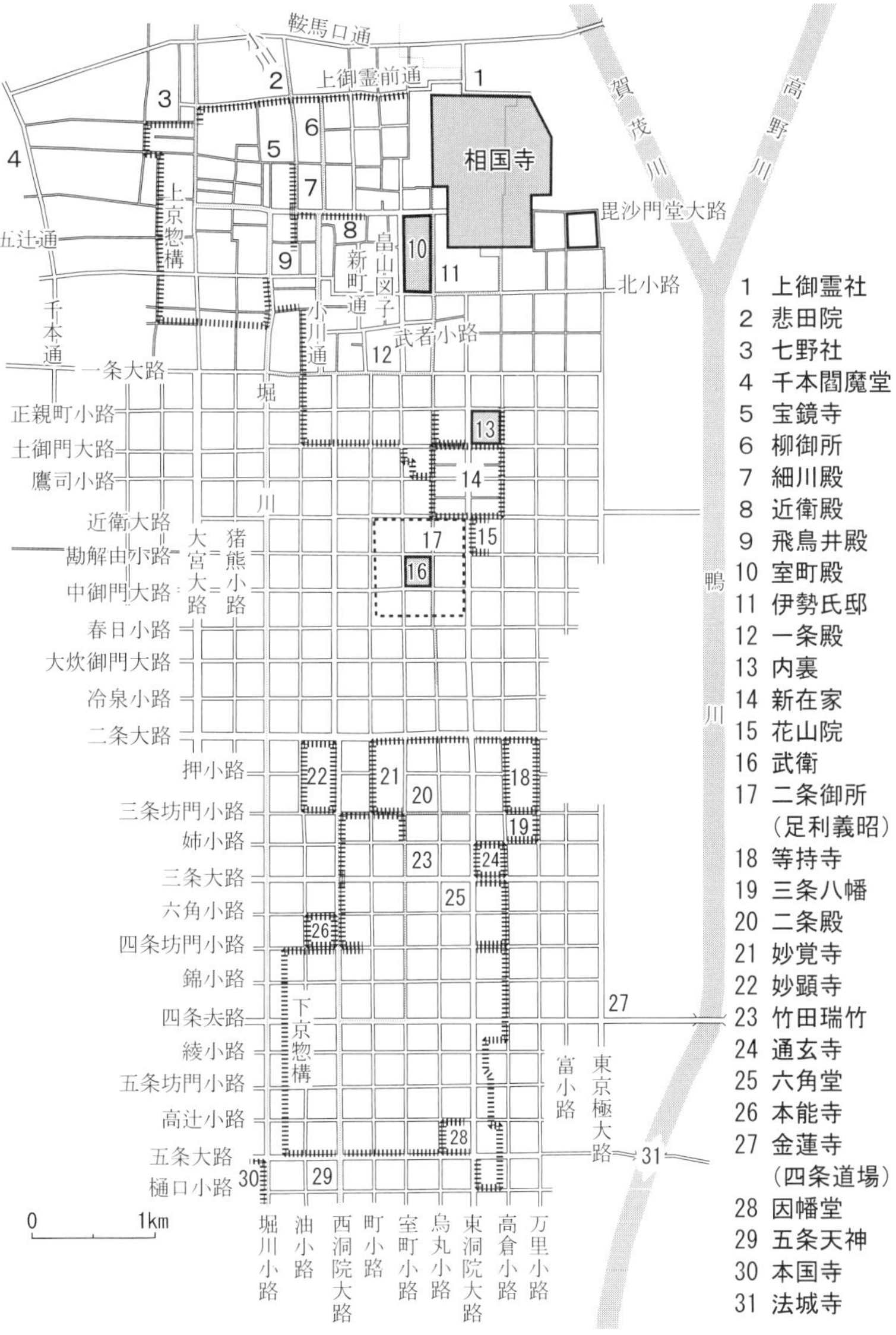
鞍馬口通
上御霊前通
小川
相国寺
賀茂川
高野川
毘沙門堂大路
五辻通
上京惣構
新町通
畠山図子
小川通
北小路
武者小路
千本通
一条大路
堀川
正親町小路
土御門大路
鷹司小路
近衛大路
勘解由小路
中御門大路
春日小路
大炊御門大路
冷泉小路
二条大路
大宮大路
猪熊小路
鴨川
押小路
三条坊門小路
姉小路
三条大路
六角小路
四条坊門小路
錦小路
四条大路
綾小路
五条坊門小路
高辻小路
五条大路
樋口小路
下京惣構
富小路
東京極大路
0 1km
堀川小路
油小路
西洞院大路
町小路
室町小路
烏丸小路
東洞院大路
高倉小路
万里小路
1 上御霊社
2 悲田院
3 七野社
4 千本閻魔堂
5 宝鏡寺
6 柳御所
7 細川殿
8 近衛殿
9 飛鳥井殿
10 室町殿
11 伊勢氏邸
12 一条殿
13 内裏
14 新在家
15 花山院
16 武衛
17 二条御所（足利義昭）
18 等持寺
19 三条八幡
20 二条殿
21 妙覚寺
22 妙顕寺
23 竹田瑞竹
24 通玄寺
25 六角堂
26 本能寺
27 金蓮寺（四条道場）
28 因幡堂
29 五条天神
30 本国寺
31 法城寺

図 68　戦国時代の京都の復元図　山田邦和 2009a に拠り作成

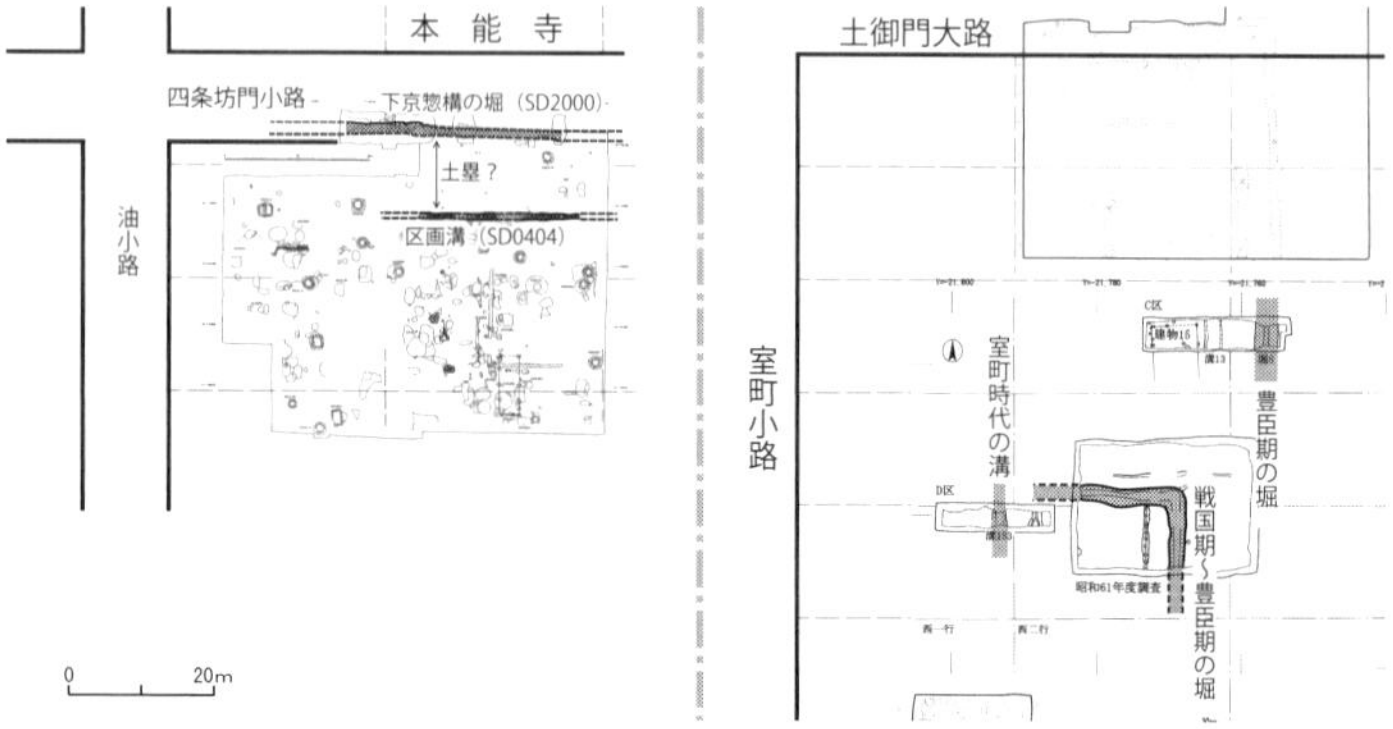

図69　戦国時代の惣構の遺構（1）
左：左京四条二坊十四町，右：左京一条三坊九町
左＝京都市埋文研編 2003b，右＝京都市埋文研編 1989・1996a に拠り作成

いる。つまり、ここでは戦国期の土地区画の一部が現在にまで受け継がれているのである。さらに、下京の左京四条二坊十四町では、十六世紀後半と推定される幅四メートル以上、検出の深さ約一・四メートルの東西方向の堀（SD2000）が四条坊門小路の南端に沿って約三〇メートルにわたって検出されている（図69左）（京都市埋文研編二〇〇三b）。この南側にはさらに区画溝（SD0404）が走っており、両者の間には土塁が築かれていたのではないかと推定されている。

戦国期京都は惣構の中だけか

ただし、通説では戦国期の京都では惣構の中だけが都市であったとされることが多い。確かに、図67の永正十二年（一五一五）の酒屋（酒造業）の分布を見ると上京と下京の惣構の内側に酒屋が密集しており、その両地区が京都の中枢部であったことにまちがいはない。ただ、だからといって上・下両京の惣構の外側がまったくの空閑地であったと考えてよいかというと、それには問題が

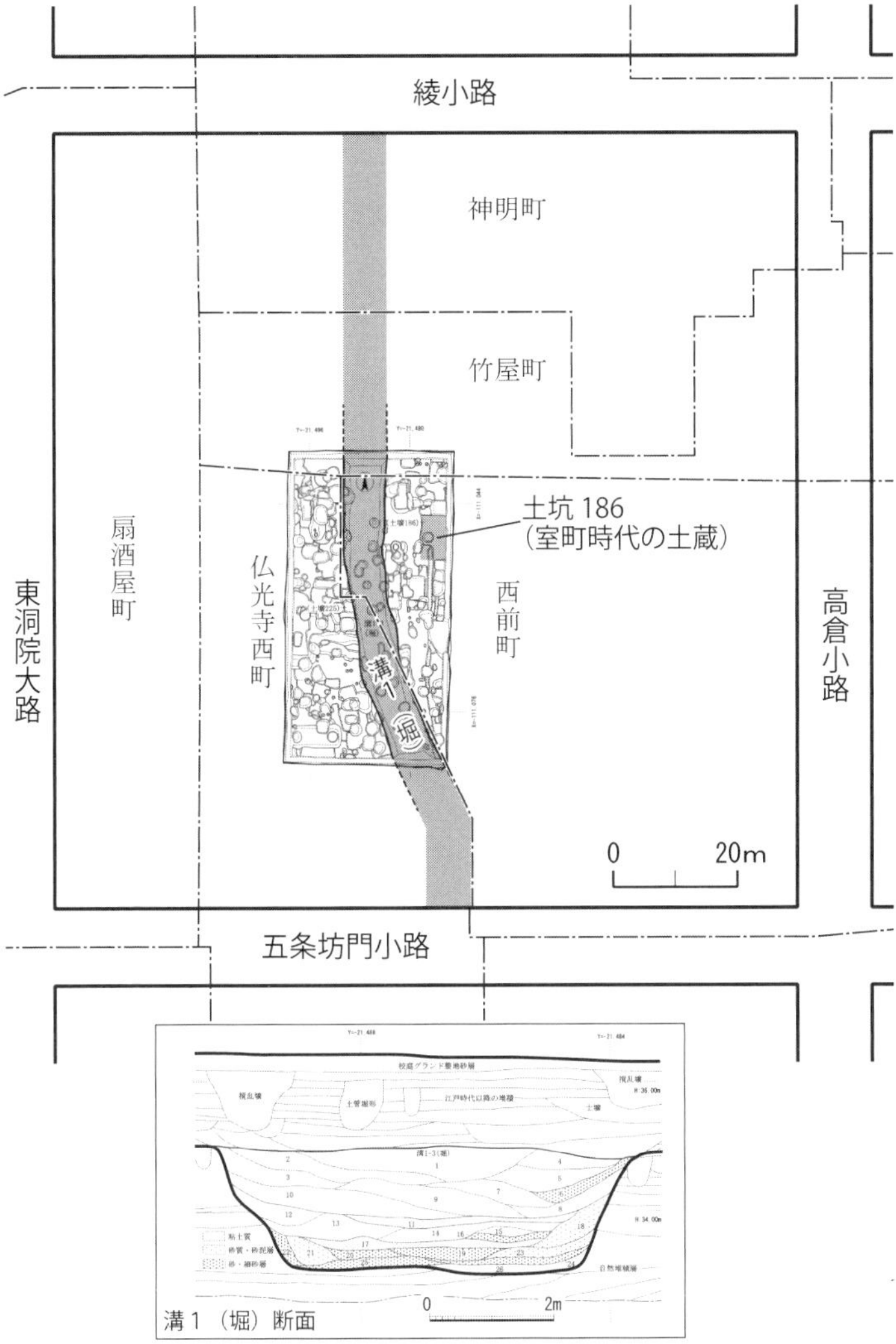

図70　戦国時代の惣構の遺構（2）　左京五条四坊二町
京都市埋文研編1995bに拠り作成

ある（仁木宏 一九九四）。こうした議論の重要史料は、宣教師ジョアン・ロドリーゲス・ツウズの『日本教会史』（ロドリーゲス 一九六七・一九七〇）である。彼は、京都の様子を「最初あった南北三十八の道路の中で、上京と下京の二つの市区に別れていた両区がたがいに続いているのは南北に通ずる中央の道路ただ一つだけとなり、横の道路三十八の中でもごく少数しか残っていなかった」、つまり京都は上京と下京の二つの部分に分かれていて、その両者はただ一本の南北に通ずる道路（室町通）によってのみ結ばれているのだ、と書いているのである。これを見ると確かに、戦国期京都は上京・下京のふたつの部分からなる複合都市であり、その両者以外の部分は荒廃していたのだといたように見える。しかし、実はこの『日本教会史』の記述は、次のような前提の中で書かれている（〔 〕内は補足）。

王国全体が国王に服従することなく、戦争のことにのみ熱中したので、その期間に王宮やその他の領主の御殿は火災にあい、都市は大がかりな破壊をうけ、そのために、国王〔天皇〕や公家は悲惨な状態に陥った。しかし、公方《くぼう》がそこに居住していて、その御殿とその他の武将の御殿があったので、都市は再びいくらか美しくなって、福者パードレ、フランシスコ〔ザビエル〕がわが主降誕一五五〇年〔一五五一年の誤り〕に見た状態に近づいてきた。当時天下を治めていた公方〔第十四代将軍足利義輝《よしてる》〕が死ぬ〔永禄八年（一五六五）〕までその状態は続いたが、三好《みよし》殿〔三好義継《よしつぐ》〕という一武将が彼を裏切って殺し、公方の御殿をはじめその他の武将や彼の従臣に当る領主たちの屋敷も焼いた。都市の大半が破壊されて、家屋とその数において、またその他のすべての点においてもきわて悲惨な状態になったことは、福者パードレ、フランシスコが日本からインディア〔インド〕へ帰ってから二十六年後〔一五七七年〕に日本へ渡ったわれわれが見た通りであった。

ここでいう「破壊をうけ」て「国王や公家は悲惨な状態に陥った」京都の状態は、応仁・文明の大乱による被害を指している。しかし、ロドリーゲスがこの中で「都市は再びいくらか美しくなっ」たと述べているように、戦国期を通じて京都の市街地はめざましく復興し、三好長慶《ながよし》政権治下の天文二十年（一五五一）のころにはかつての景観を取り戻しつつあった。特に、三好長慶と和睦して京都に還ってきた将軍義輝が御所としたのは上下両京のちょうど中間の左京一条三坊十二町にあった旧斯波《しば》氏の武衛殿《ぶえいどの》（勘解由《かげゆ》小路南、室町小路東、中御門《なかみかど》大路北、烏丸《からすま》小路西）を改修したものであった。将軍御所の移転に伴ってその周辺に近臣団が移住してくることは室町時代の通例であったから、義輝時代にはそのあたりも繁華な市街地となり、上下両京は連続した都市となっていった。しかし、永禄八年（一五六五）、三好義継、三好三人衆《みよしさんにんしゅう》（三好長逸《ながゆき》・三好宗渭《そうい》・岩成友通《いわなりともみち》）、松永久通《まつながひさみち》が将軍御所を襲撃して義輝を弑逆する（「永禄の変」）にいたり、その結果として再び京都は上京と下京の二つの都市に分かれたような状況に陥ってしまった、というのである。

第十二代将軍足利義稙《あしかがよしたね》の時代にも、将軍御所の移転に伴って市街地が再編成されることがみられた。永正十二年（一五一五）、義稙は新しい御所を、それまでの上京から離れて下京の三条坊門万里小路（左京三条四坊十一町、同十二町、同五町説がある）に造営した。この付近には室町時代初期には二代将軍義詮《よしあきら》の御所があり、足利将軍家の「下御所」とみなされていたけれども、その後には永らく将軍御所が建設されることはなく、下京惣構の外側になってしまっていた。『不問物語』（下）が「彼御屋敷ハ、御先祖代々御座所之御跡ナレハ、一向ニ其御アタリニハ在家等一宇モナカリケレ共、令復旧規、御先祖之御跡ヲ恋慕シマシ〳〵ケルコソ目出度ケレ。去間一条ヨリ上ニ有ケル地下町人、大略家ヲ引テ、御所之御アタリ富貴繁昌驚目セリ」と説明している通り、義稙は久しぶりにここに将軍御所を造営したのである。そして、これによって上京から町人たちが移住してきて、その付近はたちまちにぎやかな市街地に変じたのである（山田邦和 二〇〇九ａ）。

また、左京三条二坊七町は堀川《ほりかわ》小路よりも西側で、戦国期の惣構の外側にあたっているのであるが、発掘調査の結果では室町時代前期には遺構が減少するけれども、戦国期にはふたたび遺構が増加して再都市化することが確かめられている（京都市埋文研編 一九九五ｂ）。つまり、戦国時代だからといっても、常に上京と下京が完全に分離していたわけではない。政治的・社会的状況の変化によって、上下両京の間の空閑地や惣構の外側が急激に再開発されて市街地化するということもありえたのである。惣構の内側の上京・下京の部分が京都の中枢であったことは確かだとしても、それだけが戦国期京都の市街地だったというわけではないのである。

各種の惣構

さらに留意しておきたいのは、髙橋康夫の研究にもとづく惣構の位置は、戦国期京都の惣構の代表的な姿を表していることは確かなのであるが、戦国期を通じてそれが不変のものであったということではなく、それに合致しない場所でもしばしば惣構とみられる大規模な堀の跡が確認されていることである。左京北辺二坊八町では、町の中央を南北に縦断する幅約四・五

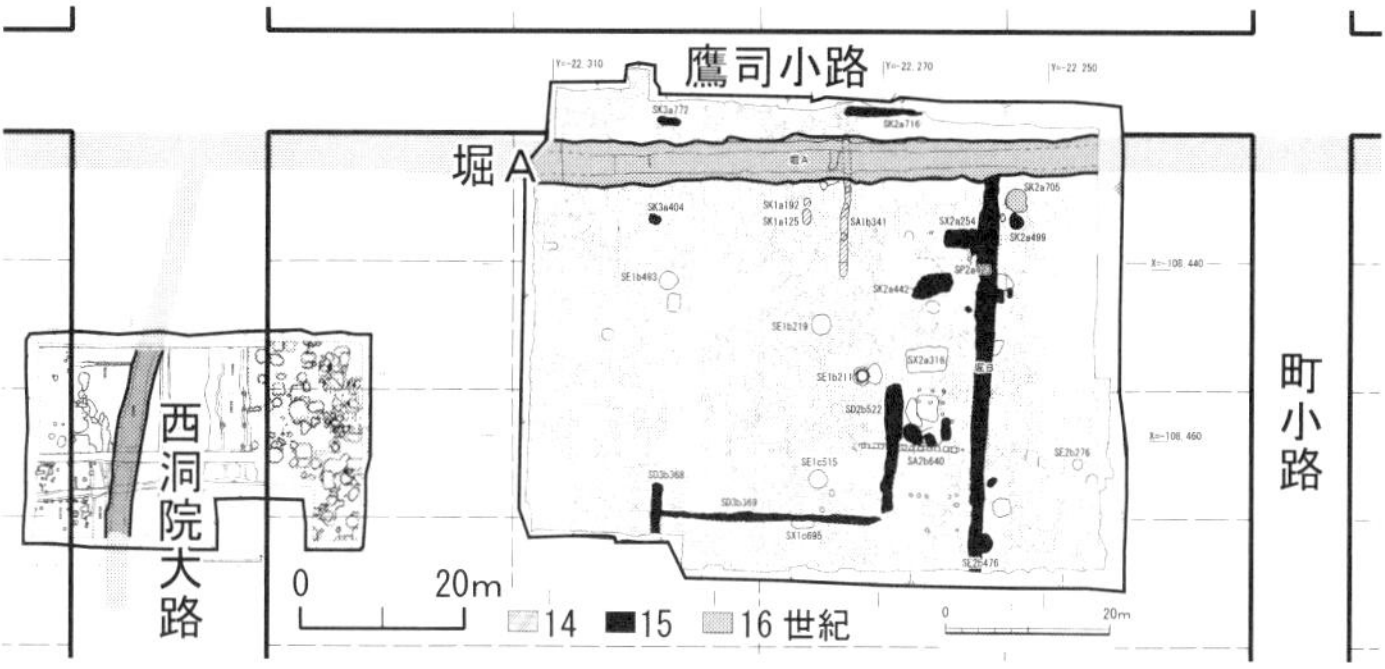

図71　戦国時代の惣構の遺構（3）　左京一条三坊二町
京都府埋文センター編2018に拠り作成

メートル、深さ約二・四メートルの堀が存在する。これは一条大路の南側溝の堀に接続していたらしい（京都市埋文研編 一九九一、京都市文化財保護課編 二〇一七）。左京北辺三坊四町でも戦国期から桃山時代にかけての複数の堀が確認されているが、その中で戦国期の東西堀（SD85）は幅約七・七メートル、深さ約三・四メートルを測り、南側には柵列を付属させていた（京都市埋文研編 一九九三a・二〇〇二e）。

左京三条三坊二町では、町の東南部において北東から南西に斜交する、幅約三・七メートル、深さ約二・一五メートルの水堀がある。天文五年（一五三六）に比叡山延暦寺と法華宗との間の緊張が高まり、ついに比叡山《ひえいざん》の衆徒《しゅと》が洛中の法華宗寺院を襲撃する天文法華の乱が勃発する。『鹿苑日録《ろくおんにちろく》』（天文五年五月二十九日条）に見られる「六角〔堂〕の早鐘、用〔要〕害の溝を掘ると云々」という記事はこの時の事情を語っていると考えられ、この堀も天文法華の乱に関係して下京の北西部分の防御のために掘られたものだと推定されている（古代文化調査会編 二〇〇九）。

京都の惣構の成立を考える上で重要な遺構が、左京一条三坊二町（京都府警察本部建設地）の発掘調査で確認されている（図71、巻頭図版4）（京都府埋文センター編 二〇一八）。ここでは、幅四・四〜五・五メートル、検出面からの深さ二・六〜三・二メートル、検出長六八メートルという大規模な東西方向の堀（堀A）が、鷹司《たかつかさ》小路（下長者町通）の南側に沿って発掘されたのである。この堀は北側に土塁が設けられていたと推定されているから、南側が外側だということになる。堀の築造時期は十六世紀前半を前後する時期で、十六世紀後半には埋没したらしい。ここで注目されるのは前関白太政大臣近衛《このえ》政家《まさいえ》の日記『後法興院記《ごほうこういんき》』で、その明応八年（一四九九）十月十日条には「要害の為、京中の堀の事、京兆《けいちょう》に従い下知を加うると云々。家門《かもん》の旧跡の辺、鷹司を東西へ堀河に至り、掘る可しなり、云々」とある。政家のいう「家門旧跡」とは、平安時代末期から戦国時代にかけての近衛家の本邸とみなされていた「近衛殿」のことであったと考えてよく、この邸宅は調査地の東方の左京一条三坊十町（現・護王神社《ごおうじんじゃ》とその周辺）に存在していた。すなわち、十五世紀末に鷹司小路の南側に沿って、堀川小路から烏丸小路付近にかけて大規模な堀と土塁が築造されたことになるのであり、左京一条三坊二町で確認された巨大な堀はこの時のものであったと考えられるのである。これだけ規模が大きなものであるから、それは単に鷹司小路沿いにとどまるものではなく、上京の市街地の周囲を取り囲んだ防御施設の一部となっていたのであろう。この堀の掘削を命じた「京兆」とは、右京大夫（唐名は京兆尹《けいちょういん》）の官途を持つ幕府管領細川政元を指しているから、上京惣構の築造は幕府の主導のもとで行われたということになる。明応八年十月というと、政元によって失脚させられた前将軍足利義尹《よしただ》（十代将軍義材、のちの十二代将軍義稙）が近江国より再度の入京を狙っていたという緊迫した時期であるから、政元が上京惣構を築造したのもそうした政治状況に対応したものだったのであろう。

武士や貴族の大邸宅

戦国期の京都における上級武士や貴族の邸宅については、考古学的な情報が少ない。これは、そうした人々の大邸宅が集住していた京都の上京の地区での発掘調査がまだまだ進んでいないことにその要因のひとつがあるのだろう。その中でも、左京三条三坊十町では、貴族の五摂家のひとつである二条家《にじょうけ》の邸宅である二条殿の庭園が検出されている（二三二ページ図79）。ここでは、町の西南部において京・鎌倉時代後期から戦国時代にいたる数時期の庭園が確認されているが、戦国時代のそれは小石と白砂で洲浜を作るとともに複数の景石を配し、その側には小規模な建物が建てられていた（京都市埋文研編 二〇〇三a）。二条殿の庭園はその景色の見事さで知られており、戦国時代の景観は上杉家本『洛中洛外図屏風』にも描かれている。なお、のちに二条殿は織田信長《おだのぶなが》によって接収されてその京都邸としての「二条新第《しんだい》」に改造され、さらに皇位継承予定者である誠仁親王《さねひとしんのう》（正親町《おおぎまち》天皇皇子）に献上されてその御所となる。

戦国期京都において将軍に次ぐ有力武家の邸宅といえば、幕府の管領職をほとんど独占するにいたった細川《ほそかわ》氏の邸宅である細川殿が挙げられる。これは上京の北部に所在し、上杉家本『洛中洛外図屏風』には東西約一町、南北約二町を占め、見事な庭園を持つ大邸宅として描かれている。永井康雄によると、東京都立中央図書館「木子文庫《きごぶんこ》」蔵「ほそかは殿さしず（指図）」は上杉家本『洛中洛外図屏風』の細川殿の描写とよく合致し、戦国期のこの邸宅の様相を伝える信頼すべき史料であるという。永井の復元によると、細川殿は中央部東半が主殿《しゅでん》、中門《ちゅうもん》、式台《しきだい》からなる「表向きの区域」、南部が泉《いずみ》

図72　細川殿　上杉本『洛中洛外図屛風』 米沢市上杉博物館所蔵
区画配置は永井康雄 2019 に拠る

殿《どの》や庭園からなる「社交のための区域」、北部が奏者所《そうしゃどころ》、上台所《かみだいどころ》、下《しも》台所、厩などからなる「家政のための区域」、西半部が御上《おうえ》、局屋《つぼねや》などからなる「奥向きの区域」であった（図72）（永井康雄 二〇一九）。すなわち、こうした上級武家の邸宅の内部はその役割によっていくつかの区画に分割されていたのである。

短冊形地割

中世京都の宅地配置は、「『ロ』の字形町並」と呼ぶことができる構成を採っていたというのが通説となってきた。つまり、平安京の一町を基準としつつ、道路に面した縁辺部に民家が並び、町の中央部は広い空閑地または共同利用の広場となっていたとするのである。しかし、前述したように、この説には問題が多い。町の中央部がいささか使いにくい部分であったことは事実であっても、宅地の配列自体は町の中央に向かって延びる長大な短冊形宅地の集合体だったのである。「『ロ』の字形町並」が成立するのは、一町を占めるような大邸宅や施設があったけれども、その縁辺部が切り売りされたり賃貸に出されたりして民家となり、その後に中央部の大邸宅が廃絶して空閑地になったという場合に限ると考えるべきなのである。

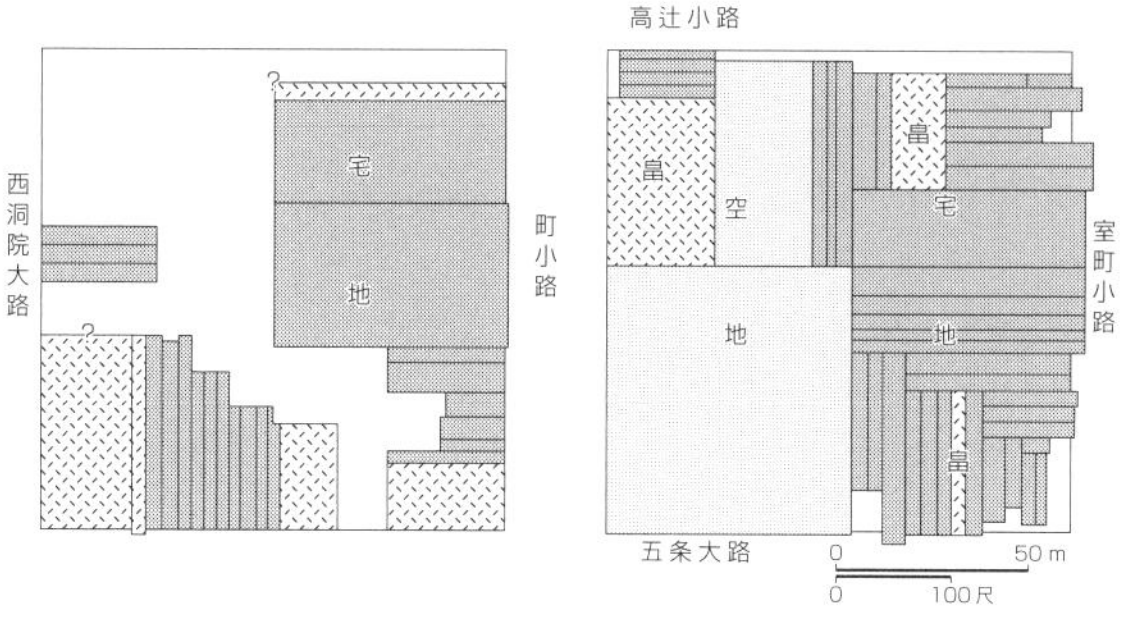

図73 左京五条三坊五・六町における土地区画
（文明9年〔1477〕） 山田邦和2009aに拠る

左京五条三坊五・六町における土地区画については、文明九年（一四七七）の『五条町前後八町地検新帳』（「八坂神社文書」）という史料が残されている。これにもとづいてその年の土地区画を復元すると、図73のようになる（山田邦和 二〇〇九a）。これを見ると、応仁・文明の大乱の後だけあって空閑地や畠になっているところも多いが、基本的には個々の宅地は長大な短冊形であり、「『ロ』の字形町並」にはなっていないのである。

庶民宅地の実例

戦国時代京都の庶民の宅地が考古学的に検証できる調査成果は多くない。ただ、左京四条四坊三町の西南部では、東洞院大路の方向に向いた複数の宅地が並列していた様子が確認されている点で重要である（図74右）（京都市埋文研編 二〇〇七、四門編 二〇一九）。これは、室町時代中期の十五世紀中葉に始まり、応仁・文明の乱の後の十五世紀後葉にはいっても変わらなかったらしい。ひとつの宅地の間口は約四・五

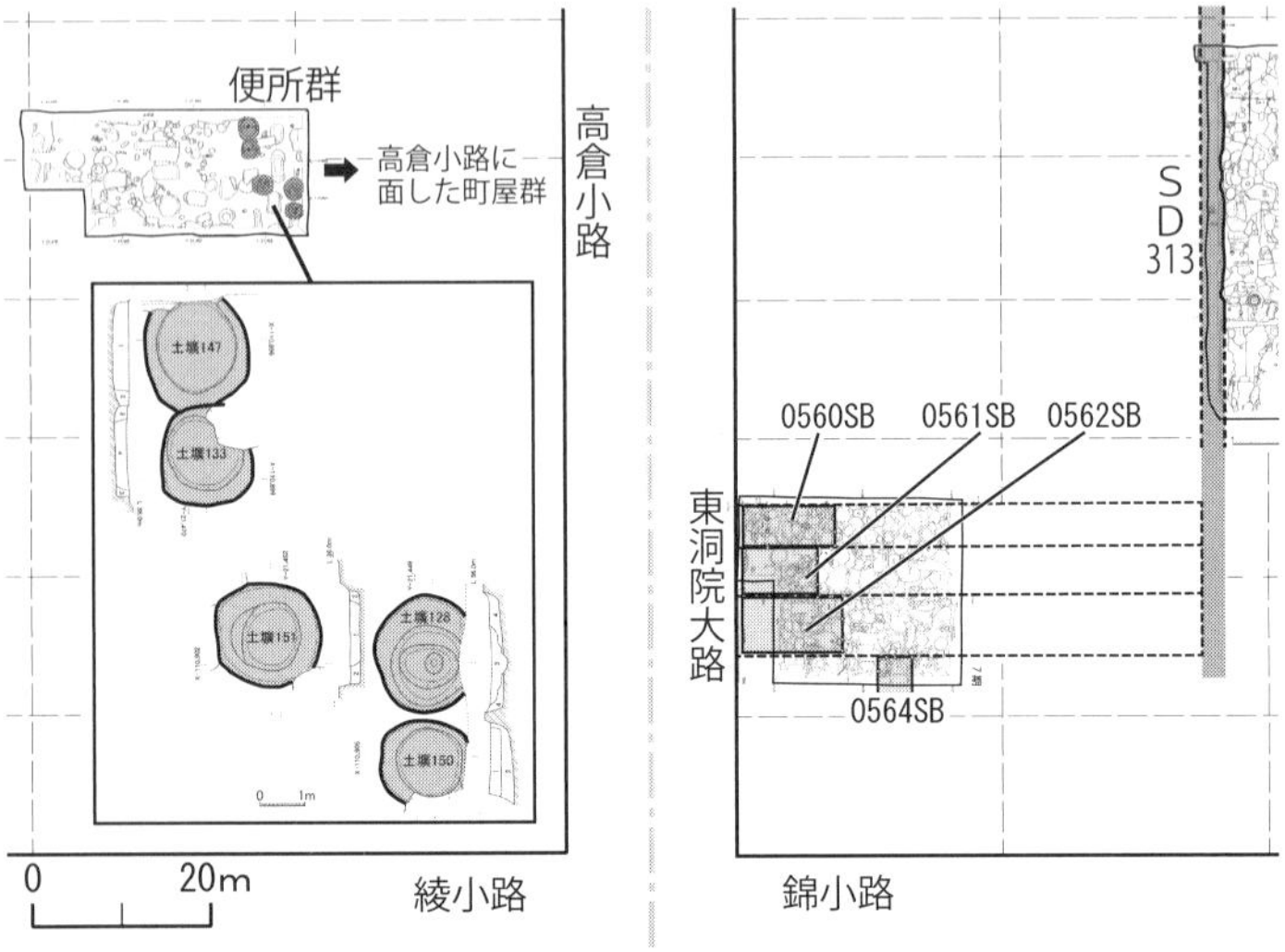

図74　戦国時代の町屋の遺構
左：左京五条四坊一町，右：左京四条四坊三町
左＝古代文化調査会編 2006，右＝京都市埋文研編 2007・四門編 2019 に拠り作成

メートル～約七メートルである。奥行きはわからないが、町の中央部では戦国時代の南北の堀が確認されており、これを宅地の東限と考えてよいならば、奥行きは約五〇メートル以上にのぼることになる。宅地の道路側には小規模な独立系の町屋《まちや》の建物が立ち並んでいる。

　こうした小規模宅地における施設として、便所も重要である。左京五条四坊一町では、「町」の中央付近において戦国時代（十六世紀前半）の土坑群が検出された（図74左）。これらはいずれも円形の穴を掘ってその中に円形の桶を据えたもので「埋桶式便槽」と呼称されている便所遺構である。おそらく、東側の高倉小路に向かって間口を開いた町屋で、その宅地の一番奥の部分に便所が作られていたのであろう（古代文化調査会編二〇〇六）。

市街地の墓地

京・鎌倉時代の京都では、市街地の中に墓地が入り込んでくるという傾向が見られた（「七条町型墓地《ひちじょうまちがたぼち》」）のであるが、室町時代から戦国時代にかけて「七条町型墓地」はますます増大していく。この時期の京都の市街地における墓地は、左京三条三坊十一町（平安博物館考古学第四研究室編　一九八四）、同十五町（古代文化調査会編　二〇〇四）、左京五条三坊七町（イビソク編　二〇一七）、同十五町（平安京調査本部編　一九八二）、左京八条二坊十四町（京都市埋文研編　一九九七、同編　一九九八、同編　一九九九）などにおいて調査されている（図75）。墓としては、火葬骨と土器や銅銭《どうせん》を小土坑にそのまま埋納したもの（左京三条三坊十五町土坑314・414）、一辺約八〇チセンの方形土坑に木棺を入れ、青磁椀、白磁小椀・香炉《こうろ》、土師器皿、銅銭、黒石《くろいし》、漆椀、銅鏡などを副葬したもの（同土坑102、図75下）、箱形の木棺に遺体を伸展葬にしたもの（左京八条二坊十四町、図75左上）、箱形の木棺に大量の土師器皿を副葬したもの（左京五条三坊十五町、図75右上）など、さまざまな種類がみられる。

特に左京三条三坊十一町で発掘された墓地は、確認されただけでも約八十基の墓からなる大規模なものであり、火葬墓や土葬の集石墓も含まれるけれども大半は土葬の土坑墓からなっている（図75右）。土坑墓は基本的には屈葬で、副葬品として六文銭《ろくもんせん》を添えるものが多い。一石五輪塔《いっせきごりんとう》や板碑《いたび》が出土していることから、墓の中にはそうした石塔《せきとう》を上部構造としているものがあったことがわかる。また、五輪塔には永禄元年（一五五八）十二月二十八日の紀年銘を刻むものがあるので、この墓地の存続年代の一点が十六世紀中葉にあることが知られる。板碑には「南無妙法蓮華経」の題目を持つものがあるので、この墓地における葬送に法華宗が関わっていたことが示唆されるのであるが、この墓地全体が

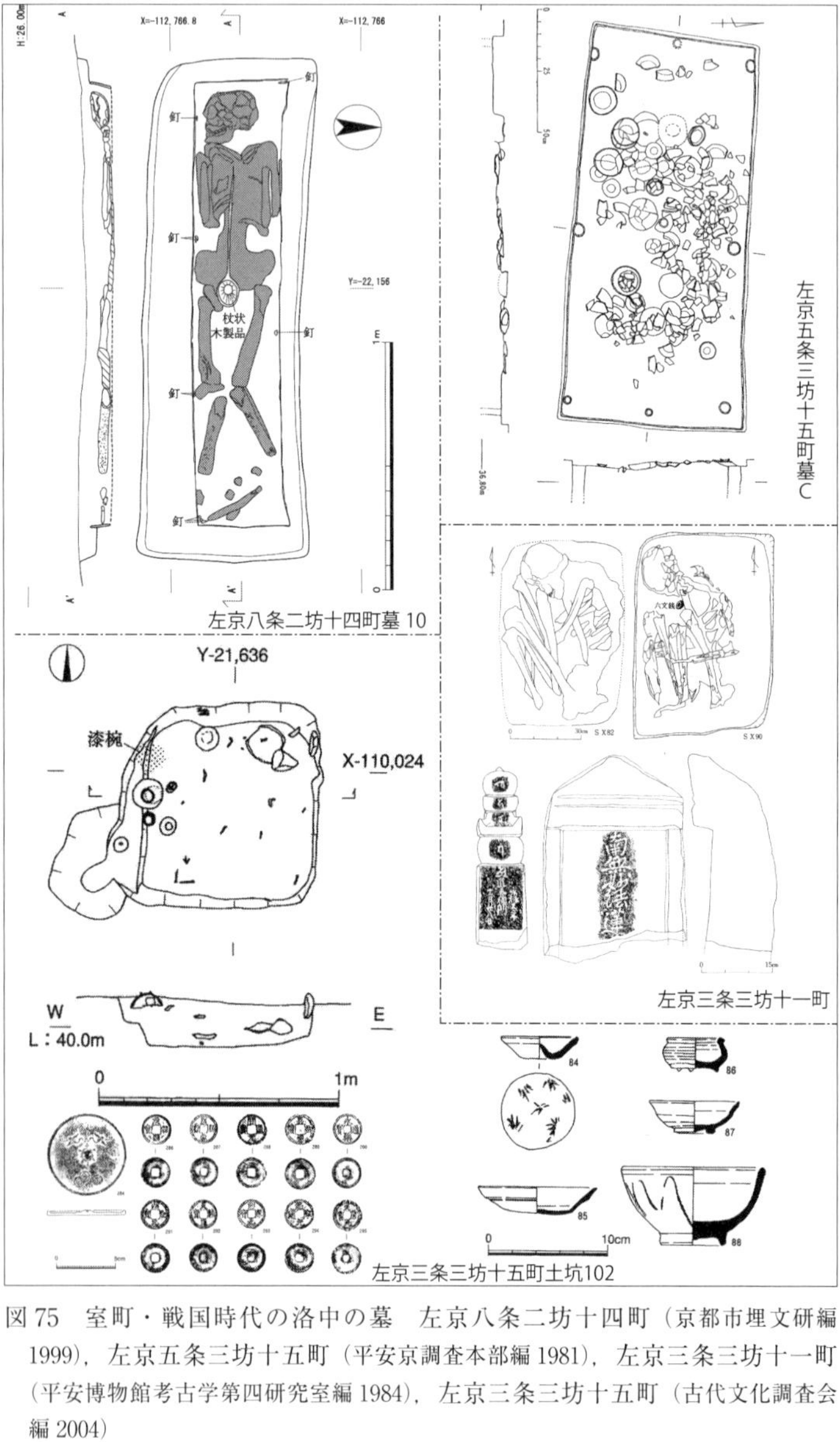

図 75　室町・戦国時代の洛中の墓　左京八条二坊十四町（京都市埋文研編 1999），左京五条三坊十五町（平安京調査本部編 1981），左京三条三坊十一町（平安博物館考古学第四研究室編 1984），左京三条三坊十五町（古代文化調査会編 2004）

法華宗寺院に属したということではなく、被葬者のなかに法華門徒が含まれていたということだろう。この地区は上京と下京の中間点にあたり、戦国時代には空閑地も存在していたであろうから、そうした土地を利用して自然発生的な都市民の墓地である「七条町型墓地」が営まれたものだと思う。さらに重要なのは、十六世紀にはいる頃にはこうした墓に石の墓標が建てられ、そこに個人名を刻むものが一般化することである。これは、被葬者の名を永遠に残し、その霊魂祭祀を恒久的なものにするという意識が広まっていったことを意味する点で、墓制史の上で大きな画期を作るものであった。

一方、十五世紀後半以降には、京都の市中の寺院が墓地の経営に乗り出すことが見られるようになった。甘露寺《かんろじ》親長《ちかなが》は文明三年（一四七一）に上京の誓願寺《せいがんじ》に参詣した際のことを「彼の所々、今年死去の小年者等なりの輩、堀り埋む。卒塔婆《そとば》数千本に及ぶ」（『親長卿記』同年九月八日条）と書き記しており、同寺の境内に多数の卒塔婆が建つ墓地が営まれたことを示している。また、上京の阿弥陀寺《あみだじ》は、「無縁所の為に依り、境内に於て或は墓を立て、或は檀那の輩土葬する事（後略）」（『室町幕府文書集成 奉行人奉書篇（上）』三八〇〇号）として、境内墓地を営むことを幕府から認可されていた。こうした墓地経営は、乱世にあって経済的な苦境に追い込まれた寺にとっては、財政危機の打開の一策でもあった（高田陽介 一九九六）。この「寺院境内墓地」の増加は、それまでの都市郊外の「鳥部野《とりべの》型葬地」や市中の「七条町型墓地」の解体のきっかけとなる。そして、「寺院境内墓地」は江戸幕府の「寺請《てらうけ》制《せい》・檀家《だんか》制《せい》」の政策と同化して、現代に至るまでの日本の墓地の主流になっていくのである。

2　山科本願寺

山科本願寺の創設と退転

戦国時代の京都周辺で異彩を放っていたのは、十五世紀後半に山科《やましな》盆地の中央部に浄土真宗（真宗、一向宗）の本山としての本願寺《ほんがんじ》（山科本願寺）が建設されたことである（山科本願寺・寺内町研究会編　一九九八・二〇〇三）。浄土真宗は十三世紀中葉に活動した親鸞《しんらん》に始まるが、弘長二年（一二六二）に彼が入滅すると、その遺骨は京都の東山《ひがしやま》西麓の大谷の地に安置され、さらにその北方の吉水《よしみず》の地に改葬されるとともにそこに「大谷廟堂《おおたにびょうどう》（のち、大谷影《えい》堂《どう》）」が成立した。これを寺院化したものが「本願寺（大谷本願寺）」である。ただ、第八世の蓮如《れんにょ》の時代であった寛正六年（一四六五）に大谷本願寺は比叡山西塔《さいとう》の衆徒によって破却されてしまう（「寛正の法難」）。京都を追われた蓮如は各地を転々としたあげく、文明三年（一四七一）に越前国吉崎《えちぜんのくによしざき》に「吉崎御坊《ごぼう》」を構えた。そして、同十年（一四七八）には京都近郊の山科に帰還して新しい本願寺（山科本願寺）の建設にかかる。山科本願寺は同十五年（一四八三）には中心伽藍《がらん》である阿弥陀堂《あみだどう》が完成し、その全容を現すことになる。蓮如は明応八年（一四九九）の後も隆盛を極めて畿内の一向一揆の中心としての役割を果たしたけれども、それに危機感を抱いた室町幕府の管領細川晴元《ほそかわはるもと》は京都の町衆の法華宗門徒からなる法華一揆や、近江国の守護であった六角定頼《さだより》と語らい、天文元年（一五三二）に山科本願寺を攻略した。本願寺十世であった証如《しょうにょ》は山科から蓮如が生前に造営していた摂津国《せっつのくに》の大坂本願寺

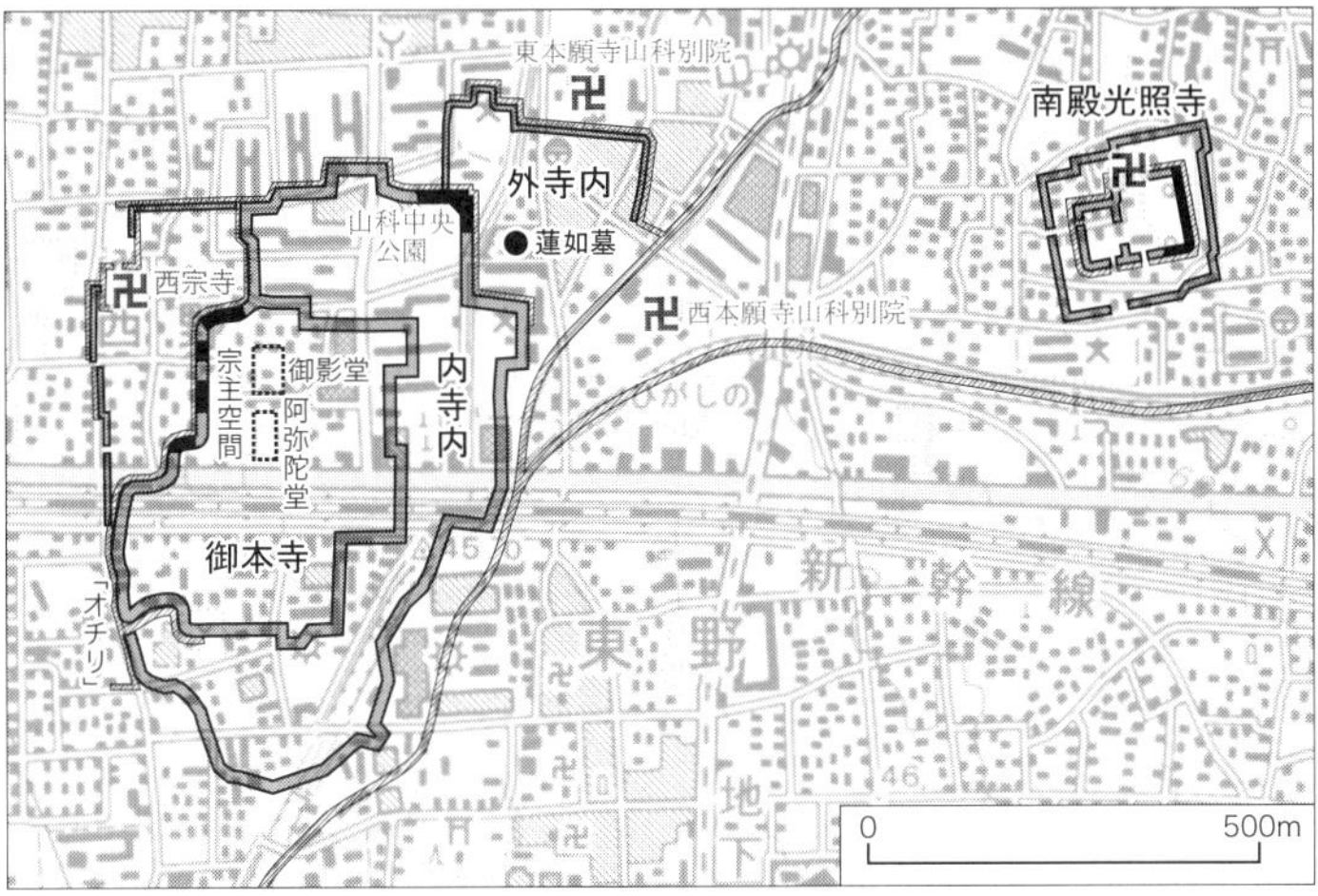

図 76　山科本願寺復元図　京都市文化財保護課編 2022 に拠り作成

（大坂御坊。俗に「石山本願寺」と呼ばれることがある）に退転し、そこを新たな浄土真宗教団の拠点とすることになる。

山科本願寺の構造

完成期の山科本願寺は単なる寺院ではなく、その周囲に寺内町を附属させ、さらにそれを堅固な土塁と堀からなる惣構によってとり囲んだ城塞都市であった（図76）（京都市文化財保護課編 二〇二二）。惣構は三重で、それに囲まれた内郭が寺院の中心である「御本寺」、第二郭と第三郭が寺内町としての「内寺内」および「外寺内」となっていた。全体の規模は、東西約〇・八キロ、南北約一・〇キロにおよんでいる。また、約・キロ東には蓮如が延徳元年（一四八九）に自らの隠居所として建設した「南殿光照寺《なんでんこうしょうじ》」という寺院があり、これも二重の構によって囲まれていた。発掘調査の成果によると、御本寺の西北部分が寺院全体の中核であり、そこには親鸞の像を安置する御影堂《ごえいどう》と本尊の阿弥陀《あみだ》如来《にょらい》像を安置する阿弥陀堂が南北に並び、阿弥陀堂の西側が宗主《しゅうしゅ》とその一族が日常生活を送る「宗主空間」となっていたらしい。宗主空間の中ではドーム状の構造物に蒸気を充満させてそこで入浴する「石風呂」の遺構も確認されている（京都市埋文研編 二〇一三a）。第二郭の「内寺内」には有力な坊官《ぼうかん》の屋敷や参詣者の休息所である多屋《たや》が建ち並んでいたほか、発掘調査によって鍛冶場の遺構が検出されており、そうした生産にたずさわる人々の工房が存在していたことが知られている（岡田保良・浜崎一志 一九八五）。

3 織田信長と京都

信長と旧二条城

永禄《えいろく》の変によって第十四代将軍足利義輝が弑逆された後、その後継者候補として名乗りを挙げた者がふたりいた。ひとりは、第十・十二代将軍足利義稙およびその養子の堺公方《さかいくぼう》足利義維《よしつな》（義冬、実父は第十一代将軍義澄《よしずみ》）の系統である阿波《あわ》公方家の義栄《よしひで》（初名は義親《よしちか》）である。もうひとりが、義輝の同母弟であり、奈良・大乗院門跡《だいじょういんもんぜき》から還俗《げんぞく》して武士となった義昭《よしあき》（初名は義秋）であった。永禄十一年（一五六八）二月八日、三好三人衆に擁せられた義栄がこのレースを制して第十五代将軍に任官したのであるが、その頃にはライヴァルの義昭が美濃《みの》・尾張《おわり》・伊勢《いせ》の大名である織田信長を頼りながら上洛計画を推し進めており、そうした緊迫した状況の中では将軍義栄は京都に入ることすらできなかった。同年七月、信長は義昭本人を岐阜に迎え、九月七日にはいよいよ満を持した上洛戦を開始することとなる。北近江の浅井長政《あざいながまさ》を同盟に引き込んでいた信長にとっては上洛の障害となるのは南近江の六角承禎《じょうてい》のみであったが、信長軍は破竹の勢いで六角氏を追い、同月二十六日には早くも京都を占領したのである。続いて信長は九月二十九日には三好三人衆の拠点であった山城国《やましろのくに》の勝龍寺城《しょうりゅうじじょう》（現・京都府長岡京市）と摂津国の芥川山城《あくたがわやまじょう》（現・大阪府高槻市）を落とし、三人衆の勢力を畿内から駆逐してしまう。哀れを極めたのは将軍職に就いたばかりの足利義栄であり、彼は一度も京都に入れないまま、同年九月または十月に病没してしまうのである。義栄が死去した場所も、摂津国富田の普門寺《ふもんじ》（現・大阪府高槻市）であったとする史料と、阿波公方家の本拠である阿波国の撫養《むや》（現・徳島県鳴門市）であったという伝えなどがあり、よくわかっていない。ともあれ、信長軍が京都を制圧したことにより、十月十八日に義昭は念願の第十六代の征夷大将軍の地位を得、室町幕府を復興したのである。

永禄十二年（一五六九）一月五日、将軍になったばかりの義昭が仮御所としていた京都の本国寺《ほんこくじ》（のちの本圀寺《ほんこくじ》）が三好三人衆の急襲を受けるという事件が起こった（「本国寺の変」）。これはかろうじて退けられて義昭も命拾いをしたものの、こうした事件が起こるということは、まだまだ京都の安全が保たれていないことを信長に痛感させた。そこで信長は、京都の中心に将軍義昭のための新しい城を築く。二条御所《にじょうごしょ》（旧二条城、武家御城などとも呼ばれる）がこれであった。この新しい城は同年二月二日に造営が開始されるや突貫工事によって二ヵ月という短期間で一応の完成を見たようであり、早くも四月十四日には義昭の移徙《わたまし》を迎えたのである。

義昭の二条御所は、彼の兄の義輝の武衛殿御所の跡地に築造された。このことによって信長は、義昭こそが亡き将軍義輝の正統な後継者であることを天下万民に示したのである。この御所の建築工事を目撃した宣教師ルイス・フロイスによると、この建設工事には「通常二万五千人が働き、少ない時でも一万五千人を数えたという。信長は藤杖《カンナ》を手にして作業を指図した」のであり、完成した義昭の二条御所は「吊り上げ橋がある非常に大きく美しい濠」を持ち、信長はその濠に「三つの広大でよくしつらえた入り口を設け、その見張所と砦を築いた」。さらにその「内部には第二のより狭い濠があり、その後ろにははなはだ完全に作られた非常に美しく広い中庭があった」。そして城の中心施設となる将軍御殿は、それまで義昭が仮の御座所としていた本国寺の「すべての豪華な部屋を取り壊し」、「きわめて巧妙に造られた塗金の屏風とともに」移築したものであったという（フロイス『日本史』第三十二章）。そもそもそれまでの京都の洛中には、本格的な城郭は存在しなかった。室町殿をはじめとする歴代の足利将軍の御所も、防御機能をほとんど持たない邸宅建築であった。「平和の都」であった京都に最初に登場した本格的な城郭、それが足利義昭の二条御所だったのである。

フロイスはまた、二条御所の工事にあたっては「建築用の石が欠乏していたので、彼〈信長〉は多数の石像を倒し、頭に縄をつけて工事場に引かしめ」、人々は「石の祭壇を破壊し、仏を地上に投げ倒し、粉砕したものを運んで来た。他の者は濠を拓《ひら》き、また他の者は石を運んだり、山中へ木材を伐りに行った」とも語っている。このことは、京都市営地下鉄烏丸線の建設にともなう発掘調査によってこの城の石垣と堀が四ヵ所で確認され、そこから大量の石仏《せきぶつ》が出土したことによって裏付けられた

（京都市高速鉄道烏丸線内遺跡調査会編 一九七五・一九八〇）。

この城の範囲については、二町（約二五〇メートル）四方とする説、三町（約三八〇メートル）四方という説、また室町通の東側とする説や室町通の東西にまたがるという説などがあった。近年の発掘調査の成果によると、北は近衛《このえ》大路（現・出水通《でみずどおり》）、南は春日《かすが》小路（現・丸太町通）の少し北側、東は東洞院《ひがしのとういん》大路、西は町小路（現・新町通）のやや東というほぼ三町四方を外郭とし、その内部に二重の内郭を備えた本格的な城郭建築であったという説が有力となっている（図77）（古代文化調査会編 二〇一六、京都市文化財保護課編 二〇二一）。この城の前身であった足利義輝の武衛殿御所は勘解由小路の南、中御門大路の北、室町小路の東、烏丸小路の西の一町四方を中心としてその周辺にも及ぶ邸宅であった（髙橋康夫 二〇〇二）から、義昭の二条御所はそれをひとまわり大きく拡げたことになる。

義昭の復興室町幕府を支えていたのは、信長の軍事力であった。ただ、信長は京都に定まった拠点を築こうとはせず、ふだんは居城である岐阜におり、必要ある場合にのみ上洛するという姿勢を採っていた。元亀三年（一五七二）、将軍義昭は上京にあった大納言徳大寺公維《きんふさ》邸（武者小路北、町小路末東。現・同志社大学継志寮とその周辺）を接収した上で改造を加え、この屋敷（武者小路館）を信長に下賜した。ただ、この時期にはすでに信長と義昭の間には隙間風が吹いていたこともあって、信長はこの邸宅を使うことには消極的であり、翌天正元年（一五七三）には信長が義昭への圧力の一環として上京焼き討ちを決行し、武者小路館もこのあおりをくらって焼失してしまうことになる。

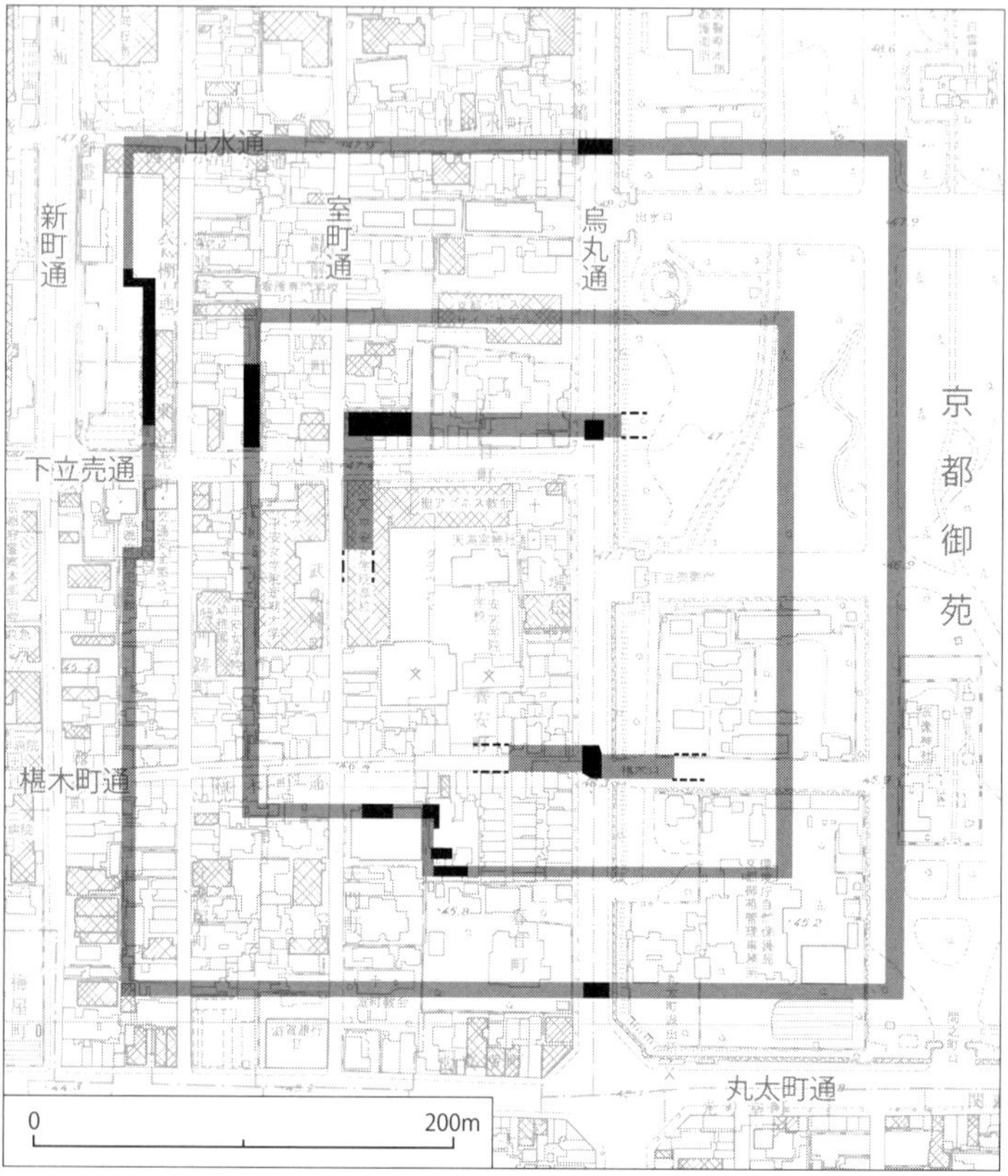

図 77　旧二条城復元図　古代文化調査会編 2016,
京都市文化財保護課編 2021 に拠り作成

信長政権の成立と南蛮寺

最初は良好であった信長と将軍義昭の関係は次第に悪化し、天正元年（一五七三）七月にはついに信長は義昭を京都から追放する。その後しばらくの間、信長は義昭の男子（のちに出家して義尋《ぎじん》、還俗して足利高山《たかやま》）を擁立するか、または義昭の京都帰還を認めることにより、自らに従順な限りにおける室町幕府の再建を考えた形跡はあるが、結局はそれは実現することはなかった。ここに室町幕府はその長い歴史に幕を降ろし、信長は自らを首班とする新たな中央政権の樹立に乗り出すことになる。信長は天正七年（一五七九）に近江国蒲生郡《がもうぐん》に壮麗な安土城《あづちじょう》（現・滋賀県近江八幡市）を築いて自らの新しい居城とした。彼の政権は天正十年（一五八二）の本能寺の変までの九年間という短い時期ではあったが、藤田達生が「安土幕府」と名付けた（藤田達生 二〇一〇a・二〇一〇b）通り、室町幕府に替わる新しい幕府と評価しておかしくないものであった。

ただし、信長は安土を本拠としており、京都には必要ある時にだけ出てくるという姿勢を保ち続けていた。彼は京都に自邸すら持とうとはせず、上洛の際には妙覚寺《みょうかくじ》、本能寺《ほんのうじ》、知恩院《ちおんいん》、相国寺《しょうこくじ》といった寺院を宿所に定めることを通例としていたのである（河内将芳 二〇一八）。したがって、信長は京都の都市整備や改造については終始消極的であったように見える。

信長の時代の京都の特徴的な変化をひとつ挙げるならば、ヨーロッパ文化に深い関心を示すとともにその導入に寛容だった信長の性格を反映して、京都にもキリスト教の信仰が拡大したことであろう。キリスト教会は日本人からは「南蛮寺《なんばんじ》」または「だいうす寺（デウスの転訛）」の通称で呼ばれ、南蛮寺は山口を皮切りに、豊後府内《ぶんごふない》（大分市）、平戸《ひらど》、長崎、堺、安土などに続々と建てられていく。その

図78　南蛮寺跡出土の線刻画硯　浜中邦弘2015に拠る

中でも最大の規模を誇ったものが天正四年（一五七六）に完成し「被昇天の聖母教会」と名づけられた京都の南蛮寺であった。その所在地は左京四条三坊七町、つまり現在の京都市中京区蛸薬師《たこやくし》通室町西入ル姥柳《うばやなぎ》町を中心とする一帯である。狩野元秀《かのうもとひで》筆「扇面洛中洛外図（六十一面）」に含まれている「都の南蛮寺図」（神戸市立博物館蔵）には、城郭の天守のような形の三層の会堂（宮元健次 二〇〇五）を持つ壮麗な姿が描かれている。南蛮寺跡の発掘調査の際には粘板岩製の小さい硯《すずり》が発見され、その裏面にはキリスト教の祭儀の線刻画（図78）が描かれていることが大きな話題となった（浜中邦弘 二〇一五）。右側には大きな冠帽《かんぼう》をかぶって杖を持った団子鼻の司祭、その左側には燭台《しょくだい》を持って先導する西洋服を着た男がいる。その下には植物の葉（煙草か）を包丁で刻む様子が描かれる。なお、この発掘調査で出土した巨大な礎石は同志社大学今出川《いまでがわ》キャンパス図書館前に移されているし、また南蛮寺で使われていたと考えられる鐘は妙心寺春光院《みょうしんじしゅんこういん》に保存されている。

二条新第

例外的に信長が京都に大きな建設工事を行ったものとして、彼の京都邸となるはずだった「二条新第（二条御新造、二条屋敷）」がある（河内将芳 二〇一八）。天正四年（一五七六）、信長は京都の三条坊門小路北、烏丸小路西（左京三条三坊十町）にあって庭園の見事さで知られていた二条家の屋敷を接収し、それを改造して新しい邸宅としたのである（図79）。ここには松永久秀《まつながひさひで》のかつての居城であった大和《やまと》の多聞山城《たもんやまじょう》（現・奈良県奈良市）の建物が移築されたというから、二条新第は単なる邸宅というよりも、ある程度の城郭建築の様相を整えていたらしい。発掘調査によると敷地の西南部で室町時代前期から戦国時代にいたる期間の洲浜を持った池が確認されている。これが二条家の庭園であり、それは信長の二条新第にも引き継がれたらしい（京都市埋文研編 二〇〇三a）。敷地の南端からは信長の時期の浴室の遺構も検出されている（京都市埋文研編 二〇一〇b）し、東端には平安京の烏丸小路の真ん中に深さ三・九㍍《メートル》以上を測る南北の堀が築かれている（古代文化調査会編 二〇一五）。この段階にいたって信長はようやく、本拠としての安土城に加えて京都には二条新第を保持するという二元的な体制を構築しようという気になったのかもしれない。ところが、天正七年（一五七九）十一月には、信長は突如としてこの構想を放棄し、二条新第を皇位継承予定者誠仁《さねひと》親王（正親町天皇皇子、追号して陽光院太上天皇）に献上してその御所とし、自らは再び妙覚寺や本能寺を宿所とすることになる。

信長の本能寺屋敷と本能寺の変

もっとも、こうした寺院を宿所とするといっても、単に宿を借りたということではなく、信長の滞在中は寺僧を追い出して寺院そのものを接収するというものであった。寺自体にも信長の邸としてふさわしいだけの改造は施していたらしい。その意味では、この段階のこれら寺院は、信長の「妙覚寺屋敷」「本能寺屋敷」と呼ぶほうがよいであろう。そうは言っても寺院の改造ではしょせん本格的な城郭建築には比肩できなかったので、防御

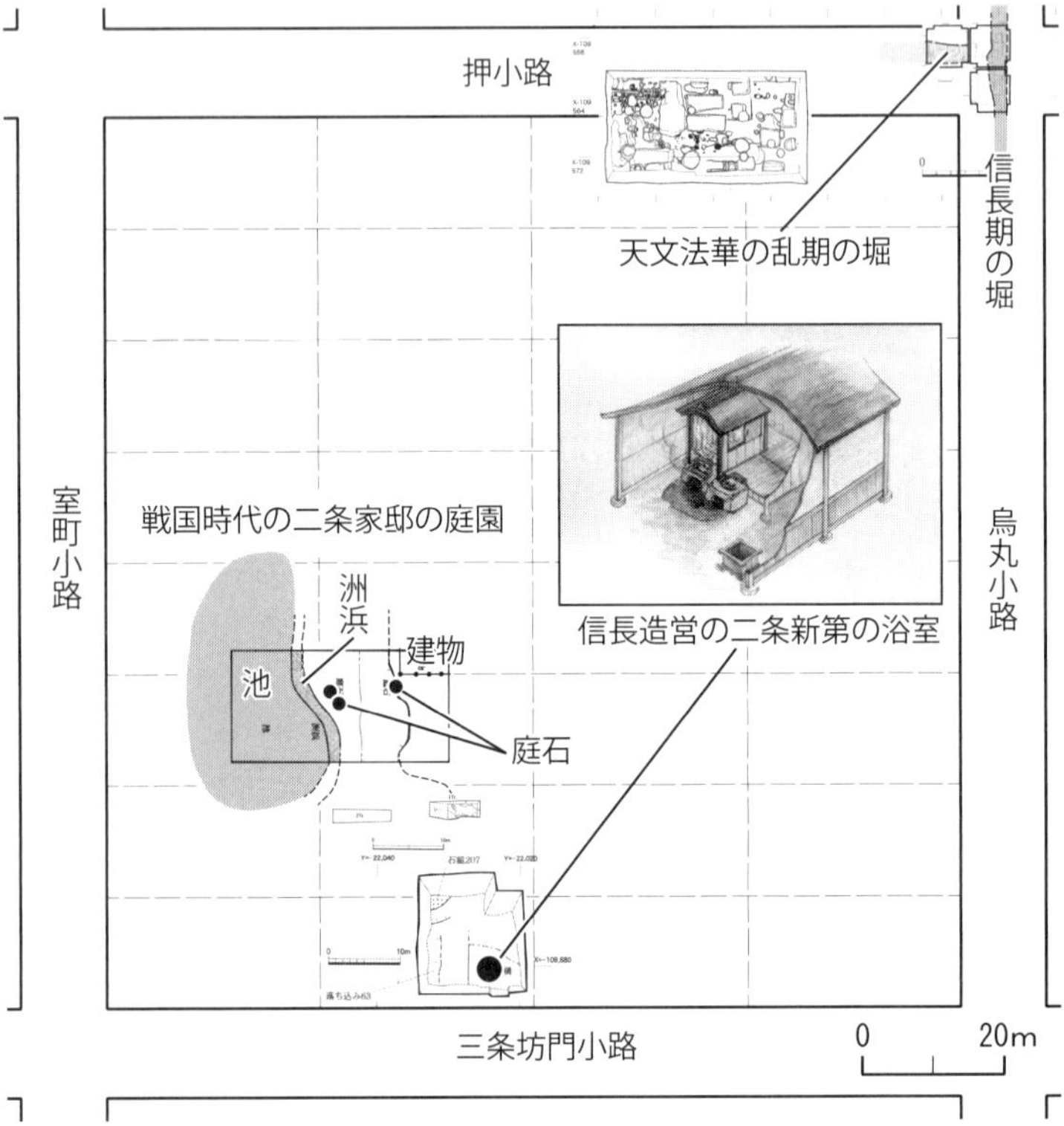

図 79　左京三条三坊十町（二条家邸・二条新第）　京都市埋文研編 2003a・2010b，古代文化調査会編 2015 に拠り作成

という点では問題があった。そして、これが信長自身の命取りとなる。天正十年（一五八二）六月二日の家臣の明智《あけち》光秀《みつひで》の反乱（本能寺の変）のために信長は予期せぬ非業の死を遂げ、彼の天下統一は見果てぬ夢に終わった。この時、妙覚寺に宿泊していた信長の嫡男の信忠は、本能寺の変の勃発を聞くと東隣の誠仁親王の二条新第に移ってそこで明智軍を迎え討ち、華々しい戦死を遂げたのであった。

本能寺は現在は中京区寺町通御池下ル本能寺門前町に所在するが、これは豊臣秀吉《とよとみひでよし》の都市改造の際の移転によるものであり、それまでは下京の西北端に存在した。この本能寺は、従来は六角《ろっかく》小路の南、錦《にしきの》小路の北、西洞院《にしのとういん》大路の西、油《あぶら》小路の西の南北二町、東西一町の範囲と考えられてきており（宝暦三年〈一七五三〉完成の森幸安《ゆきやす》『中昔京師地図《ちゅうせききょうしちず》』）、それにしたがって蛸薬師通《たこやくしどおり》小川の西南角や油小路通蛸薬師下ルの旧本能小学校の門前にこの寺の跡を示す顕彰碑が建てられている。しかし、旧本能小学校敷地の発掘調査によって、四条坊門小路（蛸薬師通）の南辺に沿って下京の惣構の堀が検出された（二〇八ページ図69左）ことにより、戦国時代の本能寺は四条坊門小路より南には広がらないことが判明した（京都市埋文研編 二〇〇三b）、それは河内将芳による文献史学的研究によっても追認されている（河内将芳 二〇一九）。すなわち信長時代の本能寺は、六角小路の南、四条坊門小路の北、西洞院大路の西、油小路の西の一町四方（左京四条二坊十五町）を占めていたのである。考古学的には本能寺の構造はまだまだ明確ではないけれども（古代文化調査会編 二〇一二、文化財サービス編 二〇二二）、周囲が幅二メートル《メー トル》以上、検出の深さ一メートル《メー トル》の堀（構）によって囲まれていたこと、境内の中央部には礎石立ちの建物があったことがわかっている。また、敷地東北端には一部に石垣を積み上げた幅四〜六メートル《メー トル》の大規模な堀で囲んだ一画があったようであり、あるいはこの区画が信長の居館があった場所なのかもしれない。この地における発掘調査では大量の焼瓦や焼土が出土しており、本能寺の変の戦いの猛威を偲ばせている。

なお、興味深いのは、本能寺の北に隣接する左京四条二坊十六町における発掘調査では、この地が戦国時代の初め（十六世紀前半）には水田が整備されていたのにもかかわらず、天文八年（一五三九）頃には洪水や旱天の影響によって水田が維持できなくなり、その後は秀吉の都市改造で町屋が復活するまでは畑となっていたことが確認されたことである（国際文化財編 二〇一七）。すなわち、本能寺の変の時の本能寺周辺にはこうした畑地が広がるところがあり、光秀が反乱軍を展開して本能寺を囲む場合にはこうした空間が効果的に利用されたと推定できるのである。

秀吉期二条城

信長の後を継いで天下統一を完成させたのが、羽柴秀吉（豊臣秀吉）である。秀吉は本能寺の変の際には備中国《びっちゅうのくに》において毛利《もうり》氏の軍と対戦中であったが、信長の横死を知るや驚くべき速さで畿内にとって返し（「中国大返し」）、山崎《やまざき》の戦いによって明智光秀を敗死させた。さらに秀吉は信長の死の事後処理である清須《きよす》会議によって、京都を含む山城国を自らの領地に加えた。ただ、その段階では柴田勝家《しばたかついえ》、織田信孝《のぶたか》、滝川一益《たきがわかずます》、織田信雄《のぶかつ》、徳川家康《とくがわいえやす》らとの対立状態があったため、秀吉はすぐに洛中に入らず、山城国の西南端にある山崎城（天王山城、現・京都府大山崎町）を居城としていた。しかし秀吉は天正十一年（一五八三）から翌年にかけて勝家と信孝を相次いで滅ぼし、一益を無力化し、さらには信雄や家康と和睦して信長の後継者としての実質を固めていった。その年、秀吉は自らの本城としての大坂城を築き始める。大坂城は当時としては日本最大の巨大城郭であり、これをもって秀吉政権の時代を「大坂時代」と呼ぼうという提言もある（脇田修 一九九九）。ただし、横田冬彦が論じた通り（横田冬彦 二〇〇一）、大坂は大名としての秀吉の個人的な本拠地なのであり、「豊臣政権」の所在地は大坂ではなく京都（後には伏見《ふしみ》）と考えるべきである。

この時秀吉は、洛中に存在した妙顕寺《みょうけんじ》を移転させ、その跡地に自らの京都屋敷を築いた。これが秀吉の二条城（「妙顕寺城」と俗称）であり、天正十三年（一五八五）七月には完成にこぎつけたらしい。規模は正確にはわからないけれども、中京区小川通押小路上ルに「古城町」、小川通押小路下ルに「下古城町」の地名が残っていることから推定すると、北を二条通、南を御池通、西を油小路、東を西洞院通に囲まれた東西一町、南北二町の範囲を占めていたのであろう（二四一ページ図81）。この城の西側の左京三条二坊十町（平安時代の堀河院《ほりかわいん》跡）の西部において、東西方向の三本の大規模な濠状遺構（落込925・920・228）が検出されている（二三二ページ図9）（京都市埋文研編 二〇〇八a）。濠の規模は、北側の落込925で東西一一・五メートル以上、幅一〇メートル、検出の深さ一・四メートルを測る。これらの濠は西側の堀川に向けて口を開いており、そこからは「一斗二升五合□」の墨書銘を持つ木簡が出土している。この濠は十六世紀後半に開削されて十七世紀には埋められているから、東側の秀吉期二条城に付属し、堀川からの物資を搬入するための舟入であると推測されている。

近世都市への昇華——エピローグ

1 豊臣政権の京都

関白政庁としての聚楽第

秀吉《ひでよし》が天下統一を推し進める中で、首都としての京都も新しい段階を迎えた。秀吉は新しい政権の首長として、最初はそれまでの武家政権のそれを踏襲して征夷《せいい》大将軍《たいしょうぐん》の地位を望んでいたらしい。ただ、その時にもまだ現職の将軍であり続けていたのは足利義昭《あしかがよしあき》であったから、秀吉は義昭の猶子になることによって将軍職の禅譲を得るという奇策を考えたけれども、義昭の拒否に会ってそれを断念したと伝えられている（林羅山『豊臣秀吉譜』）。学界の通説ではこの伝承は後世の捏造だということになっているけれども、九州の島津《しまづ》氏の征討を準備していた天正十二年（一五八四）の前後の時期に限るならば、これは充分にあり得ることだと思う（山田邦和 二〇一七）。ただ、秀吉のこの計画は実現には至らなかった。その結果、秀吉はすぐに方針を転換し、征夷大将軍ではなく公家の最高職たる関白《かんぱく》に就任することとした。つまり、秀吉の政権はそれまでに例をみない「武家関白政権」という特異な形態を採ることになったのである。秀吉期二条《にじょう》城《じょう》（妙顕寺城《みょうけんじじょう》）の完成と時を同じくした天正十三年（一五八五）七月十一日、内大臣であった秀吉は念願の関白職を手にし、この新たな中央政権の首班としての地位を明確にしたのである。関白は天皇の補佐役と位置づけられていたから、当然のことながら秀吉は京都に関白政庁を必要とした。翌十四年二月、秀吉は関白政庁にふさわしい新たな城郭の築城にとりかかる。これが聚楽第《じゅらくだい》《じゅらくてい》（聚楽城）である（図81）。

　この城はわずか十年足らずの寿命しか持つことができなかった。すなわち、関白職とともに聚楽第をも譲り受けていた秀吉の甥の豊臣秀次《とよとみひでつぐ》が、秀吉に男子（後の豊臣秀頼《ひでより》）が誕生したことをきっかけとして秀吉との間に次第に溝を作っていき、結局は文禄四年（一五九五）に自刃へと追い込まれてしまう。そして、秀次の居城としての聚楽第もそれに伴って破却されてしまうのである。

　聚楽第の跡地はそれ以降の京都の市街地に呑み込まれてしまい、現在では城の痕跡はほとんど消え去ってしまっている。ただその中でも一部の発掘調査は行われており、上京区中立売通《なかだちうりどおり》大宮下ル和《わ》水《すい》町（西陣公共職業安定所敷地）で現地表面から八・四メートルの深さの水堀の跡が確認されたり、上京区上長《かみちょう》者町通《じゃまちどおり》裏門東入ル須《す》浜《はま》町（京都府警察本部西陣待機宿舎敷地）で本丸の南辺の石垣と堀が約三二メートルにわたって検出されるといった成果は挙げられている（京都市文化財保護課編 二〇〇九、京都府埋文センター編 二〇一三）のであるが、やはり城の全容の復元はまだまだ難しい。それを補うために小規模な試掘調査や立会調査、文献史料や絵画史料との照合などによる復元の試み、さらには地面に物理的な衝撃を与えてその振動を読み取る表面波探査という新しい方法が模索されている（古川匠・中塚良 二〇一六）ものの、いまだに成案を得るにいたらない。

ここでは聚楽第の構造についてのひとつの仮説として、豊臣秀次の祐筆《ゆうひつ》であった駒井重勝《こまいしげかつ》の『駒井日記』文禄四年四月十日条に記録された聚楽第の規模のデータ、絵画史料としての『聚楽第図』（国立国会図書館蔵『日本古城絵図』、浅野文庫蔵『諸国古城図』等に所収）の描写、さらにそれに考古学的調査の成果を考え併せた試案を提示しておく（図80）（山田邦和 二〇一八）。これによると、聚楽第本丸の規模は東西約二三〇メートル、南北約二八四メートル、聚楽第内郭（周堀を含む）は東西約四一六メートル、南北約六〇一メートルで、さらにその周囲には東西約六二四メートル、南北約七六〇メートルの外郭を持っていたのではないかと考えている。外郭の内部には秀吉の一族や側近大名の邸宅が立ち並んでいた。さらに、外郭の周囲を取り巻くように、徳川家康、毛利輝元《もうりてるもと》、上杉景勝《うえすぎかげかつ》、宇喜多秀家《うきたひでいえ》といった大々名の邸宅が存在したらしい。なお、これまでは聚楽第の外郭には周堀がめぐっており、その一部が松林寺《しょうりんじ》（上京区智恵光院《ちえこういん》通《どおり》出水《でみず》下ル西入ル分銅町）境内の大規模な窪地であると考えられてきたけれども、加藤繁生は聚楽第外郭は石垣やその上の塀だけで、周堀はなかったと推定している（加藤繁生 二〇一三b・二〇一四）。傾聴に値する見解であろう。

秀吉の京都改造

仁木宏が説いたように、秀吉は自らの首都としての京都の優越性と卓越性を目に見える形で演出していった。秀吉にとっては、首都・京都は諸国の大名城下町をはるかに凌駕するとともに、全国の都市の頂点に君臨する存在でなくてはならなかったのである（仁木宏 二〇一〇）。秀吉の京都の大改造はまさにそのための政策の結実であった。聚楽第の建設のほ

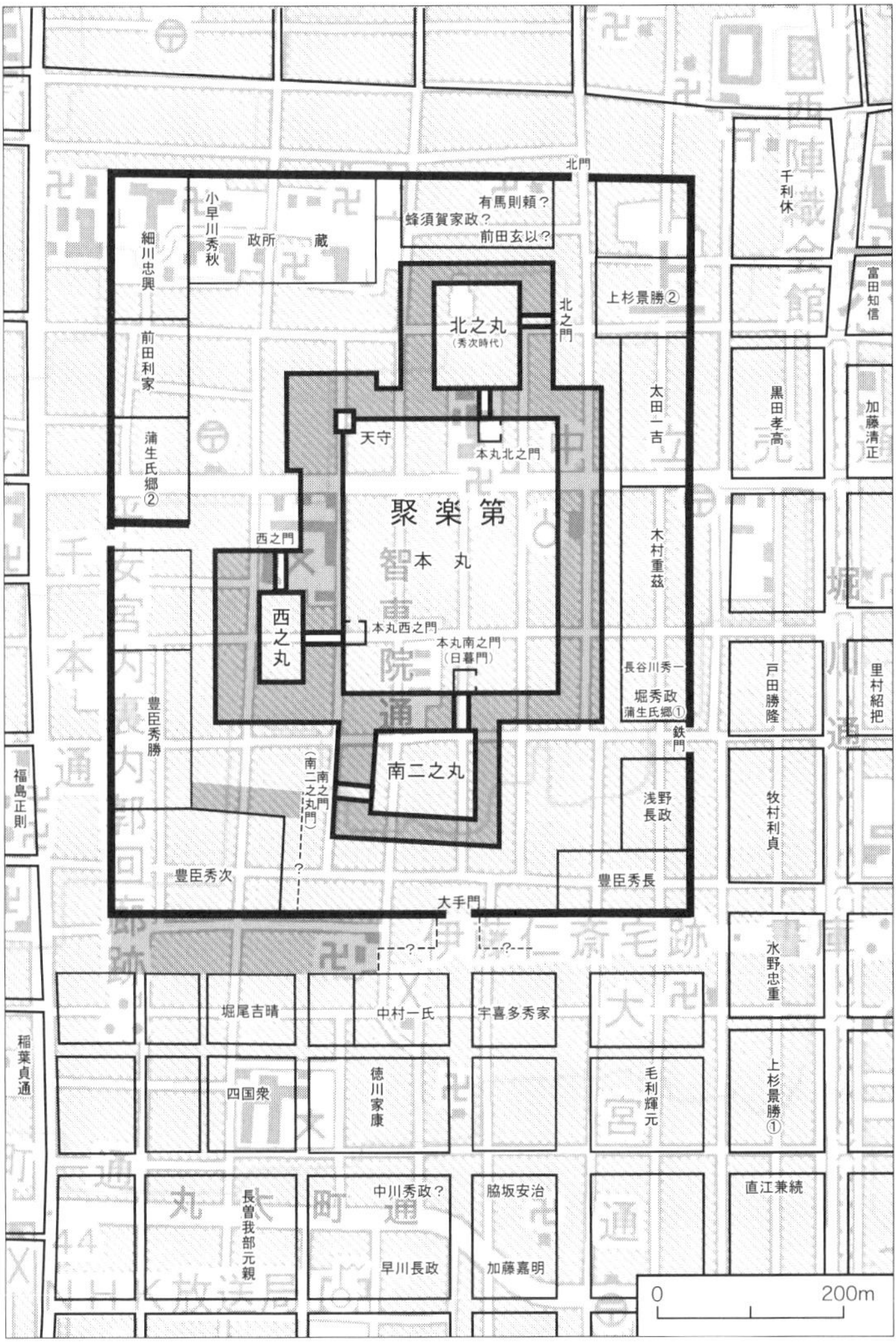

図 80　聚楽第復元試案　山田邦和 2018 に拠る

か、「御土居堀《おどいぼり》」で囲み、その東辺に寺院を移転させて「寺町」を建設、また平安京《へいあんきょう》以来の区画の中心に新しい南北道路を敷設する「天正地割《てんしょうちわり》」など、秀吉の施策は広範囲におよんだ。

天正十九年（一五九一）、秀吉は京都に土塁と堀からなる惣構《そうがまえ》「御土居堀」を造らせた（中村武生 二〇〇五）。御土居堀の規模は場所によって異なるけれども、北区紫野北花ノ坊町の発掘調査では、土塁の幅は約一九・三四メートル、高さは四〜五メートルほどであったと推定されている（京都市埋文研編 二〇一七b）。そして、京都の御土居堀の総延長は実に約二二・五キロ、内部の面積は二〇・七平方キロにも及んでいるのである（図81）。戦国時代の城下町の惣構の中で最大のものは相模《さがみ》国の北条《ほうじょう》氏（後北条《ごほうじょう》氏）の小田原（現・神奈川県小田原市）であったが、それですら総延長は約八・七キロ、面積は約三・一平方キロであった。もちろん京都の御土居堀の内側がすべてすぐに市街地化したわけではないし、そこにはかなりの田園地帯が含まれていた。ただ、それを差し引いたとしても、豊臣期の京都の巨大さが他の都市を圧していたことはまちがいない。秀吉は将来的には京都をさらに発展させ、この御土居堀の内側の全体を埋め尽くすような巨大都市へと変貌させていこうと考えていたのであろう。

秀吉が京都に御土居堀を築造した目的については諸説がある。通例の惣構であれば戦乱の際の防衛ということになるけれども、御土居堀が完成した天正十九年というと、その前年にはすでに秀吉の天下統一が成し遂げられており、国内で秀吉に敵対することができる軍事的勢力は皆無となっていた。また、賀茂川《かもがわ》・鴨川《かもがわ》の洪水の堤防としての役割が説かれることもあるが、それがあったとしてもあくまで付随的な目的にとどまるであろう。これはやはり、仁木宏が述べているように、秀吉の新しい首

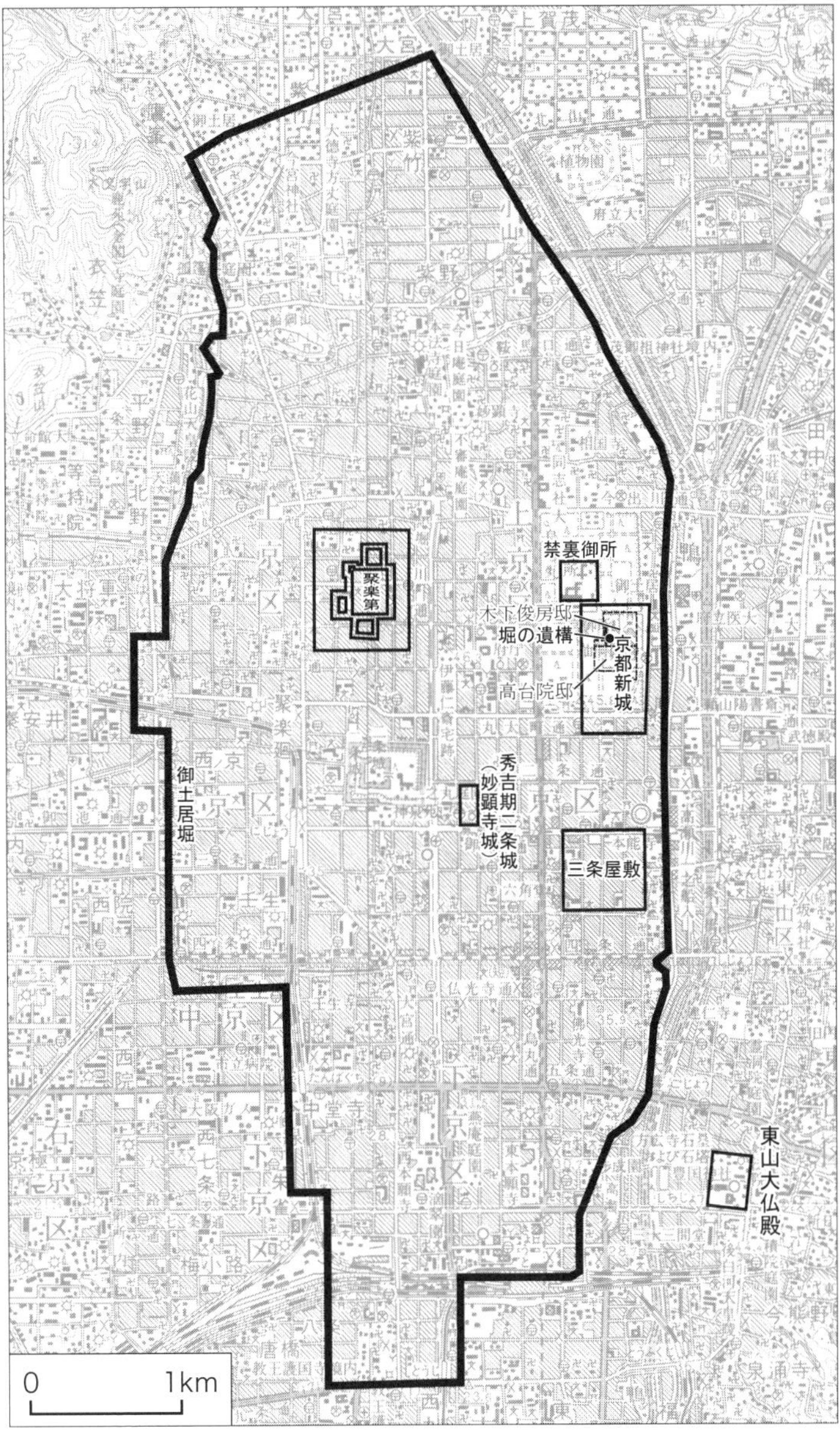

図81　御土居堀と秀吉の城　著者作成

都である京都のシンボル性を際立たせ、新しい天下人の時代が来たことを内外に知らしめるための壮大な都市的装置だったと考えるべきであろう（仁木宏 二〇〇一）。

天正地割

平安京の土地区画の原則は約一二〇メートル四方の「町《ちょう》」であったのに対して、現在の京都の市街地の中心部では東西約六〇メートル、南北約一二〇メートルの長方形の区画になっているところが多い。つまり、平安京の「町」が縦方向に半分に分割されているのである。洛中の一部の南北道路を東から西へ順番に並べていくと、◎柳馬場通《やなぎのばんばどおり》（平安京の万里小路《までのこうじ》）、×堺町《さかいまち》通、◎高倉《たかくら》通（高倉小路）、×間之《あいの》町《まち》通、◎東洞院《ひがしのとういん》通（東洞院大路）、×車屋町《くるまやちょう》通、◎烏丸《からすま》通（烏丸小路）、×両替町《りょうがえまち》通、◎室町《むろまち》通（室町小路）、×衣棚《ころものたな》通、◎新町《しんまち》通（町小路）、×釜座《かまんざ》通、◎西洞院《にしのとういん》通（西洞院大路）、×小川《おがわ》通、◎油小路《あぶらのこうじ》通（油小路）、◎堀川通（堀川小路）……となるのであるが、このうち◎が平安京で存在した南北の大路・小路、×が平安京には存在しなかった南北道路ということになる。つまり、洛中の南北道路では、一本ごとに平安京の道路と平安京にはなかった道路が交互に現れるのである。

この新たな南北道路は戦国時代には存在せず、江戸時代初期には確実に存在していたから、その間に整備されたことは確かである。そうなると、この道路の敷設者は秀吉であると考えるのが最も妥当であることから、この都市改造は秀吉の「天正地割」（中村武生 二〇〇一）と呼ばれてきた。そもそも、平安京以来の「町」はいささか大きすぎ、その中央部分がどうしても使いにくいことになる。「天正地割」は「町」の中央に南北道路を通すことにより、正方形街区を長方形街区に変更することができた。そして、この長方形街区の東西中心に背割り区画を通すならば、東西三〇メートル、南北五〜一〇メートルほどの均一化された宅地を作り出すことができる。秀吉の「天正地割」は、京都が平安京以来抱え込んでいた「町」の中央部の不便さを一挙に解決する、まるで魔法のような見事な政策だったのである。

「天正地割」の実態は、京都市内のいくつかの場所での発掘調査によって確認されている。まず、左京八条二坊十五町では、桃山時代に「町」の東西中心に南北道路である東中筋《ひがしなかすじ》通を新設し、それに沿って小規模な町屋《まちや》が立ち並ぶようになった（図82上）（国際文化財編 二〇一六、京都市埋文研編 二〇〇四b）。また、左京四条二坊十一町では、「町」の東西中心に南北溝が延び、その東側に南北方向の路面と柵列が作られている（図82下）。これは現在の醒ケ井《さめがいどおり》通の延長線にあたっている（京都市埋文研編 一九九九）。

ただ「天正地割」が平安京以来の南北道路を改変することもあった。そのひとつが東京極《ひがしきょうごく》大路である。同大路は「天正地割」によって造られた現在の寺町通にほぼ相当しているが、厳密にいうならば東京極大路と寺町通が重なるのは現在の三条通以南、五条通以北の地域においてであり、三条通より北にいくほどに寺町通は東方向に振れていき、平安京の東京極大路とは乖離していく。左京二条四坊十五町の東側の東京極大路は、平安京造営当初の設計では両側の築垣《ついがき》の心々間の幅が十丈、そのうち路面幅は七丈六尺（約二三・七メートル）であったけれども、発掘調査の成果によると平安時代中期以降にはしだいに道幅が狭くなり、室町時代には路面幅約五・五メートルまで縮小してしまっている。そして、聚楽伏見《ふしみ》時代になるとこの場所では東京極大路は消失してしまった。つまり、秀吉の「天正地割」によってそれまでの東京極大路は廃止され、そこから東へ約五〇メートルのところに新たな道路としての寺町通が

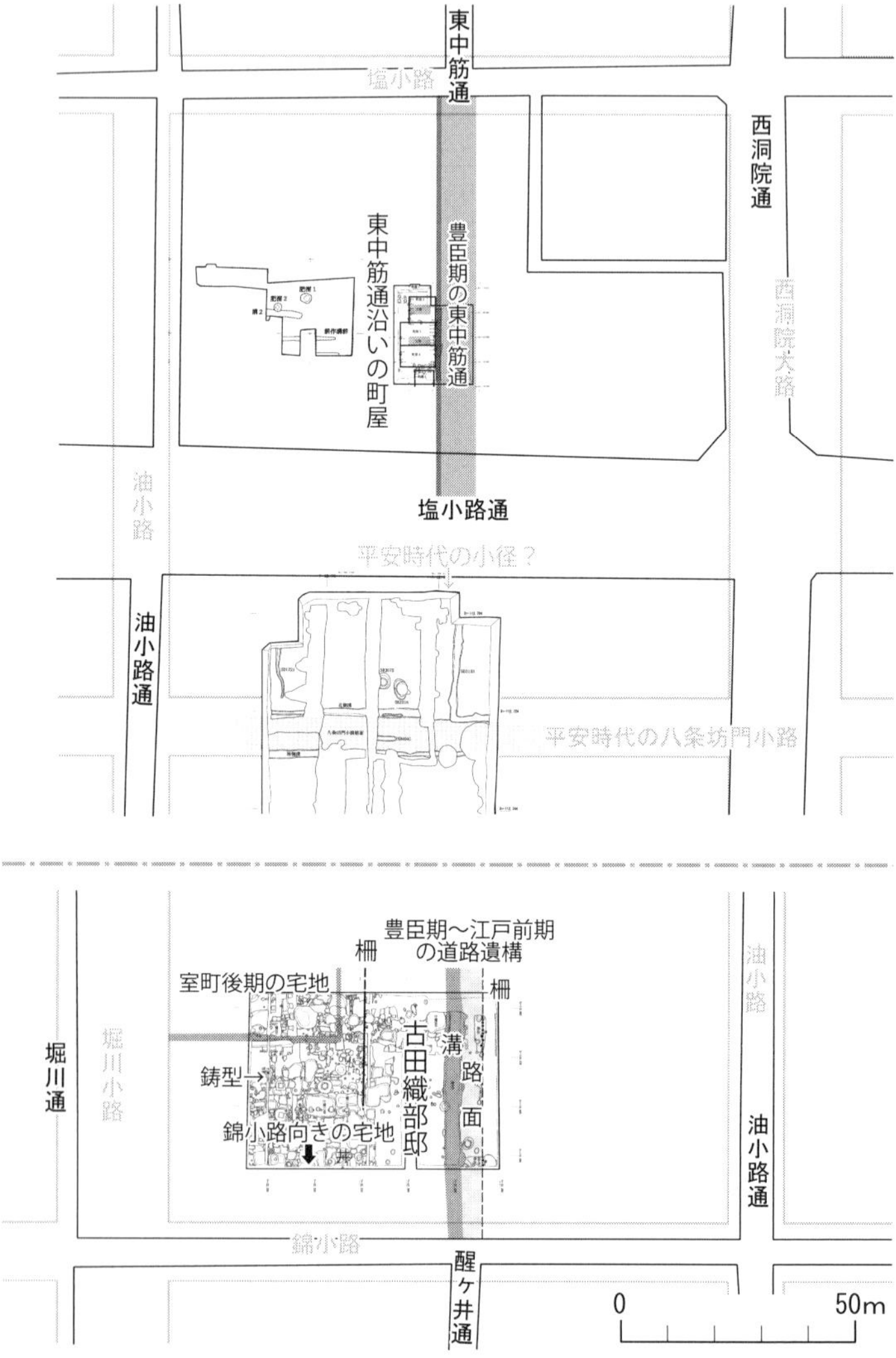

図 82　天正地割の遺構（1）

上：左京八条二坊十五町の東中筋通，下：左京四条二坊十一町の醒ヶ井通

〔上＝国際文化財編 2016，京都市埋文研編 2004b，下＝京都市埋文研編 1999 に拠り作成〕

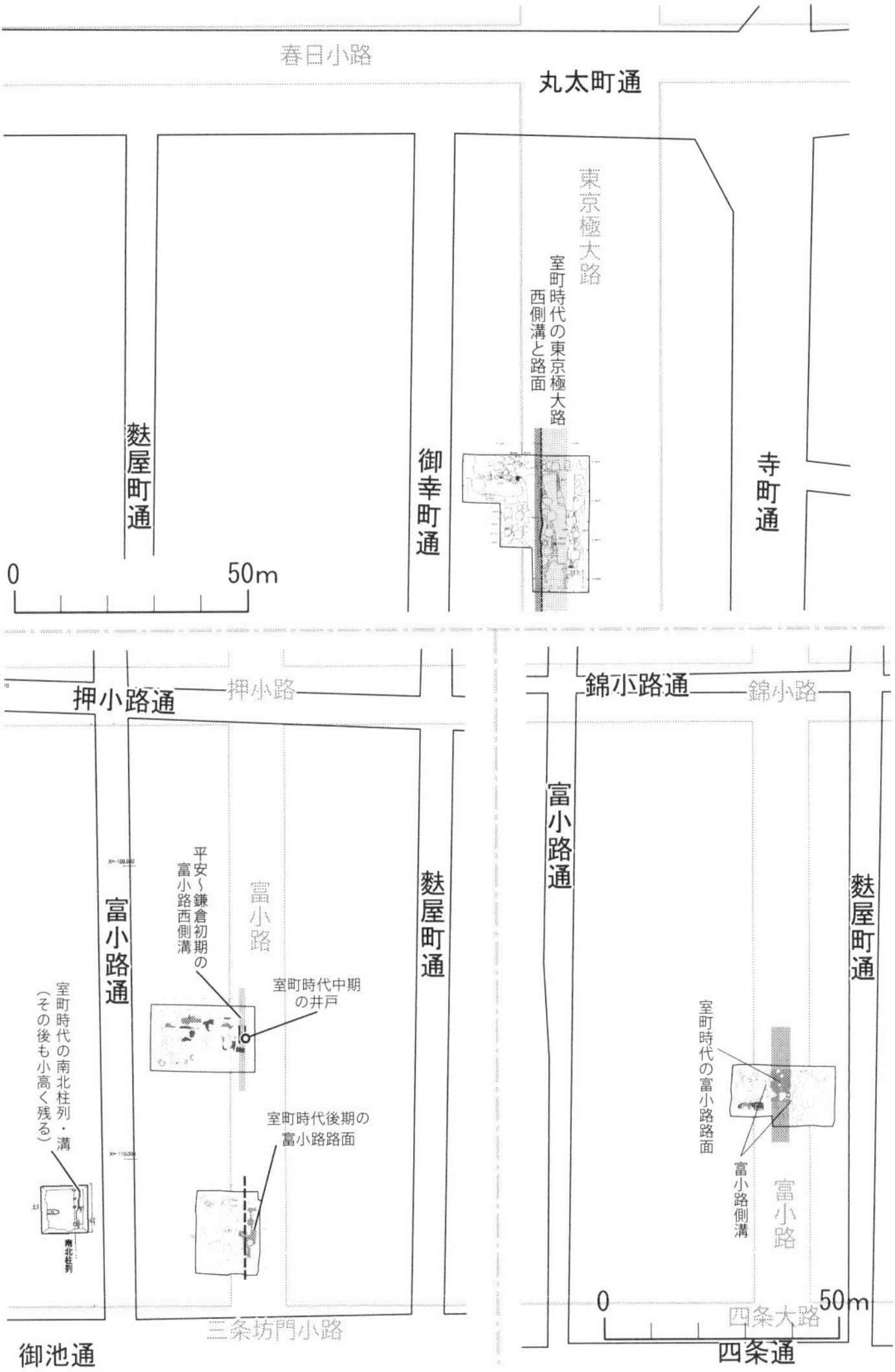

図 83　天正地割の遺構（2）

上：左京二条四坊十五町の東側の東京極大路，右下：左京四条四坊十二町の東側の富小路，左下：左京三条四坊十町の東側の富小路

上＝京都市埋文研編 2015 e，右下－京都市埋文研編 2020 c，左下＝京都市埋文研編 2004 c・2004 e・古代文化調査会 2011，文化財サービス編 2020 に拠り作成

建設されたわけである（図83上）（京都市埋文研編 二〇一五e）。

富小路《とみのこうじ》にも同じことがいえる。現在の富小路通は実は平安京の富小路とは別の道路であり、平安京富小路は、現在の四条通以南、五条通以北においては麩屋町通《ふやちょうどおり》に重なる。ただし、その麩屋町通も北に行くほど次第に方向を東に振っていくから、四条通以北の地域では平安京の富小路に該当する道路は現存しないということになる。左京四条四坊十二町の東側（京都市埋文研編 二〇二〇c）や左京三条四坊十町（京都市埋文研編 二〇〇四c、京都市埋文研編 二〇〇四e、古代文化調査会 二〇一一、文化財サービス編 二〇二〇）における発掘調査によると、平安京の富小路は室町・戦国時代までは規模を縮小しながらも存続し続けていた（図83右下・左下）。しかし、聚楽伏見時代になってこの旧・富小路は廃絶させられ、その東側には麩屋町通、西側には新・富小路通という新たな道路が敷設されることとなった。これは秀吉の「天正地割」による改造以外にはありえないであろう。なお、左京三条四坊十町では、「町」の三・四門の境に室町時代の南北柱列および溝が確認されており、これはその後も小高く残っていて土地区画の目印として使われていたらしい（図83左下）。この場所では新・富小路通はこれに沿って敷設されており、「天正地割」で新しい道路を作る際にも、従来の土地区画の一部を踏襲するというやり方が採られていたことがわかる。

東山大仏殿の建設

秀吉は東山の裾に奈良の東大寺《とうだいじ》を上回る規模の大仏を安置する巨大寺院を建造した。これが東山大仏殿《ひがしやまだいぶつでん》（のちに方広寺《ほうこうじ》と呼ばれる）である。これは京都の歴史における最大の建築物であり、慶長十七年（一六一二）再建の第二次大仏殿の建物（京都市埋文研編 二〇一

○a、京都市埋文研編 二〇一四）は南北約九五メートル、東西約六六メートルの基壇《きだん》の上に桁行十一間、梁間七間（南北約八八メートル、東西約五四メートル）を載せ、その中に高さ約一八メートルと推定される巨大な釈迦《しやか》如来《にょらい》像を安置した。さらにその周囲は南北約二四一メートル、東西約一九二メートルの回廊で囲まれていた（図84）。

大仏殿の東側の現・智積院《ちしやくいん》の場所には、秀吉の愛子であったが幼くして世を去った鶴松《つるまつ》（天正十七年〔一五八九〕～同十九年〔一五九一〕）の菩提を弔うための寺院である祥雲寺《しょううんじ》が創建された。また、大仏殿の南側には秀吉の側室であり鶴松と秀頼の母であった淀殿《よどどの》（茶々）が、実父の浅井《あざい》長政《ながまさ》の追善のために養源院《ようげんいん》を建立した。さらに、秀吉が薨去した際にはその墓は大仏殿の東の阿弥陀ヶ峰《あみだがみね》に造られ（通称「豊国廟《ほうこくびょう》」）、その麓には秀吉を祭神《さいじん》（豊国大明神《とよくにだいみょうじん》）とする豊国社《とよくにしゃ》（現在の豊国神社は明治時代に復興されたもので、別物）が建立された。こうして東山大仏殿とその周辺は、「豊臣家の宗教空間」となったのである（河内将芳 二〇〇八）。

なお、秀吉の建造した第一次の東山大仏殿は慶長元年（一五九六）七月にはほぼ完成し、「大仏供養会」が行われる段取りとなっていた。しかし同年閏七月に「慶長伏見大地震」が勃発し、京都や伏見は大きな被害を受けることになる。東山大仏殿は建物本体はなんとかもちこたえたものの、その本尊である大仏は左手や胸が崩れ落ち、全身にひびがはいるという惨憺たるありさまとなった。秀吉は衆生を救うはずの大仏が地震ごときで大破したことに激怒したと伝えられており、満身創痍となった大仏の破却を命じるとともに、甲斐国《かいのくに》の善光寺《ぜんこうじ》（山梨県甲府市）において信仰を集めていた阿弥陀三尊像《あみださんぞんぞう》（「善光寺如来」）。信濃国《しなののくに》善光寺〔長野市〕の本尊であったが戦国時代には武田《たけだ》信玄《しんげん》によって甲斐善光寺に移されてい

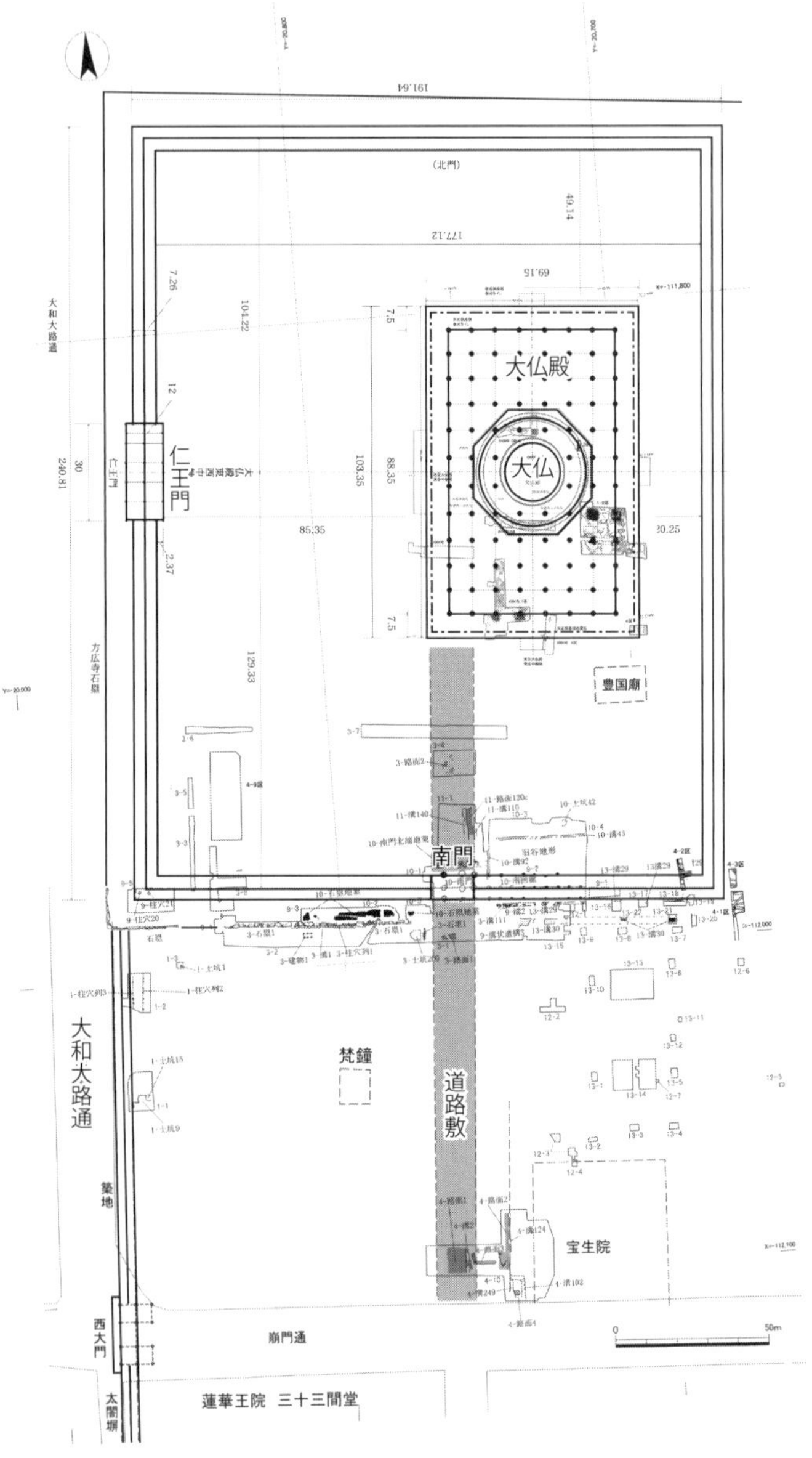

図 84　東山大仏殿　京都市埋文研編 2010a に拠り作成

た）を迎えて東山大仏殿の新たな本尊とした。ところが、慶長三年（一五九八）の秀吉の死の直前になって、善光寺如来はもとの信濃善光寺に帰されたのであった。

「京の大仏」のその後の変転についても略述しておこう。秀吉の死後、後継者の秀頼の名のもとで第二代目の大仏が再建されることになるが、慶長七年（一六〇二）十二月四日、工事中の大仏から出火し、第一次大仏殿も建設中の二代目大仏も烏有に帰すという結果となってしまったのである。その後、大仏殿と大仏は豊臣家によって重ねての再建が進められ、慶長十七年（一六一二）には第二次の大仏殿と三代目となる金銅製の大仏がほぼ完成するまでにいたった。ただ、この時に同時に鋳造された梵鐘《ぼんしょう》の銘文《めいぶん》に「国家安康、君臣豊楽」の文字があったことが江戸幕府の不興を買い、これが慶長十九・二十年（一六一四・一五）の大坂《おおさか》冬の陣《じん》・夏の陣と豊臣家の滅亡のきっかけとなったことはよく知られている。

図85　東山大仏殿　山田家乙本『洛外名所図屏風』　著者所蔵

江戸時代にはいると東山大仏殿は「方広寺《ほうこうじ》」の寺名で呼ばれるようになった。ただ、第二次大仏殿はその後も存続したものの、三代目の大仏は劣化が進んで修理不能の状態におちいって取り壊され（寛文二年〔一六六二〕の地震で損壊したという説もある）、寛文七年（一六六七）にはそれに替わる四代目の大仏が木造で再建された。この第二次大仏殿と四代目大仏はその後も京都のシンボル的建造物として親しまれ続けた（図85）が、寛政十年（一七九八）の落雷による出火のため、大仏殿と大仏の双方が姿を消すことになる。江戸時代後期の天保年間（一八三〇～四四）、尾張国の信者たちによって第三次の大仏殿と五代目となる木造半身の大仏が寄進されたが、これはあくまで仮堂という扱いであったから、第一・二次の大仏殿とは異なり、その北側に建てられたのであった。昭和四十八年（一九七三）三月二十七日、第三次大仏殿と五代目大仏は失火によって焼失し、「京の大仏」はその永い歴史に終止符を打つことになる。

伏見城

天正十九年（一五九一）、秀吉は中国の明《みん》を征服するといういささか誇大妄想的な計画を公表し、まずはその通り道となる朝鮮への侵攻を決定し、九州の肥前国《ひぜんのくに》の東松浦半島北端にその前線基地となる名護屋城《なごやじょう》（現・佐賀県唐津市）を築城した。同年十二月、秀吉は甥の豊臣秀次に関白職と京都政庁である聚楽第を譲った。秀吉は内政の実務こそ関白秀次に委ねたものの、その後も従一位太政大臣《だいじょうだいじん》の官位を保ち続けるとともに「太閤《たいこう》」という称号のもとで全国の大名に対する軍事指揮権を掌握し、絶対権力者としての立場から離れることはなかった。文禄元年（一五九二）四月、いよいよ秀吉の大陸侵攻は実際に発動され、日本軍は朝鮮に襲いかかるのである（文禄の役）。

一方、秀吉は京都の聚楽第を秀次に譲ったため、京都またはその近郊に自らの城を必要としていた。文禄元年八月、秀吉は京都の南郊の伏見に新しい城郭を築き始める（山田邦和 二〇〇二）。第一期伏見城（豊臣期指月《しげつ》屋敷）がこれである。これは世間では秀吉の隠居所と考えられており、城とはいってもあまり大きくない城郭風邸宅にとどまっていたらしい。ただ、その直後の文禄二年（一五九三）八月、秀吉の側室淀殿（茶々）がのちの豊臣秀頼を産む。待望の嫡子を得た秀吉は自らの本拠である伏見城の改築にかかり、秀次の自刃と聚楽第の破却の後には聚楽第の建物の多くを伏見城に移築し始めた。さらに慶長元年（一五九六）には文禄の役の終結交渉のために明の使節が来日することになり、伏見城はその舞台装置としての役割を担うこととなった。こうして秀吉は、伏見城をより絢爛豪華なものとして改造した（山室恭子 一九九二）。これが第二期伏見城（豊臣期指月城）である。

ところが、明使の到着の直前の慶長元年（一五九六）閏七月十三日、突如として直下型の大地震が伏見および京都を襲った。「慶長伏見大地震」である。これにより、第二期伏見城は多くの建物が倒壊し、ほとんど崩壊状態に陥る。秀吉自身もあやうく圧死するところであったがかろうじて難を逃れたのであった。秀吉はすぐさま伏見城を再建することとし、第一・二期伏見城の東北にある丘陵をその城地として選んだ。これが第三期伏見城である。なお、第三期伏見城は「豊臣期木幡山城《こはたやまじょう》」と別称されるが、谷徹也はこの丘陵のことは「伏見山」と呼ぶほうがふさわしいと主張している（尾下成敏・馬部隆弘・谷徹也 二〇二二）。その説を採った場合には、この城は「豊臣期伏見山城」の名称を与えるのが適当だということになる。秀吉が慶長三年（一五九八）八月十八日に六十二歳で世を去ることになったのも、この第三期伏見城においてのことだった。秀吉薨去後の第三期伏見城には豊臣家の大老としての徳川家康《とくがわいえやす》が入り、実質は伏見城は徳川家の上方《かみがた》における本拠地となる。しかしこれが災いし、慶長五年（一六〇〇）の関ヶ原《せきがはら》の戦いの前哨戦となった伏見城の戦いでは、石田三成《いしだみつなり》をはじめとする西軍に攻略され、伏見城の留守居を任されていた家康の家臣の鳥居元忠《とりいもとただ》の奮戦もむなしく、第三期伏見城は主要建物のほとんどが炎上し、落城することになる。

関ヶ原の戦いの勝利によって徳川家康は事実上政権を掌握した。この時をもって新しい徳川幕府の成立とみなしてまちがいないであろう。家康はすぐに伏見城を再建し（第四期伏見城）、この城を拠点として新政権の基礎固めに奔走し、ついには慶長八年（一六〇三）二月十二日にはこの城において右大臣兼征夷大将軍の宣下を受ける。いわば、最初の徳川幕府は「伏見幕府」だったことになる。徳川幕府は二代将軍徳川秀忠《ひでただ》の時代以降は政権の本拠を江戸に遷すが、第四期伏見城も重視され続け、秀忠の将軍宣下《しょうぐんせんげ》もこの城で行われた。ただ、慶長七年（一六〇二）には家康は京都の洛中に二条城を建造したし、また元和元年（一六一五）の大坂夏の陣による豊臣家の滅亡によって家康は大坂城をも接収した。これによって徳川政権の上方における拠点は大坂城および二条城に移ることになる。元和五年（一六一九）には第四期伏見城は一旦廃城が決定されたのであるが、その間に徳川家光《いえみつ》の三代将軍への就任が決定したため、伏見城の廃城は延期され、その殿舎は家光の将軍宣下の舞台にふさわしいように修築された。同年七月二十七日、上洛した家光と秀忠は揃って伏見城に入り、家光の将軍宣下式はここでつつがなく挙行された。これを最期の輝きとして伏見城はその役割を終え、廃城にいたったのであった。

第一・二期伏見城の構造

第一・二期伏見城（豊臣期指月屋敷・同指月城）は、伏見の南端で宇治川《うじがわ》を望む「指月の岡」（伏見区泰長老）と呼ばれる高台に築かれた。ここは古代から景勝の地として知られ、平安時代後期には修理大夫橘俊綱《たちばなのとしつな》（藤原頼通《ふじわらのよりみち》の子で橘俊遠の養子となる）はここに伏見殿《ふしみどの》とよばれる別業を営んでおり、俊綱はそれを白河《しらかわ》法皇の鳥羽殿《とばどの》さえをも上回る「おもしろき（興趣のある）所」であると自負していた（『今鏡』藤波の上）。このような景勝の地に営まれた第一・二期伏見城は、宇治川から巨椋池《おぐらいけ》にかけての豊かな水の風景を愛でるためのものだったのであろう。ただ、指月の岡が戦前には陸軍の用地とされており、戦後の早い段階でここには集合住宅が立ち並んだために調査が進まず、この城の実態は従来は不明確のままであった。それにより、学界には第一・二期伏見城は指月の岡ではなく第三・四期と同じ木幡山（伏見山）に存在したという異説すらあったのである。ただ、平成二十七年（二〇一五）頃より著しい進展をみた指月の岡における発掘調査の進展により、やはり第一・二期伏見城はここに存在したことがほぼ確実とみられるようになった。

第一期伏見城（豊臣期指月屋敷）についてはまだ明確ではないが、それを引き継いだ第二期伏見城（豊臣期指月城）については近年の発掘調査の進展によって構造の把握が進んでいる（京都市文化財保護課編二〇二二）。この城の中核になったのは指月の岡の頂上部で、その規模は東西約五〇〇《メートル》、南北約三三〇《メートル》の東西に長い長方形であった。岡の南側は高さ約三五《メートル》の高い崖となり、その先は宇治川と巨椋池につながっていた。「指月」と名付けられた通りここは月見の名所としても知られた景勝の地であったわけである。城の東側は幅約一〇〇《メートル》、奥行約五〇〇《メートル》にわたる長方形の窪地となっているが、これは宇治川に通じる人工的な舟入であったと推定される。指月の岡にはいくつかの段差を観察することができ、そこには石垣や堀があったことが発掘調査によって確認されているから、指月の岡の伏見城は三〜四つの小さな郭《くるわ》に分かれていたとみられる。そのうち最も標高の高い東端の郭が本丸であり、そこに本丸御殿《ごてん》や天守が配置されていたのであろう。

第二期伏見城から宇治川を隔てた南側には、支城としての向島城《むかいじまじょう》が築かれていた。現在も「伏見区向島本丸町・二ノ丸町」といった地名が残されており、特に向島本丸町は一辺約二二〇<ruby>m</ruby>のほぼ正方形の土地区画となっており、これが向島城の本丸の跡であったと推定される。向島城の基本的な構造は、本丸の周囲の南北約五七〇メートル《メートル》、東西約四四〇メートル《メートル》ほどの敷地の中に方形の連郭式の縄張りを持っていたらしい。秀吉は向島城の建設と同時に宇治川や巨椋池の水利工事を行い、伏見城下町から宇治川を渡るところに豊後橋《ぶんごばし》(現・観月橋《かんげつきょう》)を架橋し、向島の周囲に巡らせた「太閤堤《たいこうづつみ》」の上に大和《やまと》へ通じる新しい大和街道を建設した。文禄四年(一五九五)、秀吉は向島城の西側の堤道に一万数千本の桜の木を植えさせ、その美観を整えようとしている。第二期伏見城は宇治川という大河を挟んで向島城とセットとなり、その間を長大な橋で繋ぐという特異な構造を持っていたのである。

第三・四期伏見城の構造

第三・四期伏見城が築かれた木幡山(伏見山。現・伏見区桃山《ももやま》)は、比高約九〇メートル《メートル》の岡である。京都盆地の東の区切りである東山連峰の南端にあたっているが、この丘陵の東北側には「大亀谷」と呼ばれる谷が横切っており、それによって東山連峰の本体とは区切られている。第三・四期伏見城の内郭の跡地の大部分は宮内庁が管理する桃山御料地（明治《めいじ》天皇伏見桃山陵《ふしみのももやまのみささぎ》・昭憲《しょうけん》皇太后伏見桃山東陵《ふしみのももやまのひがしのみささぎ》・桓武《かんむ》天皇柏原陵《かしわばらのみささぎ》とその附属地）となっており、自由な立ち入りは禁じられている。ただ、いくつかの研究グループが宮内庁の許可を得て城跡への立ち入り調査を実現しているし、その中でも平成二十三年（二〇一一）から同二十六年（二〇一四）にかけて大阪歴史学会が行った調査は、立ち入り調査と航空レーザー技法による測量を併用した点で大きな成果を挙げるものであった（大阪歴史学会編 二〇一二）。

図 86　桜井成広作「豊太閤時代伏見桃山城天守復元模型」　著者所蔵

桜井成広は城郭史研究者で，聚楽第や伏見城についても先駆的な研究を成し遂げた（桜井成広 1971）．これは桜井の手作りの第3期伏見城の天守復元模型．天守を第4期伏見城の位置ではなく，本丸の東北隅に想定していることが注目される．

第一・二期伏見城が台地の上の方形の連郭式の縄張りを採っていたのに対して、第三・四期伏見城は丘陵を利用した輪郭式《りんかくしき》・囲郭式《いかくしき》の併用となっている。内郭の中心部に本丸を置き、その周囲に二ノ丸、三ノ丸、松ノ丸、名護屋《なごや》丸、山里丸などが取り巻き、そのそれぞれの間は空堀で区画されている。二ノ丸、松ノ丸、三ノ丸はそれぞれ秀吉の側室の浅井氏（茶々、淀殿）、京極《きょうごく》氏（竜子、松ノ丸殿）、織田《おだ》氏（三ノ丸殿、のちの韶陽院殿《しょうよういんでん》）の居所として使われていた。名護屋丸や山里丸は秀吉とその周辺の人々の遊興空間であった。縁辺部には増田《ました》右衛門《うえもん》（増田長盛《ながもり》）郭《くるわ》、石田《いしだ》治部《じぶ》少輔《のしょう》（石田三成）郭、長束《なつか》大蔵《おおくら》（長束正《まさ》家《いえ》）郭といった秀吉の側近大名の政庁の郭が配置されていた。本丸の中央北寄りの部分には小規模な天守台の遺構が残るが、中井均によるとこれは徳川家康が再建した第四期伏見城の天守のものであり、豊臣期の第三期の天守はそのやや北側の本丸東北隅に築かれていたらしい（図86）（中井均　二〇〇一）。また、城の南側には大規模な舟入があり、これによって城と宇治川が連結されていた。

　第三・四期伏見城の特徴は、城の西方に広大な城下町を備えていたことである（山田邦和　二〇〇一、大阪歴史学会編　二〇〇二）。絵図や現存遺構の分析からそのおおまかな様子を復元することができる。城下町の南側は宇治川によって区切られるが、北側と西側は水濠・空堀と土塁による惣構によって囲まれていた。水濠は現在も「濠川」という川となって残っているし、北側の土塁の一部は栄春寺（伏見区桃山町丹下）の境内に残存している。

　城下町中央には現在の京町通、両替町通、新町通という三本の南北道路が貫いているが、これらの道路に沿った部分は町屋の区画となっていた。また、惣構の外側にも城下町は広がっており、ここには大名屋敷、武家屋敷、町屋が混在していたようである。

　第三期伏見城の城下町の最大の特色は、全国の大名の屋敷がここに集められていたことである。城下町の東半部の伏見城内郭に近い緩斜面には大名屋敷群が立ち並んでいた。豊臣期の大名屋敷の個々の配置には不明な点が多いが、おおむね、伏見城内郭に近い場所には徳川家康、毛利輝元、前田《まえだ》利家《としいえ》といった数ヶ国を領有する大々名や、堀秀治《ほりひではる》、細川忠興《ほそかわただおき》、長宗我部《ちょうそがべ》元親《もとちか》といった国持大名《くにもちだいみょう》、さらには山内一豊《やまうちかずとよ》や伊達政宗《だてまさむね》のような国持大名に次ぐ有力大名の屋敷が配置されていたらしい。横田冬彦は、全国の大名を集住させることは「武家国家の首都」としての特質であり、それを実現した伏見はまさに「豊臣政権の首都」であったと喝破している（横田冬彦二〇〇一）。

京都新城

最晩年の数年間の秀吉の最大にして唯一の関心事は、自分が築き上げてきた豊臣政権の行く末にあった。すなわち、秀吉は自らの権力を嫡子・秀頼にスムースに継承させることだけに執念を傾けたのである。しかし、秀頼が秀吉の晩年の子であったことから、秀吉には秀頼の成長を見届けることができるに充分な時間は残されていなかった。

秀吉は、自分の死後の豊臣政権の本拠地をどこにするか、かなり迷ったらしい。その候補地としては、秀吉の晩年の居城であり「豊臣政権の首都」であった伏見、秀吉の私的な本城であり日本一の要害を誇る大坂、そして天皇の都である京都が挙げられよう。慶長二年（一五九七）、秀吉は京都に新しい城を建設することを決意する。この城は「太閤御屋敷」「太閤京都御屋敷」「太閤上京御屋敷」「京都御殿」「新城太閤御所」「京都城」「秀頼卿御城」など、さまざまな名で呼ばれることになるが、現在ではこれを「京都新城《きょうとしんじょう》」と呼ぶことが通例である。

京都新城は当初は京都の下京をその予定地としており、「三条御屋敷」とも呼ばれていた（二四一ページ図81）（『義演准后日記』同年四月二十六日条）。この城は北は三条坊門小路（御池通）、南は四条坊門小路（蛸薬師《たこやくし》通）、西は東洞院大路、東は東京極大路（寺町通）に囲まれた十六町分、つまり平安京の条坊制でいうと左京三条四坊三〜六・十一・十二〜十四町、四条四坊一・二・七〜十・十五・十六町にあたっている（『言経卿記』慶長二年一月二十四日条）。ところがこの築城が始まったばかりの同年四月、秀吉は突如として工事を中止させ、上京の内裏の東南に京都新城を築き直すことにしたのである。急な築城と計画変更は、その敷地に入ってしまったために立ち退きを余儀なくされた町人にとってはきわめて迷惑なことであった（『当代記』同年四月二十六日条、『義演准后日記』同年四月二十六日条）。この上京の京都新城は北は土御門《つちみかど》大路（上長者町通）、南は大炊御門《おおいみかど》大路（竹屋町通）、東は東京極大路（寺町通）、西は高倉小路に囲まれた十八町分、つまり東西約四〇〇メートル、南北約八〇〇メートルという広大な範囲を占めるものであった（二四一ページ図81）。これは平安京の条坊制でいうと左京一条四坊五〜十六町、二条四坊七〜十・十五・十六町にあたっている（『当代記』同年四月二十六日条）。この京都新城の工事は慶長二年九月にはほぼ完了し、それ以降は秀吉や秀頼が京都に滞在する時の宿所として利用されることになる。

しかし、せっかくの新しい城であったが、京都新城の命運は短かった。秀吉は慶長三年（一五九八）に伏見城で薨去するが、その直前に、自分が亡き後には秀頼は大坂城に移ること、伏見城には豊臣家の大老の資格で徳川家康が入ることを遺命したのである。これにより京都新城には秀吉の正室の高台院《こうだいいん》（北政所《きたのまんどころ》、ねね）が入ることになる（『義演准后日記』慶長四年九月二十六日条、『言経卿記』同年九月二十六日条）。さらに、慶長五年（一六〇〇）の関ヶ原の戦いによって家康が政権を掌握したため、同年八月からは高台院の屋敷の部分を除いて、京都新城の破却が進められることになる（『時慶記』同年八月二十八日・二十九日条、『義演准后日記』同年八月二十九日条、『言経卿記』同年九月十三日条）。なお、江戸時代初期にはかつての京都新城の北端が高台院の甥の木下俊房《きのしたとしふさ》の京都屋敷、その南側が高台院屋敷となっていたらしい（『京都図屏風』）。なお、西本願寺《にしほんがんじ》には国宝に指定されている桃山建築の飛雲閣《ひうんかく》が存在しており、この建物は秀吉の聚楽第から移されたものであるという伝承を持っていた。しかし加藤繁生は、飛雲閣は本来は京都新城に存在した建物ではないかという興味深い仮説を提示している（加藤繁生 二〇一三a）。

令和二年（二〇二〇）、現在の京都仙洞御所《せんとうごしょ》の西端における発掘調査で、これまでは不明なところが多かった京都新城の堀と石垣の遺構が発見された（京都市埋文研編 二〇二〇a）。石垣は野面積《のづらづ》みで、現状では三～四段、高さは約一・〇～一・六メートルのみが残存するが、本来的には高さ約二・四メートルの五～六段程度の石垣であったと推定されている。堀は深さ約二・四メートル、幅は確認できただけで三メートル、表面波探査測定法によると本来の幅は約二〇メートルにも及んだと推定されている。

秀吉が京都新城を築城したのは、自らが亡き後には豊臣政権の本拠地をもう一度京都に移すという構想の現れであったのであろう。そして、当初予定していた三条御屋敷の築造を中止し、上京の内裏の側に京都新城を移したように、秀頼に継承させる豊臣政権は天皇の権威を背景とした「武家関白政権」であるべきだということを一旦は決意したのであろう。ただ、その決意は長くは続かなかった。なんといっても、洛中に築造された京都新城では防備という観点からは弱くならざるをえないからである。秀吉が最終的に秀頼を大坂に移居させることを決定したのは、秀頼の身の安全のためには金城《きんじょう》鉄壁《てっぺき》の大坂城がふさわしいと考えたからにほかならないと思う。これは、豊臣氏による幕府の拠点を伏見から大坂に移すという表明でもあった。しかし、それを完成させるだけの時間は秀吉には残され

図87　徳川家光が改修した二条城　山田家A本『洛中洛外図屛風』 著者所蔵

ていなかった。秀吉の薨去により、彼のカリスマ性に負うところが大であった豊臣政権は内部分裂を起こし、崩壊への道をたどらざるをえなかったのである。

秀吉の京都改造の意義

豊臣政権は崩壊したものの、秀吉が行った京都の都市改造の遺産はその後にも大きな影響を残し続けた。秀吉の天正地割によって整理された道路群は現在にいたるまで機能し続けているし、方広寺と呼ばれるようになった東山大仏殿は京都の新しいシンボルとなり、寛政十年（一七九八）に落雷によって焼失した後ですらその記憶は失われず、数々の絵画に描かれ続けることになる。御土居堀はその東辺の部分では侵食されるところが多かったけれども、その他の部分では近世を通じて維持され、洛中と洛外の境界としての意味を持ち続けた。寺町や寺之内の寺院群は京都の特徴的な都市景観として親しまれることになる。伏見は政権の首都としての意義こそ失われたものの、その後も京都の玄関口となる交通の要衝の都市として発展を続けた。

秀吉死後に政権を奪取した徳川家康は、京都の拠点として二条城を築く。家康の時期のこの城は南北約四〇〇メー《》トル、東西約三四〇メートルであったが、寛永三年（一六二六）に徳川三代将軍家光が後水尾《ごみのお》天皇の行幸《ぎょうこう》を迎えるために大改造を加えた。この寛永の改造によって二条城は東西が約五二五メートルにまで拡張されるとともに、天守や御殿などの建造物も新造されたのである（図87）。二条城の建設に見られるように江戸幕府も京都の都市整備に注力し続けたが、都市の基本構造自体を大幅に変更するにはいたらず、それは秀吉の行った京都改造で完成した姿を継承したといっていい。そして、その構造は明治維新後にも受け継がれ、近代の京都の骨格を形づくっていく。すなわち、近世から近代にかけての京都の基本構造は、秀吉が創り出したといってよい。京都都市史の大きな画期は、確かに秀吉の時代にあったわけである。

2 中世京都の意義

首都としての京都

日本古代・中世において、京都は首都であり続けた。しかしこれは、単に天皇が京都に居住していたとか、その政府である朝廷が京都に存在したとかいうだけの意味ではない。そもそも日本の中世は「権門体制《けんもんたいせい》」を基本とする時代であった。権門体制とは、天皇家（王家）や貴族、大寺社、武家といった権勢ある諸勢力が分立し、時には協調し、時には対立しながらも全体として大きな支配階級を形作っていた体制のことをいう（黒田俊雄 一九九四）。そして、少なくとも中世の前半期においては天皇（および治天の君としての院）は王家という権門の一員であると同時に、国王として諸権門の上に立って全体の調整の役割を担っていた。また、この権門体制の経済的基盤となったのが「荘園・公領制」であった。もちろん、権門体制といっても通時的に一律のものではなく、その中で武家の勢力とその政府である幕府が拡大するにつれて変質を遂げ、室町時代には全体の調整役としての実質は天皇から足利将軍家の家督である室町殿へと移っていった。しかし、大局的にみるならば、十一世紀から十六世紀にいたる日本社会がこの権門体制と荘園・公領制の原則によってシステム化されていたことに疑いはない。

そして京都は、天皇や貴族、大寺社、武士といった数多くの権門の集住地であるとともに、朝廷や室町幕府という権門同士の調整機関を有していたからこそ、日本の首都でありえたのである。もちろん、中世においてこうした権門の根拠地となった都市は京都だけではない。京・鎌倉時代の鎌倉は武家権門の本拠であった。中世を通じて、奈良（南都《なんと》）には興福寺《こうふくじ》や東大寺という巨大な宗教権門が存在していた。しかし、権門体制下の首都とは、ひとつの権門の根拠地というだけでは充分ではなく、複数の巨大権門がモザイク状に組み合わさった場所でなくてはならないのである。また、経済的に見ると、平安時代以来練り上げられてきた荘園・公領制は、全国から吸い上げられた栄養分をそれぞれの権門に配分するシステムであった。首都であり諸権門の集住地としての京都にはこのシステムを通じて全国の産物や財貨が集中したのである。

京都は、「知」の集積地としても圧倒的なパワーを発揮していた。文化の力を象徴するものは書物、文書、記録であろうが、中世初期を例にあげると、藤原頼長《ふじわらのよりなが》や信西入道《しんぜいにゅうどう》藤原通憲《ふじわらのみちのり》、大江匡房《おおえのまさふさ》をはじめとして、京都の貴族はそれぞれ万巻の蔵書を持っていた。信西の膨大な蔵書の一部の目録は『通憲入道蔵書目録《つうけんにゅうどうぞうしょもくろく》』の名称でいまに遺されている。おそらく、東国武士がいささかでも京都の貴族に比肩できる蔵書を持てるのは、金沢《かねさわ》流北条氏の実時《さねとき》が創立し貞顕《さだあき》が充実させた「金沢文庫」の成立を待たねばならないであろう。さらに、京都の貴族が書き続けてきた日記は、他に替えがたい儀式や政治のやりかたのマニュアルとして彼らの子孫に重要視されていた。こうした「知」こそが京都の力の源泉となっていたのである。

もちろん、東国の武士たちが無知蒙昧の野蛮人だったわけではない。彼らの中にも、本拠地と京都との間を頻繁に往復し、貴族と交流し、京都の文化を吸収していた人々も多かった。『百人一首《ひゃくにんいっしゅ》』の原型の編纂を藤原定家《さだいえ》に依頼した宇都宮蓮生《うつのみやれんしょう》(頼綱《よりつな》)はその代表格であろう。彼らの文化水準は相当の域に達していたのであるが、それを保証したのもまた首都としての京都の文化力だったのである。

巨大都市としての京都

さらに、中世を通じて京都はほかに比肩するもののない巨大都市であり続けた。中世京都の人口を正確に推定するすべはないけれども、おおよそ十万人から十数万人ほどであったと考えられている。日本全国の人口が六百万人から一千万人未満と見積もられている時代であったから、京都の巨大さは際立っているのである。幕府の所在地として発展著しかった京・鎌倉時代の鎌倉でさえ、おそらく面積的には京都の数分の一、人口は半分程度を超えることはなかったであろう。戦国時代をとってみると、地方の大都市としては摂津国《せっつのくに》の天王寺《てんのうじ》、和泉《いずみの》国《くに》の堺《さかい》、筑前国《ちくぜんのくに》の博多《はかた》などがあげられるが、これらも人口の上では京都の数分の一程度にとどまっていたであろう。

人口の多さは経済力の強さにつながる。さらにいうと、京都の人口の中には天皇はじめ貴族や僧侶や神官といった知識階級が多く含まれていた。彼らの要求に応えるために、京都の産業は高い水準とブランド力を誇るものとなった。京・鎌倉時代の左京八条三坊とその周辺（七条町《ひちじょうまち》・八条院町《はちじょういんちょう》とその付近）がフルタイム・スペシャリストの工人たちによる高品質製品を生産していたことは前述したとおりである。たとえば、室町時代の日明貿易で日本からの輸出品の筆頭に挙げられたのは京都の刀剣であったが、実はこれは刀身は奈良などの他都市で生産されたものなのであるが、それを京都に持ってきて高品質の装具を加えることによって価値を高めたものであった。彼ら工人たちも、京都の高い文化力を背景として他地域の追随を許さない高付加価値型製品の生産に邁進していたのである。

さらに、中世京都は「巨大都市複合体《コンプレックス》」と名付けることのできる構造をかたちづくっていた。京都の中核部は平安京左京から始まる洛中（上京・下京）であり、洛中だけでも卓越した規模を誇る巨大都市であったが、その周囲には多数の「衛星都市」が群在していた。京郊の大寺社はいずれもその周囲に境内都市や門前町を持っていたし、貴族の別業《べつごう》が集まるところも都市化していった。また、本来は近郊農村であったとしても、土器生産や瓦生産を行ってその製品を京都に供給する、小さな工業都市としての側面を持つ集落も多数が存在していた。それらが洛中と有機的に結びつき、相互補完することによって、中世京都の大きな都市圏が成り立っていたのである。

政治権力が江戸に移った十七世紀以降においてすら、京都の中核性が失われたわけではない。秀吉の都市改造によって面目を一新した京都は、十七世紀前半にはすでに約三十万人の人口を抱えるほどまでに成長していた。江戸時代中期には政治都市であり消費都市としての江戸、商業都市としての大坂の伸張が著しかったが、京都はそれに肩を並べる商業都市、工業都市、文化都市であり、いわゆる「三都」のひとつとして日本の中心としての役割を分担していたのである。都市人口は、江戸が約百万人、大坂が約五十万人、京都が約四十万人に達していたといわれている。三都に次ぐ大都市としては名古屋と金沢が挙げられ、さらにその後には広島、和歌山、仙台、徳島といった大藩の城下町が続くが、名古屋や金沢であっても人口十数万人、それ以下の諸都市は人口五万から十万人未満であったことを考えると、やはり三都の巨大さは際立っているといわざるをえないのである。

日本中世において、首都・京都は政治・経済・文化・情報の結節点であり続けた。京都なしに、日本の中世はありえなかったのである。

参考文献

参考文献を示す場合、煩を避けるため、一部の調査研究機関の名称は次のように略記した。

京都市埋蔵文化財研究所……「京都市埋文研」

京都市文化市民局文化芸術都市推進室文化財保護課……「京都市文化財保護課」

京都府埋蔵文化財調査研究センター……「京都府埋文センター」

遺跡発掘調査報告書などの考古学の研究機関の刊行物には、ウェブサイトにおいて公開されているものがある。これらは次の略号によって所在を示した。

【総覧】……奈良文化財研究所「全国遺跡発掘報告総覧」〈https://sitereports.nabunken.go.jp/ja/list/26〉

【市埋文研】……「公益財団法人京都市埋蔵文化財研究所」＞「各種資料情報」〈https://www.kyoto-arc.or.jp/blog/siryo_info_res.html〉

【市保護課】……「京都の文化遺産（京都市文化財保護課）」〈https://kyoto-bunkaisan.city.kyoto.lg.jp/report/tyousa03.html〉

【府センター】……「公益財団法人京都府埋蔵文化財調査研究センター」＞「資料・刊行物データ」〈http://www.kyotofu-maibun.or.jp/data/Publications.html〉

【文化財サービス】……「株式会社文化財サービス」＞「実績報告」＞「報告書」〈http://bunnkazai.co.jp/report/#report〉

【平安文化財】……「有限会社京都平安文化財」＞「調査のながれ」＞「刊行物一覧」〈http://iseki-hakktsu.com/publications/index.html〉

秋山國三・仲村研　一九七五　『京都「町」の研究』法政大学出版会
東洋一　二〇〇一　「西園寺四十五尺曝布瀧と北山七重大塔（上）―金閣寺境内における所在について―」（京都市埋蔵文化財研究所『研究紀要』七）【市埋文研】
東洋一　二〇一九　「北山七重大塔の所在地について（下）」（京都市埋蔵文化財研究所『洛史―研究紀要―』一二）【市埋文研】
東洋一　二〇二二　「北山七重大塔（特別史跡・特別名勝金閣寺庭園内）土壇（亀腹）毀損問題について―令和二年度二十五次調査の問題点―」（京都市埋蔵文化財研究所『洛史―研究紀要―』一三）【市埋文研】
綱伸也　一九九六　「和鏡鋳型の復原的考察」（京都市埋蔵文化財研究所『研究紀要』三）【市埋文研】
網伸也・山本雅和　一九九六　「平安京左京八条三坊の発掘調査」（『日本史研究』四〇九）
飯淵康一　二〇〇四　『平安時代貴族住宅の研究』中央公論美術出版
石原比伊呂　二〇二〇　『北朝の天皇―「室町幕府に翻弄された皇統」の実像―』（『中公新書』）中央公論新社
伊藤正敏　二〇〇八　『寺社勢力の中世―無縁・有縁・移民―』（『ちくま新書』）筑摩書房
イビソク編　二〇一七　『平安京左京五条三坊七町跡・烏丸綾小路遺跡―白楽天町集合住宅建設に伴う埋蔵文化財発掘調査報告書―』（『イビソク京都市内遺跡調査報告』第一五輯）同社【総覧】
イビソク関西支店編　二〇一四　『寺町旧域―貞安前之町における埋蔵文化財発掘調査報告書―』（『イビソク京都市内遺跡調査報告』第一〇輯）同社【総覧】
今谷明　一九八九　『天文法華の乱―武装する町衆―』平凡社
今谷明　二〇〇六　『戦国期の室町幕府』（『講談社学術文庫』）講談社（初出一九七五年）
入間田宣夫　二〇一三　『平泉の政治と仏教』（『東北中世史叢書』一）高志書院
上原真人　二〇〇六　「院政期平安宮―瓦からみた―」（髙橋昌明編『平安京・京都研究叢書　一「院政期の内裏・大内裏と院御所」』文理閣）

上村和直　一九九四「院政と白河」（角田文衞総監修、古代学協会・古代学研究所編『平安京提要』角川書店）
上村和直　二〇〇二「京都『八条院町』をめぐる諸問題」（京都市埋蔵文化財研究所『研究紀要』八）
上村和直　二〇〇四a「御室地域の成立と展開」（『仁和寺研究』四）
上村和直　二〇〇四b「法住寺殿の成立と展開」（京都市埋蔵文化財研究所『研究紀要』九）【市埋文研】
上村和直　二〇〇六「法住寺殿の考古学的検討」（髙橋昌明編『平安京・京都研究叢書　一「院政期の内裏・大内裏と院御所」』文理閣）
上横手雅敬　一九九一『鎌倉時代政治史研究』吉川弘文館
大阪歴史学会編　二〇二一『伏見城跡立入調査報告』同学会
太田静六　一九八七『寝殿造の研究』吉川弘文館
大村拓生　二〇〇六『中世京都首都論』吉川弘文館
岡田保良・浜崎一志　一九八五「山科寺内町の遺跡調査とその復原」（『国立歴史民俗博物館研究報告』八、同博物館）
尾下成敏・馬部隆弘・谷徹也　二〇二一『戦国乱世の都』（『京都の中世史』六）吉川弘文館
朧谷寿　二〇〇〇『平安貴族と邸第』吉川弘文館
勝田至　二〇〇三『死者たちの中世』吉川弘文館
加藤繁生　二〇一三a「飛雲閣を探して（六）飛雲閣の生まれた場所（上・下）」（『史迹と美術』八三一一・一二）
加藤繁生　二〇一三b・二〇一四「聚楽第の石垣（一）～（三）」（『史迹と美術』八三一七・一〇、八四一三）
亀田俊和　二〇一七『観応の擾乱―室町幕府を二つに裂いた足利尊氏・直義兄弟の戦い―』（『中公新書』）中央公論新社
川合康　二〇〇四『鎌倉幕府成立史の研究』（『歴史科学叢書』）校倉書房
河内将芳　二〇〇八『秀吉の大仏造立』法藏館
河内将芳　二〇一八『宿所の変遷からみる　信長と京都』淡交社

河内将芳　二〇一九『戦国仏教と京都―法華宗・日蓮宗を中心に―』法藏館
河内将芳　二〇〇〇『中世京都の民衆と社会』思文閣出版
川上　貢　二〇〇二『〔新訂〕日本中世住宅の研究』中央公論美術出版
川本重雄　二〇〇五『寝殿造の空間と儀式』中央公論美術出版
川本重雄　二〇〇六「続法住寺殿の研究」（髙橋昌明編『院政期の内裏・大内裏と院御所』文理閣）
元興寺文化財研究所編　二〇一九『平安京左京九条三坊九町跡・烏丸町遺跡』同研究所【総覧】
木内正廣　一九七七「鎌倉幕府と都市京都」（『日本史研究』一七五）
木岡敬雄　二〇一六「慈照寺銀閣の修理工事に伴う新知見について」（桃崎有一郎・山田邦和編『室町政権の首府構想と京都―室町・北山・東山―』文理閣）
京都市編　一九八一『史料京都の歴史』四「市街・生業」平凡社
京都市高速鉄道烏丸線内遺跡調査会編　一九七五『平安京関係遺跡発掘調査概報―京都市高速鉄道烏丸線内遺跡発掘調査―』同調査会
京都市高速鉄道烏丸線内遺跡調査会編　一九八〇『京都市高速鉄道烏丸線内遺跡調査年報 I』同調査会
京都市高速鉄道烏丸線内遺跡調査会編　一九八二『京都市高速鉄道烏丸線内遺跡調査年報 III』同調査会
京都市生涯学習振興財団編　二〇二一『平安京百景―京都市平安京創生館展示図録―』山代印刷株式会社出版部
京都市文化財保護課編　二〇〇九『京都市内遺跡試掘調査報告　平成二十年度』京都市文化市民局【総覧】
京都市文化財保護課編　二〇一七『京都市内遺跡試掘調査報告　平成二十八年度』京都市文化市民局【総覧】
京都市文化財保護課編　二〇一八『京都市内遺跡詳細分布調査報告　平成二十九年度』京都市文化市民局【総覧】
京都市文化財保護課編　二〇一九『京都市内遺跡発掘調査報告　平成三十年度』京都市文化市民局【総覧】
京都市文化財保護課編　二〇二一a『京都市内遺跡発掘調査報告　令和二年度』同課【市保護課】
京都市文化財保護課編　二〇二一b『指月城跡・伏見城跡発掘調査総括報告書』京都市文化市民局【総覧】

京都市文化財保護課編　二〇一一　『山科本願寺跡発掘調査総括報告書』京都市文化市民局【総覧】
京都市埋文研編　一九八二a　『平安京左京八条三坊』（『京都市埋蔵文化財研究所調査報告第六冊』）同研究所【市埋文研】
京都市埋文研編　一九八二b　『平安京跡発掘調査概報　昭和五十六年度』同研究所
京都市埋文研編　一九八三　『昭和五十六年度　京都市埋蔵文化財調査概要（発掘調査編）』同研究所【市埋文研】
京都市埋文研編　一九八六　『京都市内遺跡試掘立会調査概報　昭和六十年度』京都市文化観光局
京都市埋文研編　一九八五　『昭和五十八年度　京都市埋蔵文化財調査概要』同研究所【市埋文研】
京都市埋文研編　一九八七　『平安京跡発掘調査概要　昭和六十一年度』同研究所
京都市埋文研編　一九八八　『昭和六十年度　京都市埋蔵文化財調査概要』同研究所【市埋文研】
京都市埋文研編　一九八九　『昭和六十一年度　京都市埋蔵文化財調査概要』同研究所【市埋文研】
京都市埋文研編　一九九〇　『平安京右京三条三坊』（『京都市埋蔵文化財研究所調査報告』第一〇冊）同研究所【市埋文研】
京都市埋文研編　一九九一　『昭和六十二年度　京都市埋蔵文化財調査概要』同研究所【市埋文研】
京都市埋文研編　一九九二　『平安京右京六条一坊―平安時代前期邸宅跡の調査―』（『京都市埋蔵文化財研究所調査報告』第一一冊）同研究所【市埋文研】
京都市埋文研編　一九九三a　『昭和六十三年度　京都市埋蔵文化財調査概要』同研究所【市埋文研】
京都市埋文研編　一九九三b　『京都市内遺跡立会調査概報　平成四年度』京都市文化観光局
京都市埋文研編　一九九四a　『平成元年度　京都市埋蔵文化財調査概要』同研究所【市埋文研】
京都市埋文研編　一九九四b　『平成二年度　京都市埋蔵文化財調査概要』同研究所【市埋文研】
京都市埋文研編　一九九五a　『平成三年度　京都市埋蔵文化財調査概要』同研究所【市埋文研】
京都市埋文研編　一九九五b　『平成四年度　京都市埋蔵文化財調査概要』同研究所【市埋文研】

京都市埋文研編　一九九五c　『平安宮　Ⅰ』（『京都市埋蔵文化財研究所調査報告』第一三冊）同研究所【市埋文研】
京都市埋文研編　一九九六a　『平成五年度　京都市埋蔵文化財調査概要』同研究所【市埋文研】
京都市埋文研編　一九九六b　『平成六年度　京都市内遺跡発掘調査概報』同研究所【市埋文研】
京都市埋文研編　一九九七　『平成七年度　京都市埋蔵文化財調査概要』同研究所【市埋文研】
京都市埋文研編　一九九八　『平成八年度　京都市埋蔵文化財調査概要』同研究所【市埋文研】
京都市埋文研編　一九九九　『平成九年度　京都市埋蔵文化財調査概要』同研究所【市埋文研】
京都市埋文研編　二〇〇一　『平安京左京二条四坊十町』（『京都市埋蔵文化財研究所調査報告』第一九冊）同研究所【市埋文研】
京都市埋文研編　二〇〇二a　『平安京右京六条一坊・左京六条一坊跡』（『京都市埋蔵文化財研究所発掘調査概報』二〇〇二―六）同研究所【市埋文研】
京都市埋文研編　二〇〇二b　『鳥羽離宮跡　Ⅰ』（『京都市埋蔵文化財研究所調査報告』第二〇冊）同研究所【市埋文研】
京都市埋文研編　二〇〇二c　『平安京右京三条一坊十五・十六町―「齋宮」邸宅跡―』（『京都市埋蔵文化財研究所調査報告』第二一冊）同研究所【市埋文研】
京都市埋文研編　二〇〇二d　『平安京左京北辺四坊八町跡』（『京都市埋蔵文化財研究所発掘調査報告』二〇〇二―九）同研究所【市埋文研】
京都市埋文研編　二〇〇三a　『平安京左京三条三坊十町（押小路殿・二条殿）跡』（『京都市埋蔵文化財研究所発掘調査概報』二〇〇二―七）同研究所【市埋文研】
京都市埋文研編　二〇〇三b　『平安京左京四条二坊十四町跡』（『京都市埋蔵文化財研究所発掘調査概報』二〇〇三―五）同研究所【市埋文研】
京都市埋文研編　二〇〇四a　『平安京右京三条四坊十三町跡』（『京都市埋蔵文化財研究所発掘調査概報』二〇〇三―

一五）同研究所【市埋文研】

京都市埋文研編　二〇〇四b『平安京左京八条二坊十五町跡』（『京都市埋蔵文化財研究所発掘調査概報』二〇〇三—一七）同研究所【市埋文研】

京都市埋文研編　二〇〇四c『平安京左京三条四坊十町跡』（『京都市埋蔵文化財研究所発掘調査概報』二〇〇四—四）同研究所【市埋文研】

京都市埋文研編　二〇〇四d『平安京右京一条四坊十三町跡』（『京都市埋蔵文化財研究所発掘調査概報』二〇〇四—八）同研究所【市埋文研】

京都市埋文研編　二〇〇四e『平安京左京三条四坊十町跡』（『京都市埋蔵文化財研究所発掘調査概報』二〇〇四—一〇）同研究所【市埋文研】

京都市埋文研編　二〇〇五a『平安京左京二条二坊十町（高陽院）跡』（『京都市埋蔵文化財研究所発掘調査報告』二〇〇五—七）同研究所【市埋文研】

京都市埋文研編　二〇〇五b『平安京左京六条三坊五町跡』（『京都市埋蔵文化財研究所発掘調査報告』二〇〇五—八）同研究所【市埋文研】

京都市埋文研編　二〇〇六a『京都市内遺跡発掘調査報告　平成十七年度』京都市文化市民局【総覧】

京都市埋文研編　二〇〇六b『平安京右京三条一坊六町跡』（『京都市埋蔵文化財研究所発掘調査報告』二〇〇六—一三）同研究所【市埋文研】

京都市埋文研編　二〇〇七『平安京左京四条四坊三町跡』（『京都市埋蔵文化財研究所発掘調査報告』二〇〇六—二八）同研究所【市埋文研】

京都市埋文研編　二〇〇八a『平安京左京三条二坊十町（堀河院）跡』（『京都市埋蔵文化財研究所発掘調査報告』二〇〇七—一七）同研究所【市埋文研】

京都市埋文研編　二〇〇八b『平安京右京六条一坊三町跡』（『京都市埋蔵文化財研究所発掘調査報告』二〇〇八—

七）同研究所【市埋文研】

京都市埋文研編　二〇〇八c『平安京左京五条三坊九町跡・烏丸綾小路遺跡』（『京都市埋蔵文化財研究所発掘調査報告』二〇〇八―一〇）同研究所【市埋文研】

京都市埋文研編　二〇〇九a『平安京左京四条四坊二町跡』（『京都市埋蔵文化財研究所発掘調査報告』二〇〇八―一二）同研究所【市埋文研】

京都市埋文研編　二〇〇九b『平安京左京八条三坊四・五町跡』（『京都市埋蔵文化財研究所発掘調査報告』二〇〇九―七）同研究所【市埋文研】

京都市埋文研編　二〇一〇a『法住寺殿跡・六波羅政庁跡・方広寺跡』（『京都市埋蔵文化財研究所発掘調査報告』二〇〇九―八）同研究所【市埋文研】

京都市埋文研編　二〇一〇b『平安京左京三条三坊十町跡・烏丸御池遺跡・二条殿御池城跡』（『京都市埋蔵文化財研究所発掘調査報告』二〇〇九―二〇）同研究所【市埋文研】

京都市埋文研編　二〇一三a『京都市内遺跡発掘調査報告　平成二十四年度』京都市文化市民局【総覧】

京都市埋文研編　二〇一三b『法住寺殿跡』（『京都市埋蔵文化財研究所発掘調査報告』二〇一二―一〇）同研究所【市埋文研】

京都市埋文研編　二〇一四『京都市内遺跡発掘調査報告　平成二十五年度』京都市文化市民局【総覧】

京都市埋文研編　二〇一五a『平安京左京九条三坊十町跡・烏丸町遺跡』（『京都市埋蔵文化財研究所発掘調査報告』二〇一三―一五）同研究所【市埋文研】

京都市埋文研編　二〇一五b『史跡・名勝　嵐山』（『京都市埋蔵文化財研究所発掘調査報告』二〇一三―一七）同研究所【市埋文研】

京都市埋文研編　二〇一五c『平安京左京九条二坊十六町跡・御土居跡』（『京都市埋蔵文化財研究所発掘調査報告』二〇一四―九）同研究所【市埋文研】

京都市埋文研編　二〇一五d『平安京左京四条一坊二町跡』（『京都市埋蔵文化財研究所発掘調査報告』二〇一四―一〇）同研究所【市埋文研】

京都市埋文研編　二〇一五e『平安京左京二条四坊十五町跡・東京極大路跡』（『京都市埋蔵文化財研究所発掘調査報告』二〇一五―五）同研究所【市埋文研】

京都市埋文研編　二〇一五f『特別史跡・特別名勝　鹿苑寺（金閣寺）庭園』（『京都市埋蔵文化財研究所発掘調査報告』二〇一五―九）同研究所【市埋文研】

京都市埋文研編　二〇一六『平安京左京四条三坊四町跡・烏丸綾小路遺跡』（『京都市埋蔵文化財研究所発掘調査報告』二〇一五―一五）同研究所【市埋文研】

京都市埋文研編　二〇一七a『平安京左京三条三坊十三町跡・烏丸御池遺跡』（『京都市埋蔵文化財研究所発掘調査報告』二〇一六―一〇）同研究所【市埋文研】

京都市埋文研編　二〇一七b『御土居跡』（『京都市埋蔵文化財研究所発掘調査報告』二〇一六―一一）同研究所【市埋文研】

京都市埋文研編　二〇一七c『特別史跡・特別名勝　鹿苑寺（金閣寺）庭園』（『京都市埋蔵文化財研究所発掘調査報告』二〇一六―一三）同研究所【市埋文研】

京都市埋文研編　二〇一八a『平安京左京九条三坊八町跡・烏丸町遺跡』（『京都市埋蔵文化財研究所発掘調査報告』二〇一七―八）同研究所【市埋文研】

京都市埋文研編　二〇一八b『平安京右京三条三坊五町跡』（『京都市埋蔵文化財研究所発掘調査報告』二〇一七―一五）同研究所【市埋文研】

京都市埋文研編　二〇一九『平安京右京二条二坊十二町跡・西ノ京遺跡』（『京都市埋蔵文化財研究所発掘調査報告』二〇一九―二）同研究所【市埋文研】

京都市埋文研編　二〇二〇a『平安京左京一条四坊十町跡・公家町遺跡・京都新城跡』（『京都市埋蔵文化財研究所発

掘査報告』二〇一九―一一）同研究所
京都市埋文研編　二〇二〇b　『室町殿跡・上京遺跡』（『京都市埋蔵文化財研究所発掘調査報告』二〇二〇―一）同研究所【市埋文研】
京都市埋文研編　二〇二〇c　『平安京左京四条四坊十二・十三町跡、富小路跡』（『京都市埋蔵文化財研究所発掘調査報告』二〇二〇―三）同研究所【市埋文研】
京都市埋文研編　二〇二一　『京都市埋蔵文化財研究所発掘調査報告二〇二〇―一一「室町殿跡・上京遺跡」』同研究所【市埋文研】
京都府教育委員会編　一九八〇　『埋蔵文化財発掘調査概報　一九八〇―三』京都府教育委員会
京都府教育委員会編　一九八一　『埋蔵文化財発掘調査概報　一九八一―二』京都府教育委員会
京都府教育庁指導部文化財保護課編　二〇二一　『京都府埋蔵文化財調査報告書　令和二年度』京都府教育委員会【総覧】
京都府埋文センター編　二〇一八　『平安京跡（左京一条三坊二町）』（『京都府遺跡調査報告集』第一七六冊）同センター【府センター】
京都府埋文センター編　二〇一三　『京都府遺跡調査報告集』第一五六冊、同センター【府センター】
京都文化財団歴史研究室編　一九八八a　『平安京左京八条三坊七町』（『京都文化博物館（仮称）調査研究報告』第一集）京都文化財団
京都文化財団歴史研究室編　一九八八b　『平安京左京三条四坊四町』（『京都文化博物館（仮称）調査研究報告』第二集）京都文化財団
京都文化博物館編　一九九一　『平安京左京五条二坊十六町』（『京都文化博物館調査研究報告』第六集）同博物館
京都平安文化財編　二〇二〇　『平安京左京八条二坊九町』（『京都平安文化財発掘調査報告』第七集）同社【平安文化財】

京樂真帆子　一九九四　「『寝殿造』はなかった」（『朝日百科別冊　歴史を読みなおす　一二「洛中洛外」』朝日新聞社）
熊谷隆之　二〇〇四　「六波羅探題考」（『史学雑誌』一一三―七）
黒田俊雄　一九九四　『権門体制論』（『黒田俊雄著作集』一）法藏館
黒羽亮太　二〇一五　「円融寺と浄妙寺―摂関期のふたつの墓寺―」（『日本史研究』六三三）
源城政好　二〇〇六　『京都文化の伝播と地域社会』思文閣出版
河内祥輔　二〇〇七　『日本中世の朝廷・幕府体制』（吉川弘文館）
甲元真之・伊藤玄三　一九七六　「平安宮内裏内郭廻廊跡第二次調査」（『平安博物館研究紀要』六、古代学協会）
国際文化財編　二〇一六　『平安京左京八条二坊十五町跡』同社
国際文化財編　二〇一七　『平安京左京四条二坊十六町跡・本能寺城跡』同社
国際文化財編　二〇一九　『嵯峨遺跡―埋蔵文化財発掘調査報告書―』同社
小島道裕　二〇〇九　『描かれた戦国の京都―洛中洛外図屛風を読む―』吉川弘文館
古代学協会編　一九九七　『平安京左京五条三坊八町発掘調査報告』（『平安京跡研究調査報告』第一九輯）【総覧】
古代文化調査会編　一九九八　『平安京右京六条三坊―ローム株式会社社屋新築に伴う調査―』同会
古代文化調査会編　二〇〇四　『平安京左京三条三坊十五町―ニチコン株式会社本社新築に伴う調査―』同調査会【総覧】
古代文化調査会編　二〇〇六　『平安京左京五条四坊一町―四条高倉マンション新築に伴う調査―』同調査会【総覧】
古代文化調査会編　二〇〇九　『平安京左京三条三坊二町・烏丸御池遺跡―東三条殿―』同調査会【総覧】
古代文化調査会編　二〇一一a　『平安京左京三条四坊十町・烏丸御池遺跡』同調査会【総覧】
古代文化調査会編　二〇一一b　『平安京右京二条三坊八町―洛陽総合高等学校校舎建て替えに伴う調査―』同調査会【総覧】
古代文化調査会編　二〇一二　『本能寺城跡―平安京左京四条二坊十五町―』同調査会【総覧】
古代文化調査会編　二〇一五　『平安京左京三条三坊十町・二条殿御池城跡』同調査会【総覧】

古代文化調査会編　二〇一六『平安京左京二条三坊九町・旧二条城跡・烏丸丸太町遺跡―大門町の調査―』同調査会【総覧】
古代文化調査会編　二〇一七『公家町遺跡―染殿町の調査―』同調査会【総覧】
斉藤利男　二〇一一『奥州藤原三代―北方の覇者から平泉幕府構想へ―』（『日本史リブレット』）山川出版社
桜井成広　一九七一『豊臣秀吉の居城―聚楽第・伏見城編―』日本城郭資料館出版会
柴田実　一九三二「祇園町古銭出土地」（『京都府史蹟名勝天然記念物調査報告』第一三冊、京都府）
下坂守　二〇一〇「中世『四条河原』考―描かれた『四てうのあおや』をめぐって―」（『奈良史学』二七）
四門編　二〇一九『平安京左京四条四坊三町跡』四門【総覧】
鋤柄俊夫　一九九九「七条町と八条院町」（『同志社大学考古学シリーズⅧ「考古学に学ぶ」』同シリーズ刊行会）
鋤柄俊夫　二〇〇八『中世京都の軌跡―道長と義満をつなぐ首都のかたち―』雄山閣
杉本宏　二〇〇六『宇治遺跡群―藤原氏が残した平安王朝遺跡―』（『日本の遺跡』六）同成社
鈴木進一　一九八一「東朱雀大路小考」（國學院大学大学院日本史学専攻大学院会『史学研究集録』六）
瀬田勝哉　二〇一五「北野に通う松の下道―一条通と北野・内野の風景―」（瀬田編『変貌する北野天満宮―中世後期の神仏の世界―』平凡社）
高田陽介　一九九六「寺請制以前の地域菩提寺とその檀家」（勝俣鎮夫編『中世人の生活世界』）山川出版社
高橋慎一朗　一九九六『中世の都市と武士』吉川弘文館
髙橋昌明　二〇一一『増補改訂　清盛以前』（『平凡社ライブラリー』）平凡社
髙橋昌明　二〇一三『平家と六波羅幕府』東京大学出版会
髙橋昌明　二〇一五『洛中洛外―京は〝花の都〟か』（『平安京・京都研究叢書』三）文理閣
髙橋康夫　一九八三『京都中世都市史研究』思文閣出版
髙橋康夫　一九九六「町屋」（小泉和子・玉井哲雄・黒田日出男編『絵巻物の建築を読む』東京大学出版会）

髙橋康夫　二〇〇一「織田信長と京の城」（日本史研究会編『豊臣秀吉と京都』文理閣）
髙橋康夫　二〇一五『海の「京都」―日本琉球都市史研究―』京都大学学術出版会
髙橋康夫　二〇二〇『京都と首里―古都の文化遺産研究―』（『平安京・京都研究叢書』五）文理閣
瀧浪貞子　一九九一『日本古代宮廷社会の研究』思文閣出版
詫間直樹　一九八八「延久度造営事業と後三条親政」（『書陵部紀要』四〇、宮内庁書陵部）
田坂泰之　二〇一六「室町期京都の都市空間と幕府」（桃崎有一郎・山田邦和編『室町政権の首府構想と京都―室町・北山・東山―』文理閣）
辻純一　一九九四「条坊制の復元」（角田文衞総監修、古代学協会・古代学研究所編『平安京提要』角川書店）
辻裕司　一九九八「遺跡から見た室町期京都の構成」（『日本史研究』四三六）
辻裕司　二〇一六「平安京左京域南部における遺跡の展開」（西山良平・鈴木久男・藤田勝也編『平安京の地域形成』京都大学学術出版会）
角田文衞　一九八三『王朝史の軌跡』学燈社
角田文衞　一九八四『王朝文化の諸相』（『角田文衞著作集』四）法藏館
角田文衞　一九八五『待賢門院璋子の生涯―椒庭秘抄―』（『朝日選書』）朝日新聞社
角田文衞　一九八七「平泉と平安京―藤原三代の外交政策―」（荒木伸介・角田ほか『奥州平泉黄金の世紀』新潮社）
寺升初代　一九九五「平安京の土地売券」（『古代学研究所研究紀要』五、古代学協会）
同志社大学校地学術調査委員会編　一九七四『同志社大学新町校地発掘調査概報』同委員会
同志社大学校地学術調査委員会編　一九七八『同志社キャンパス内出土の遺構と遺物』（『同志社校地内埋蔵文化財調査報告　資料編Ⅱ』）同委員会
同志社大学歴史資料館編　二〇〇五『学生会館・寒梅館地点発掘調査報告書』（『同志社大学歴史資料館調査研究報告書』第四集）同資料館

冨島義幸　二〇一一　「法勝寺八角九重塔の復元について」（『京都市内遺跡発掘調査報告　平成二十二年度』、京都市文化市民局）
冨島義幸　二〇一六　「相国寺七重塔とその伽藍」（桃崎有一郎・山田邦和編『室町政権の首府構想と京都―室町・北山・東山―』文理閣）
豊田裕章　二〇一一　「復元・水無瀬離宮―後鳥羽上皇の庭園都市」（白幡洋三郎・錦仁・原田信男編『都市歴史博覧―都市文化のなりたち・しくみ・たのしみ―』笠間書院）
豊田裕章　二〇一六　「水無瀬殿（水無瀬離宮）の都市史ならびに庭園史的意義」（奈良文化財研究所学報第九六冊・研究論集一八『中世庭園の研究鎌倉・室町時代』奈良文化財研究所）
豊田裕章　二〇二一　「水無瀬殿（水無瀬離宮）と桜井地域における庭園遺構」（『日本庭園学会誌』三五）
永井康雄　二〇一九　「聖寿寺館跡の建物群の性格」（『「武家拠点科研」青森・南部研究集会資料集　東北地方北部における武家拠点の形成と変容』同科研事務局）
永井晋　二〇二一　『八条院の世界―武家政権成立の時代と誇り高き王家の女性―』（山川出版社）
中井均　二〇〇一　「城郭史からみた聚楽第と伏見城」（日本史研究会編『豊臣秀吉と京都』文理閣）
長宗繁一・鈴木久男　一九九四　「鳥羽殿」（角田文衞総監修、古代学協会・古代学研究所編『平安京提要』角川書店）
長宗繁一　二〇二二　「平安京前期右京域の様相」（『条里制・古代都市研究』三七）
中村武生　二〇〇一　「豊臣政権の京都都市改造」（日本史研究会編『豊臣秀吉と京都』文理閣）
中村武生　二〇〇五　『御土居堀ものがたり』京都新聞出版センター
仁木宏　一九九四　「中世の都市社会とその変容―都市民の『志向』から考える―」（『新しい歴史学のために』二一七、京都民科歴史部会）
仁木宏　二〇〇一　「『御土居』への道―戦国・織豊期における都市の展開―」（日本史研究会編『豊臣秀吉と京都』文理閣）

仁木宏　二〇一〇　『京都の都市共同体と権力』思文閣出版
野口孝子　二〇〇四　「閑院内裏の空間領域」（『日本歴史』六六四）
野口孝子　二〇〇五　「『花の御所』室町殿と裏築地」（『同志社大学歴史資料館調査研究報告書第四集　学生会館・寒梅館地点発掘調査報告書』同資料館）
野口徹　一九八八　『中世京都の町屋』東京大学出版会
野口実　一九八八　「京都七条町の中世的展開」（京都文化博物館研究紀要『朱雀』一）京都文化財団
野口実　二〇〇七　「閑院内裏と『武家』」（『古代文化』五九―三）
野口実　二〇一五　『東国武士と京都』同成社
野口実　二〇一七　『列島を翔ける平安武士―九州・京都・東国―』吉川弘文館
野口実　二〇二二　『北条時政―頼朝の妻の父、近日の珍物か―』（『ミネルヴァ日本評伝選』）ミネルヴァ書房
野口実・長村祥知・坂口太郎　二〇二一　『公武政権の競合と協調』（『京都の中世史』三）吉川弘文館
浜中邦弘　二〇一五　「『京南蛮寺』再考」（『同志社大学考古学シリーズⅪ「森浩一先生に学ぶ」』同シリーズ刊行会）
早島大祐　二〇〇六　『首都の経済と室町幕府』吉川弘文館
林屋辰三郎　一九六二　『京都』（『岩波新書』）岩波書店
東島誠　二〇一九　「『幕府』論のための基礎概念序説」（『立命館文学』六六〇）
藤岡通夫　一九八七　『京都御所（新訂版）』中央公論美術出版
藤田達生　二〇一〇a　『証言　本能寺の変―史料で読む戦国史―』八木書店
藤田達生　二〇一〇b　『信長革命―「安土幕府」の衝撃―』（『角川選書』）角川書店
藤田勝也　二〇一二　「『寝殿造』とはなにか」（西山良平・藤田勝也編『平安京と貴族の住まい』京都大学学術出版会）
藤田勝也　二〇二一　『平安貴族の住まい―寝殿造から読み直す日本住宅史―』吉川弘文館
古川匠・中塚良　二〇一六　『大都市に伏在する中近世城郭遺構の地盤災害リスクに関する検討』（平成二十七年度一般

共同研究報告書）
文化財サービス編　二〇一九　『六波羅政庁跡、音羽・五条坂窯跡発掘調査報告書』同社【文化財サービス】
文化財サービス編　二〇二〇　『左京三条四坊十町跡・烏丸御池遺跡発掘調査報告書』同社
文化財サービス編　二〇二二　『平安京左京四条二坊十五町跡・本能寺城跡発掘調査報告書』（『文化財サービス発掘調査報告書』第二二集）同社【総覧】【文化財サービス】
平安京調査本部編　一九八一　『平安京左京五条三坊十五町』（『平安京跡研究調査報告』第五輯）古代学協会【総覧】
平安博物館考古学第三研究室編　一九八五　『平安京左京八条三坊二町—第二次調査—』（『平安京跡研究調査報告』第一六輯）古代学協会【総覧】
平安博物館考古学第四・第二研究室編　一九八四　『法住寺殿跡』（『平安京跡研究調査報告』第一三輯）古代学協会【総覧】
平安博物館考古学第四研究室編　一九八四　『平安京左京三条三坊十一町』（『平安京跡研究調査報告』第一四輯）古代学協会【総覧】
平安博物館考古学第四研究室編　一九八七　『高倉宮・曇華院跡第四次調査』（『平安京跡研究調査報告』第一八輯）古代学協会【総覧】
細川武稔　二〇一〇　『京都の寺社と室町幕府』吉川弘文館
細川武稔　二〇一〇　「足利義満の北山新都心構想」（『中世都市研究一五「都市を区切る」』山川出版社）
前川佳代　二〇二一　「十二世紀平泉からみた水無瀬殿〜理想郷のかたち」（『日本庭園学会誌』三五）
前川佳代　二〇二二　「大阪府島本町　越谷遺跡御所池園池状遺構」（『ヒストリア』二九一）
前田義明　二〇一六　「北山第と北山殿の考古学研究の現状」（桃崎有一郎・山田邦和編『室町政権の首府構想と京都—室町・北山・東山—』文理閣）
松田毅一・E＝ヨリッセン　一九八三　『フロイスの日本覚書—日本とヨーロッパの風習の違い—』（『中公新書』）中

央公論新社
丸川義広　二〇一二「里内裏の庭園遺構」（西山良平・藤田勝也編『平安京と貴族の住まい』京都大学学術出版会）
美川圭　二〇〇一「鳥羽殿の成立」（上横手雅敬編『中世公武権力の構造と展開』吉川弘文館）
南孝雄　二〇〇二「京・白河・鳥羽」（元木泰雄編『日本の時代史　七「院政の展開と内乱」』吉川弘文館）
南孝雄　二〇〇七「町屋型建物の成立」（西山良平・藤田勝也編『平安京の住まい』京都大学学術出版会）
南孝雄　二〇一六「衰退後の右京―十世紀後半から十二世紀の様相―」（西山良平・鈴木久男・藤田勝也編『平安京の地域形成』京都大学学術出版会）
宮上茂隆　一九九二「足利将軍第の建築文化」（『日本名建築写真選集　一一「金閣寺・銀閣寺」』新潮社）
宮上茂隆　二〇一六「東山殿の建築とその配置」（桃崎有一郎・山田邦和編『室町政権の首府構想と京都―室町・北山・東山―』文理閣）
宮元健次　二〇〇五『近世日本建築の意匠―庭園・建築・都市計画、茶道にみる西欧文化―』雄山閣
元木泰雄　二〇一一『河内源氏―頼朝を生んだ武士本流―』（『中公新書』）中央公論新社
元木泰雄・佐伯智広・横内裕人　二〇二二『京都の中世史　二「平氏政権と源平争乱」』吉川弘文館
桃崎有一郎　二〇一〇『中世京都の空間構造と礼節体系』思文閣出版
桃崎有一郎　二〇二〇a『「京都」の誕生―武士が造った戦乱の都―』（『文春新書』）文藝春秋
桃崎有一郎　二〇二〇b『京都を壊した天皇、護った武士―「一二〇〇年の都」の謎を解く―』（NHK出版新書）同出版
百瀬正恒　一九九六「八条院町の住人構成」（『日本史研究』四一二）
百瀬正恒　二〇一六「東山殿・慈照寺（銀閣寺）の建物配置と庭園」（桃崎有一郎・山田邦和編『室町政権の首府構想と京都―室町・北山・東山―』文理閣）
森蘊　一九六二『寝殿造系庭園の立地的考察』（奈良国立文化財研究所十周年記念学報〔学報第一三冊〕）同研究所・

同研究所十周年記念事業後援会
森幸夫　二〇〇五　『六波羅探題の研究』続群書類従完成会
山科本願寺・寺内町研究会編　一九九八　『戦国の寺・城・まち—山科本願寺と寺内町—』法藏館
山科本願寺・寺内町研究会編　二〇〇三　『本願寺と山科二千年—掘る・読む・歩く—』法藏館
山田邦和　一九九四　「左京と右京」（角田文衞総監修、古代学協会・古代学研究所編『平安京提要』角川書店）
山田邦和　二〇〇一　「伏見城とその城下町の復元」（日本史研究会編『豊臣秀吉と京都』文理閣）
山田邦和　二〇〇四　「消えた建春門院陵を探る」（京都女子大学宗教・文化研究所『研究紀要』一七）
山田邦和　二〇〇六　「後白河天皇陵と法住寺殿」（髙橋昌明編『院政期の内裏・大内裏と院御所』文理閣）
山田邦和　二〇〇九ａ　『京都都市史の研究』吉川弘文館
山田邦和　二〇〇九ｂ　「保元の乱の関白忠通」（朧谷壽・山中章編『平安京とその時代』思文閣出版）
山田邦和　二〇一二　『日本中世の首都と王権都市—京都・嵯峨・福原—』（『平安京・京都研究叢書』一）文理閣
山田邦和　二〇一五ａ　「平安京の都市構造変遷」（『都市史研究』二）
山田邦和　二〇一五ｂ　「中世史と考古学」（『岩波講座日本歴史　二一「史料論」』岩波書店）
山田邦和　二〇一六ａ　「平安京の都市的変容—京・鎌倉時代における展開—」（『条里制・古代都市研究』三二）
山田邦和　二〇一六ｂ　「東山中世都市群の景観復元」（桃崎有一郎・山田邦和編『室町政権の首府構想と京都—室町・北山・東山—』文理閣）
山田邦和　二〇一七　『京都　知られざる歴史探検（上）—上京　洛北　洛東・山科—』新泉社
山田邦和　二〇一八　「聚楽第復元への試論」（『同志社大学考古学シリーズⅫ　実証の考古学』、同シリーズ刊行会）
山田邦和　二〇一九　「中世天皇制と都市京都—中世における大内裏と内裏—」（『歴史評論』八三六）
山田邦和　二〇二〇　「後醍醐天皇の大内裏再建計画」（『難波宮と古代都城』同成社）
山田徹　二〇二一　『南北朝内乱と京都』（『京都の中世史』四）吉川弘文館

山室恭子　一九九二　『黄金太閤―夢を演じた天下びと―』（『中公新書』）中央公論新社
山本雅和　二〇〇一　「平安京八条院町と銭貨鋳型」（東北中世考古学会編『中世の出土模鋳銭』高志書院）
山本雅和　二〇〇二　「中世京都のクラについて」（京都市埋蔵文化財研究所『研究紀要』八）
横田冬彦　二〇〇一　「豊臣政権と首都」（日本史研究会編『豊臣秀吉と京都』文理閣）
吉村亨　一九九四　「応仁・文明の災」（足利健亮編『京都歴史アトラス』）中央公論社
両洋学園内平安京跡発掘調査会編　一九八七　『学校法人両洋学園内　平安京跡発掘調査報告書』同学園
鹿苑寺編　二〇〇四　『鹿苑寺と西園寺』思文閣出版
ジョアン・ロドリーゲス（江馬務・佐野泰彦・土井忠生・濱口乃二雄・池上岑夫・伊東俊太郎・佐野泰彦・長南実・土井忠生・濱口乃二雄・藪内清訳）　一九六七・一九七〇　『日本教会史（上・下）』（大航海時代叢書　第Ⅰ期）岩波書店
脇田修　一九九九　『大坂時代と秀吉』（『小学館ライブラリー』）小学館

あとがき

どういうきっかけかはもう忘れてしまったが、小学生の時に足利将軍家の菩提寺である衣笠《きぬがさ》の等持院《とうじいん》（北区等持院北町）に連れて行ってもらったことがある。寺に入るとまず、情感あふれる広い庭園が私たちを出迎えてくれた。庭の一角には足利義政好みと伝える清楚な茶室が趣きを添えていた。しかしなんといっても凄かったのは、薄暗い御堂《みどう》の中に安置されていた足利歴代の木像群である。個性あふれる十数人の将軍たちの前で、私はただただ圧倒されて立ちすくむしかなかったのである。帰宅した後も興奮はさめやらず、等持院で頒《わ》けていただいた小冊子を手掛かりにしながら、等持院の本院である等持寺の痕跡を伝える中京区柳馬場通《やなぎのばんばどおり》二条下ルの「等持寺町」、足利将軍家の鎮守社であった御池通高倉西南角の「御所八幡宮《ごしょはちまんぐう》」といった、私の家から至近距離にある史跡を駆け回った。そこからほど近い富小路通二条上ルの「富小路殿《とみのこうじでん》公園」は私たちの親しい遊び場であったが、この公園の名称は後醍醐天皇の皇居であった二条富小路殿《にじょうとみのこうじどの》に由来する。後醍醐天皇について書かれた本を紐解いて、この公園の写真が大きく掲げられていたのを見つけた時には、子供心にも誇らしい気持ちが湧き上がってきたのを覚えている。この頃から私は、「京都の中世」を強烈に意識しだしたのであった。

そういえば、私の小学校（京都市立富有《ふゆう》小学校（現・御所南《ごしょみなみ》小学校））の裏門には「大炊《おおい》御《み》門《かど》万里小路《までのこうじ》殿《どの》跡」と刻まれた小さな石碑がひっそりとたたずんでいた。これが平安時代後期から京・鎌倉時代にかけての何人もの天皇の里内裏の跡を表していることを知るのはもう少し後になるが、自分の学校が非常な由緒ある場所に建っていることだけは感じ取れていたように思う。また、私の家の前をはしる寺町通は豊臣秀吉の都市改造によって作り出された寺院街であり、この道をたどっていくと今もたくさんのお寺が点在している。それらを訪ね歩いて、足利六代将軍義教の供養塔のある十念寺《じゅうねんじ》や織田信長の墓を守る阿弥陀寺、さらに京・鎌倉時代に関東申次《かんとうもうしつぎ》として権勢を振るった西園寺《さいおんじ》公経《きんつね》が創建した西園寺に出会った時には、こうした歴史上の有名人たちがなんだかとっても身近な存在に思えてきた。そういえば、天皇陵について興味を持ち出して最初に行ってみたのも、後醍醐天皇の兄にあたる後二条天皇の北白河陵《きたしらかわのみささぎ》（左京区北白川追分町）だった。

大学に入学して、私は本格的に歴史学を学び始めるようになった。私の大学は京都の上京《かみぎょう》の地に複数のキャンパスを持っており、その一部は足利義満の将軍御所である室町殿（花の御所）の跡にかかっていたし、大学の隣には義満が創建した相国寺《しょうこくじ》の壮大な伽藍がそびえていた。私は毎日、授業を受けたり研究室に通ったりするたびに幾度となく室町殿の旧地を通り抜けていった。ここは上京の中心部で、くねくねと折れ曲がった小さな道が迷路のように延びている。ここを歩くだけで、平安京の遺制を残す碁盤《ごばん》の目《め》状の真っ直ぐな道路で構成される下京《しもぎょう》との相違を肌で感じることができたのである。私は今もこのあたりを歩くと、道の辻の向こうから上杉本『洛中洛外図屛風』の登場人物がひょっこりと顔を出すような錯覚にとらわれることがある。

学窓を出た後、私は平安京および中世京都の考古学的研究を自分の主要な研究分野のひとつとし、その成果はいくつかの著書や論文として公表することができた。その流れからは自然なことだったが、学芸員として職を奉じていた京都文化博物館で特別展覧会の主担当となる機会が巡ってきた時、私はそのテーマとしてためらうことなく中世京都を選んだ。『京都・激動の中世―帝《みかど》と将軍と町衆《ちょうしゅう》と―』（一九九六年）と題したその展覧会は、今から思うと力不足の点は多々あるにせよ、京都の中世史についての自分なりの情念をぶつけたものにすることができたと思う。

今回、元木泰雄氏から、「今度、『京都の中世史』というシリーズ本を出したいから、企画編集委員および執筆者のひとりとして参加してほしい」というお誘いを受けた時には、喜んで馳せ参じた。こうしたシリーズに文献史学だけではなく考古学の成果も含めようというのは、まさに元木氏の高い識見を表すものであり、そうした企画に加えていただくことは無上の光栄と感じられたからである。さらに、当初計画では私の担当項目は全巻に散らばらせる予定だったのであるが、出版社である吉川弘文館の英断によってそれを変更し、私の単独執筆になるこの巻を編成することが許された。このことによって本書では、思うままにのびのびと私見を展開することができた。まことにありがたいと思っている。

とはいうものの、京都市域におけるこれまでの考古学的調査の成果を自分なりに整理し直し、それをもとにした図面を作成するのには予想外の時間がかかり、原稿執筆は遅々として進まなかった。刊行が遅れたことによって、企画編集委員の諸氏と出版社、そして全巻の完結を待っていただいていた読者の皆様には大きな迷惑をかけた。お詫びしたい。

もちろん、本書は私ひとりの力で出来上がったものではない。それは、京都市内において遺跡発掘調査を続けてきた、京都市埋蔵文化財研究所、古代学協会（平安博物館、古代学研究所）、京都文化博物館、京都市文化財保護課、同志社大学などの調査研究機関の成果に負っている。また、これまで京都の中世史を共に学んできた多くの研究の友人から受けた学恩は計り知れない。さらに言うと、私は昨年秋に心臓弁膜症《べんまくしょう》と上行大動脈瘤《じょうこうだいどうみゃくりゅう》の治療のために入院し、二十数時間にもおよぶ大きな手術を受けた。今、私が健康を取り戻して研究生活に復帰することができたのは、困難な手術を成功に導いていただいた主治医の沼田智先生（京都府立医科大学附属病院准教授）をはじめとする同病院心臓血管外科のスタッフの皆様のおかげである。記して感謝の意を表したい。

たとえ僅かではあっても、本書が京都の都市史研究に資するところがあるならば、著者としてそれ以上の喜びはない。私自身も、本書を研究の一里塚としながら、今後も中世京都への終わりのない旅を続けていきたいと思う。

二〇二二年十月二十八日（平安京遷都から一二二八年目の記念の日にあたって）

山田邦和

本書には、科学研究費補助金（基盤研究〔Ｂ〕）「中世後期から近世初頭における武家拠点形成の研究」（研究代表者：仁木宏大阪市立大学大学院教授、研究課題番号１９Ｈ０１３１２、研究期間二〇一九年四月～二〇二二年三月）による研究成果を含んでいる。

著者略歴／主要著書

山田邦和（やまだ　くにかず）
一九五九年　京都市に生まれる
一九八一年　同志社大学文学部文化学科文化史学専攻卒業
一九八五年　同志社大学大学院文学研究科文化史学専攻博士課程前期修了
一九九七年　博士（文化史学）
（財）古代学協会研究員（平安博物館助手、古代学研究所助手）、京都文化博物館学芸員、花園大学文学部教授などを経て
現在　同志社女子大学現代社会学部教授、（公財）古代学協会理事・研究部長

『平安京提要』（共著、角川書店、一九九四年）
『須恵器生産の研究』（学生社、一九九八年）
『京都都市史の研究』（吉川弘文館、二〇〇九年）
『日本中世の首都と王権都市―京都・嵯峨・福原―』（文理閣、二〇一二年）
『京都　知られざる歴史探検』上・下巻（新泉社、二〇一七年）

京都の中世史７
変貌する中世都市京都

二〇二三年（令和五）一月一日　第一刷発行

著　者　山《やま》田《だ》邦《くに》和《かず》

発行者　吉川道郎

発行所　株式会社 吉川弘文館
郵便番号一一三―〇〇三三
東京都文京区本郷七丁目二番八号
電話〇三―三八一三―九一五一〈代表〉
振替口座〇〇一〇〇―五―二四四
http://www.yoshikawa-k.co.jp/

印刷＝株式会社 三秀舎
製本＝誠製本株式会社
装幀＝河村 誠

ISBN978-4-642-06866-6